Schober

Das bayerische Feuerwehrrecht in der Praxis

Das bayerische Feuerwehrrecht in der Praxis

von

Wilfried Schober
Direktor beim Bayerischen
Gemeindetag

3. Auflage 2021

Bibliografische Information der Deutschen Nationalbibliothek

Die Deutsche Nationalbibliothek verzeichnet diese Publikation in der Deutschen Nationalbibliografie; detaillierte bibliografische Daten sind im Internet über http://dnb.d-nb.de abrufbar.

Bei der Herstellung des Buches haben wir uns zukunftsbewusst für umweltverträgliche und wiederverwertbare Materialien entschieden.
Der Inhalt ist auf elementar chlorfreiem Papier gedruckt.

ISBN 978-3-7825-0520-8

Verlagsgruppe Hüthig Jehle Rehm GmbH
Heidelberg/München/Landsberg/Berlin

Satz: TypoScript GmbH, München
Druck und Verarbeitung: CPI Clausen & Bosse, Leck

Inhaltsverzeichnis

Vorwort

Das Feuerwehrrecht ist eine dynamische Rechtsmaterie. Es regelt das Zusammenspiel von Menschen und Technik mit dem Ziel größtmöglicher Gewährleistung öffentlicher Sicherheit im Gemeindegebiet. So wie sich die Feuerwehrtechnik ständig ändert, so bleiben auch Mentalitätswechsel bei Feuerwehrdienstleistenden bisweilen nicht aus.

Und: war der Dienst in Feuerwehren noch vor nicht allzu langer Zeit eine Selbstverständlichkeit im örtlichen Gemeinwesen, so nimmt der Wunsch, sich für die Sicherheit der Mitmenschen zu engagieren, in letzter Zeit tendenziell – leider – ab. Gab es im Jahr 2007 noch über 321.000 Feuerwehrdienstleistende, so engagierten sich im Jahr 2019 nur noch 314.765 Männer und Frauen bei den Freiwilligen Feuerwehren (Quelle: lfv-bayern.de/informationen/statistiken).

Darauf reagierte der Gesetzgeber. Der Bayerische Landtag hat in den Jahren 2008 und 2017 das Bayerische Feuerwehrgesetz grundlegend novelliert. In erster Linie mit dem Ziel, den Feuerwehrdienst attraktiv zu halten und den Personalstamm zu sichern. Das Bayerische Staatsministerium des Innern hat im Anschluss an die Gesetzesnovellen jeweils die Ausführungsverordnung und die Vollzugsbekanntmachung zum Bayerischen Feuerwehrgesetz überarbeitet und dem neuen Gesetz angepasst.

Dieses Buch will auf die praxisrelevanten Vorschriften im bayerischen Feuerwehrrecht aufmerksam machen und die eine oder andere Hilfestellung für den täglichen Vollzug geben.

Es erhebt keinen Anspruch auf Vollständigkeit. Es handelt sich um keinen Kommentar zu den einzelnen Vorschriften des Feuerwehrgesetzes. Dem Buch liegt vielmehr die erfolgreiche Seminarreihe „Feuerwehrrecht von A bis Z – Rechte und Pflichten der Gemeinden und ihrer Feuerwehrdienstleistenden" des Autors dieses Buches, des zuständigen Referenten für Feuerwehrrecht des Bayerischen Gemeindetags, zugrunde, die dem interessierten Leser einen schnellen und kompakten Überblick über das Feuerwehrrecht für den täglichen Vollzug in kreisangehörigen Städten, Märkten und

Gemeinden Bayerns ermöglichen soll. Auf die spezifischen Belange der Berufs- und Werkfeuerwehren in Bayern kann daher im Rahmen dieses Buches nicht eingegangen werden.

Um aktuell einen Überblick über die praxisrelevanten Vorschriften zu geben, werden bei den Erläuterungen die im Zeitpunkt der Drucklegung gültigen Verwaltungsvorschriften zitiert.

Ich danke Frau Frey für die erneut engagierte und umsichtige Mitarbeit an diesem Buch.

München, im Oktober 2020

Wilfried Schober

Abkürzungsverzeichnis

a.a.O.	am angegebenen Ort
Abs.	Absatz
AllMBl.	Allgemeines Ministerialamtsblatt
Art.	Artikel
AVBayFwG	Verordnung zur Ausführung des Bayerischen Feuerwehrgesetzes
Az.	Aktenzeichen

B

BayBO	Bayerische Bauordnung
BayFwG	Bayerisches Feuerwehrgesetz
BayGT	Bayerischer Gemeindetag (Zeitschrift)
BayKSG	Bayerisches Katastrophenschutzgesetz
BayMBl.	Bayerisches Ministerialblatt
BayRDG	Bayerisches Rettungsdienstgesetz
BayVBl	Bayerische Verwaltungsblätter (Zeitschrift)
BayVGH	Bayerischer Verwaltungsgerichtshof
BayVwVfG	Bayerisches Verwaltungsverfahrensgesetz
BGB	Bürgerliches Gesetzbuch
BGH	Bundesgerichtshof
brandwacht	brandwacht (Zeitschrift)
bzw.	beziehungsweise

D

DIN	Deutsche Industrie-Norm

F

FBV	Verordnung über die Feuerbeschau
Forster/Pemler/Remmele	Kommentar „Bayerisches Feuerwehrgesetz“, Loseblattsammlung (Stand: Oktober 2019)
FwZR	Feuerwehr-Zuwendungsrichtlinien

G

GKBay	Die Gemeindekasse Bayern (Zeitschrift)
GO	Gemeindeordnung für den Freistaat Bayern
GVBl.	Gesetz- und Verordnungsblatt

I

ILS	Integrierte Leitstelle
ILSG	Gesetz über die Errichtung und den Betrieb Integrierter Leitstellen
IMBek.	Bekanntmachung des Bayerischen Staatsministeriums des Innern

K

KommunalPraxisBY	Kommunalpraxis Bayern (Zeitschrift)
KommZG	Gesetz über die Kommunale Zusammenarbeit

L

LStVG	Landesstraf- und Verordnungsgesetz
LT-Drs.	Landtags-Drucksache

M

MABl.	Ministerialamtsblatt der bayerischen Inneren Verwaltung
MeldeG	Bayerisches Gesetz über das Meldewesen

N

NJW	Neue Juristische Wochenschrift (Zeitschrift)

O

o.Ä.	oder Ähnliche(s)

S

S.	Seite
Schulz/ Ellmayer	Kommentar „Brand- und Katastrophenschutz in Bayern“, Loseblattsammlung (Stand: Februar 2019)
StVG	Straßenverkehrsgesetz
StVO	Straßenverkehrs-Ordnung

T

t	Tonne(n)
TVöD	Tarifvertrag für den öffentlichen Dienst

U

u.Ä.	und Ähnliche(s)

V

VG	Verwaltungsgericht
vgl.	vergleiche
VollzBek-BayFwG	Bekanntmachung zum Vollzug des Bayerischen Feuerwehrgesetzes

Z

z. B.	zum Beispiel
ZustGVerk	Gesetz über Zuständigkeiten im Verkehrswesen

Das bayerische Feuerwehrrecht in der Praxis

1. Änderung des Bayerischen Feuerwehrgesetzes im Jahre 2017

Zuletzt novellierte der Bayerische Landtag das Bayerische Feuerwehrgesetz (BayFwG) durch Änderungsgesetz vom 27. Juni 2017 (GVBl. S. 278). Es handelte sich dabei um eine von vielen Änderungen, die das Gesetz aus dem Jahre 1981 (GVBl. S. 526) in den vielen Jahren seit seinem Inkrafttreten am 1. Januar 1982 erfahren hat. In der Begründung des Gesetzentwurfs der Staatsregierung zur erneuten Änderung des Bayerischen Feuerwehrgesetzes (LT-Drs. 17/16102) vom 21.3.2017 heißt es dazu (S. 1 und 2):

> „Der abwehrende Brandschutz und der technische Hilfsdienst in Bayern ruhen in großen Teilen auf den Schultern von ehrenamtlichen Feuerwehrmännern und -frauen. Dieses herausragende ehrenamtliche Potential als tragende Säule der nicht polizeilichen Gefahrenabwehr auch in Zukunft bayernweit zu erhalten, stellt für die Gemeinden angesichts des demografischen und gesellschaftlichen Wandels zunehmend eine Herausforderung dar. Obgleich die Zahl der ehrenamtlichen Feuerwehrdienstleute in Bayern bislang allenfalls rückläufig ist, muss den Auswirkungen des demografischen und gesellschaftlichen Wandels bereits jetzt aktiv begegnet werden, um den abwehrenden Brandschutz und den technischen Hilfsdienst bayernweit nachhaltig zu sichern."

Die Bayerische Staatsregierung dokumentiert mit diesen Ausführungen, dass ihr die Problematik nachlassender Attraktivität des Feuerwehrdiensts bewusst ist und sie mit gesetzgeberischen Maßnahmen aktiv gegensteuern will. Das ist begrüßenswert. Es lohnt sich, sich die neuesten Gesetzesänderungen vor Augen zu führen und im Kontext des Feuerwehrrechts zu verstehen. In diesem Buch werden daher die für die tägliche Verwaltungspraxis wichtigsten Themenfelder des Feuerwehrwesens dargestellt und erläutert.

2. Aktuelle Situation der bayerischen Feuerwehren

Es ist hilfreich, sich vor der Befassung mit den Einzelthemen des Feuerwehrwesens klar zu machen, wie es aktuell um die bayerischen Feuerwehren bestellt ist.

2.1 Feuerwehr als universale Hilfseinrichtung

Die Feuerwehren erleben seit geraumer Zeit einen Bedeutungswandel. Ursprünglich als Selbsthilfeeinrichtung der Bürgerschaft in Städten und Gemeinden gegründet, um Feuergefahren abzuwehren und Unglücksfälle zu bewältigen, empfinden sich heutzutage nicht wenige Feuerwehrdienstleistende als „Mädchen für alles“, als Angehörige einer universalen Hilfseinrichtung.

Seit der Gründung von Feuerwehren vor rund 150 Jahren haben sich die Lebens- und Arbeitsverhältnisse und die Industrie- und Gewerbestruktur erheblich gewandelt, das Verkehrsaufkommen ist gestiegen, die Technik hat sich fortentwickelt. Die Einsätze der Feuerwehrdienstleistenden sind komplexer geworden.

Technisierung und Professionalisierung des Feuerwehrdiensts führen bisweilen an die Grenze des Zumutbaren für die Vielzahl der zumeist ehrenamtlich tätigen Männer und Frauen. Insbesondere bei Großschadensereignissen und Katastropheneinsätzen, die sich nicht selten über einen Zeitraum von mehreren Tagen erstrecken, empfinden viele Feuerwehrdienstleistende ihren Dienst zunehmend als Belastung. Vor allem dann, wenn ihre Tätigkeiten als selbstverständlich angesehen werden und ihnen die nötige Dankbarkeit versagt bleibt.

Beispiele:

Beispielhaft darf auf die Schneekatastrophe in weiten Teilen des bayerischen Alpengebiets im Winter 2019 verwiesen werden. Wochenlang schaufelten – neben anderen Hilfsorganisationen – Feuerwehrleute aus der Region und aus anderen Teilen des Freistaats Schnee von den Dächern privater Gebäude, die nach fachlicher Begutachtung den Schneemassen nicht mehr gewachsen wären und entlastet werden mussten. Unvergessen bleibt in diesem Zusammenhang eine Berichterstattung im Bayerischen Fernsehen mit einer Szene, in der ein sichtlich erboster Hauseigentümer im Berchtesgadener Land lautstark seinem Unmut über das Nichterscheinen der Feuerwehr Luft verschaffte: „Jetzt wart' ich hier schon drei Stunden darauf, dass die Feuerwehr endlich mein Dach abschaufelt. Wo bleiben die denn?" (Dass es nicht Aufgabe der Feuerwehr ist, sein Dach abzuschaufeln, hat er dabei völlig übersehen. Der Gedanke, dass er als Hauseigentümer selbst zu Leiter und Schneeschaufel greifen müsste, kam ihm offenbar nicht.)

Jedes Jahr wieder berichten die Zeitungen über den schönen alten bayerischen Brauch des Maibaumaufstellens. Während der Maibaum – glücklicherweise – in vielen Gemeinden noch per Muskelkraft ortsansässiger Männer nach hergebrachtem Ritual in eine senkrechte Lage gebracht wird, gibt es – leider – vermehrt Kommunen, die die Feuerwehr beauftragen, mit technischem Gerät den Maibaum aufzurichten. Abgesehen davon, dass damit der ursprüngliche Brauch eines seiner wichtigsten Bestandteile – der Demonstration unbändiger Manneskraft – beraubt wird, stellt sich die Grundsatzfrage, ob das Aufstellen des Maibaums mittels technischen Geräts zur Gefahrenabwehr gerechtfertigt ist und die Feuerwehr hier nicht in Wahrheit missbraucht wird.

Es ist heute auch keine Seltenheit mehr, dass Feuerwehrdienstleistende beim Eintreffen am Einsatzort von umstehenden Schaulustigen gefragt werden, weshalb sie *„erst jetzt kommen"* oder gar beleidigt oder körperlich bedrängt werden (Beispiel: www.sueddeutsche.de/muenchen/ebersberg/ebersberg-angriffe-polizei-feuerwehr-1.4522220).
Hinzu kommt, dass weiten Teilen der Bevölkerung das Bewusstsein abhanden gekommen ist, dass es sich in der Mehrheit um ehrenamtliche, ihre Freizeit opfernde Männer und Frauen handelt, die Leib und Leben für das Wohl Anderer einsetzen. Nicht wenige glauben, dass es sich bei den Feuerwehren um staatliche Sicherheitseinrichtungen mit besoldeten Bediensteten handelt, die gleichsam auf Knopfdruck Tag und Nacht alle Widrigkeiten des Lebens zu beseitigen haben. Und ganz Übelmeinende halten Feuerwehrdienstleistende für „selbstverliebte Technikfreaks", Selbstdarsteller oder „bierdimpfelnde Vereinsmeier". Aber das ist gottlob nur eine Minderheit. Doch gerade diese Min-

derheit schafft es bisweilen, die Motivation ehrenamtlicher Feuerwehrdienstleistender durch unqualifizierte Äußerungen oder Angriffe auf das Ehrenamt zu untergraben.

2.2 Hohes Ansehen

Glücklicherweise zeigen immer wieder Umfragen, dass der Feuerwehrdienst bei der weitaus größten Mehrheit in der Bevölkerung hoch angesehen ist. Die integrative Kraft des Feuerwehrwesens und die vorbildliche Jugendarbeit in den Feuerwehren sind allgemein anerkannt. Und gerade in den ländlichen Räumen Bayerns repräsentieren die Angehörigen der Freiwilligen Feuerwehren noch sehr stark die jeweilige Kommune. Die Feuerwehrleute sind stolz, für ihr Gemeinwesen einen geachteten Dienst zu leisten; schließlich tragen sie das Gemeindewappen auf dem Uniformärmel und sind damit Repräsentanten ihrer Stadt oder Gemeinde. Bürgermeister, Gemeinderatsmitglieder und Politiker würdigen – unabhängig von ihrer Parteizugehörigkeit – bei jeder Gelegenheit den ehrenamtlichen Dienst. Und auch der bayerische Innenminister spricht gerne von „seinen" Feuerwehren (auch wenn es bekanntlich fast immer kommunale Einrichtungen sind).

2.3 Aktuelle Daten

Die nachfolgenden Grafiken geben einen Überblick über die Entwicklung des Feuerwehrwesens und den aktuellen Stand (letzte verfügbare Zahlen mit Stand 31.12.2018, alle Daten vom Bayerischen Staatsministerium des Innern, „Die Feuerwehren Bayerns im Zahlenspiegel" unter www.stmi.bayern.de/assets/stmi/sus/feuerwerhr/d2_14_03_die_feuerwehren_bayerns_2018_v03_jahresbericht_20190910.pdf):

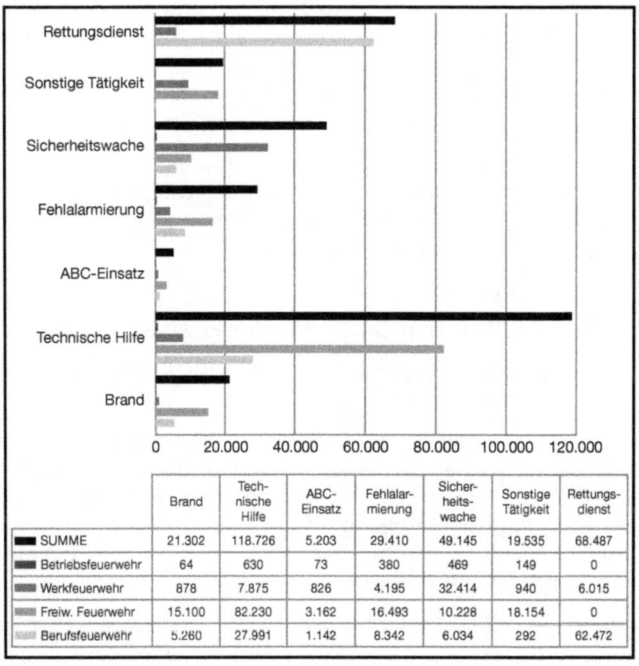

	Brand	Technische Hilfe	ABC-Einsatz	Fehlalarmierung	Sicherheitswache	Sonstige Tätigkeit	Rettungsdienst
SUMME	21.302	118.726	5.203	29.410	49.145	19.535	68.487
Betriebsfeuerwehr	64	630	73	380	469	149	0
Werkfeuerwehr	878	7.875	826	4.195	32.414	940	6.015
Freiw. Feuerwehr	15.100	82.230	3.162	16.493	10.228	18.154	0
Berufsfeuerwehr	5.260	27.991	1.142	8.342	6.034	292	62.472

Einsatzübersicht der Feuerwehren für das Jahr 2018

Die Einsatzstatistik der Feuerwehren Bayerns dokumentiert einen gleichbleibend hohen Stand an Einsatzzahlen. Auffallend ist die hohe Anzahl technischer Hilfeleistungen im Verhältnis zur „klassischen" Aufgabe der Bekämpfung von Bränden. Die bereits erwähnte fortschreitende Technisierung der Lebenssachverhalte, vor allem aber die stetige Steigerung des Verkehrsaufkommens auf Bayerns Straßen, dürfte hierfür ausschlaggebend sein.

Technische Hilfeleistungen im Zusammenhang mit Kraftfahrzeugen. Verkehrsunfälle mit Kraftfahrzeugen sowie Ölspuren auf öffentlichen Straßen binden in erheblichem Umfang Kräfte der Feuerwehren.

Aber auch die tendenziell zunehmende Zahl an Naturereignissen wie Starkregenfälle, Schneefälle und Stürme, die bisweilen zu Hochwasserereignissen, Schneekatastrophen und umgestürzten Bäumen führen, nehmen mittlerweile einen beachtlichen Stellenwert in der Statistik der Feuerwehreinsätze ein.

Dass die Feuerwehren nicht nur ihre Pflichtaufgaben erfüllen, sondern in großem Umfang auch freiwillige Leistungen erbringen, soll nicht unerwähnt bleiben.

3. Rechtliche Grundlagen des Feuerwehrwesens

3.1 „Feuerschutz" ist gemeindliche Pflichtaufgabe

Das Feuerwehrwesen ist keine Angelegenheit, die Gemeinden „nach Lust und Laune" betreiben, sondern ein wichtiges Thema der öffentlichen Sicherheit und Ordnung. Art. 83 der Bayerischen Verfassung (BV) führt in seinem Absatz 1 die gemeindliche Pflichtaufgabe „Feuerschutz" neben der örtlichen Polizei als in den eigenen Wirkungskreis der Gemeinden fallend explizit auf.

Dementsprechend bestimmt Art. 1 Abs. 1 des Bayerischen Feuerwehrgesetzes (BayFwG), dass die Gemeinden als Pflichtaufgaben im eigenen Wirkungskreis

- dafür zu sorgen haben, dass drohende Brand- und Explosionsgefahren beseitigt und
- Brände wirksam bekämpft werden sowie
- ausreichende technische Hilfe bei sonstigen Unglücksfällen oder Notständen im öffentlichen Interesse geleistet wird.

Während die ersten beiden Aufgaben als „abwehrender Brandschutz" verstanden werden, definiert das Gesetz die dritte Aufgabe als „technischen Hilfsdienst".

3.2 Erfüllung der Pflichtaufgaben durch Feuerwehren

Da die Gemeinden diese Pflichtaufgaben nicht mit eigenem (Verwaltungs-)Personal und den üblichen Sachmitteln (z. B. des Bauhofs) bewältigen können, schreibt der Gesetzgeber in

Art. 1 Abs. 2 BayFwG vor, dass die Gemeinden zur Erfüllung dieser Aufgaben

- gemeindliche Feuerwehren aufzustellen, auszurüsten und zu unterhalten sowie
- außerdem die notwendigen Löschwasserversorgungsanlagen bereitzustellen und zu unterhalten haben.

Begrenzt sind diese Pflichten allerdings durch die „Grenzen ihrer Leistungsfähigkeit“, also durch die verwaltungsmäßige und finanzielle Leistungskraft einer Gemeinde.

Diese gesetzliche Begrenzung der Erfüllung der gemeindlichen Pflichtaufgaben darf nun aber nicht so verstanden werden, dass eine Gemeinde mit Hinweis auf ihre leere Kasse von den Pflichten des Feuerwehrgesetzes entbunden wäre. Dafür ist die öffentliche Sicherheit zu wichtig. Vielmehr muss die Gemeinde alle Möglichkeiten ausschöpfen, die Pflichtaufgaben des abwehrenden Brandschutzes und der technischen Hilfeleistung erfüllen zu können. Dazu zählen:

- die Aufnahme von Krediten, beispielsweise für die Beschaffung von Feuerwehrfahrzeugen,
- das konsequente Ausschöpfen der Kostenersatztatbestände des Art. 28 BayFwG,
- die Inanspruchnahme staatlicher Zuwendungen für die Beschaffung von Fahrzeugen und Geräten oder für den Bau oder die Erweiterung eines Feuerwehrgerätehauses,
- organisatorische Maßnahmen, wie beispielsweise eine Änderung des Alarmplans mit dem Ziel der Entlastung übermäßig beanspruchter (Orts-)Feuerwehren,
- eine strikte Beschränkung der Feuerwehrtätigkeiten auf die Erfüllung der Pflichtaufgaben bei gleichzeitiger Ablehnung der Übernahme freiwilliger Tätigkeiten,
- das Ausloten der Möglichkeiten kommunaler Zusammenarbeit (Arbeitsgemeinschaften, Zweckvereinbarungen, Zweckverbands-Feuerwehren, Verwaltungsgemeinschafts-Feuerwehren), beispielsweise bei der Vorhaltung von Löschwasserversorgungseinrichtungen oder bei – gelegentlich anzutreffender – gemeinsamer Nutzung von Feuerwehrgerätehäusern durch mehrere Feuerwehren,

- im äußersten Fall die Zuweisung von Einsatzbereichen einer Gemeinde an eine benachbarte Feuerwehr nach Art. 17 Abs. 3 Satz 1 BayFwG oder
- die Aufstellung einer Pflichtfeuerwehr nach Art. 13 Abs. 4 BayFwG.

Erst wenn all diese und weitere denkbare Möglichkeiten der Kostenreduzierung bzw. Mittelbeschaffung ausgeschöpft sind, wäre die Grenze der gemeindlichen Leistungsfähigkeit erreicht. Erst dann könnte eine Gemeinde berechtigterweise auf das „Ende der Fahnenstange" verweisen und die Unmöglichkeit der Pflichtaufgabenerfüllung erklären. Soweit ist es bislang in Bayern aber noch in keinem Fall gekommen.

4. Die gemeindlichen Pflichtaufgaben im Einzelnen

4.1 „Feuerwehren aufstellen"

Im Freistaat Bayern gibt es aktuell (Stand: 31.12.2018) 7575 Freiwillige Feuerwehren, sieben Berufsfeuerwehren, 167 Werkfeuerwehren und 52 Betriebsfeuerwehren. Man kann also pauschal von rund 8000 Feuerwehren sprechen.

Gemeint sind damit die Feuerwehren – abgesehen von den Werk- und Betriebsfeuerwehren – als öffentliche Einrichtungen der Kommunen. Art. 4 Abs. 1 Satz 1 BayFwG zählt alle Freiwilligen Feuerwehren, Pflichtfeuerwehren sowie Berufsfeuerwehren zu den gemeindlichen Feuerwehren. Sie sind nach Art. 4 Abs. 1 Satz 2 BayFwG *„öffentliche Einrichtungen der Gemeinden"*.

Sauber davon zu trennen sind die Feuerwehrvereine. Diese sind – wie der Name schon sagt – Vereine, also juristische Personen des Privatrechts (vgl. §§ 21 ff. Bürgerliches Gesetzbuch – BGB –). Auf die Feuerwehrvereine haben die Gemeinden keine rechtlichen Einwirkungsmöglichkeiten. Sie können sich unabhängig vom Wunsch der Kommune gründen oder auflösen. Das entscheiden ihre jeweiligen Mitglieder, nicht aber die Gemeinden. Aufschlussreich hierzu auch die Ausführungen in Ziffer 5.2.2 VollzBekBayFwG:

> „[1]Die rechtliche Trennung zwischen der gemeindlichen Einrichtung Freiwillige Feuerwehr und dem privatrechtlichen Feuerwehrverein bedeutet auch, dass zwischen Vereinsmitgliedschaft und Zugehörigkeit zur öffentlichen Einrichtung unterschieden werden muss.
>
> [2]Die Aufnahme in den Feuerwehrverein erfolgt auf Antrag durch das satzungsmäßig festgelegte Vereinsorgan und ist streng von der Aufnahme in die Freiwillige Feuerwehr zu unterscheiden, über die der Kommandant zu entscheiden hat. [3]Die Feuerwehrdienstleistenden haben die sich aus den öffentlich-rechtlichen Vorschriften ergebenden Rechte und Pflichten unabhängig von ihren Rechten und Pflichten als Vereinsmitglieder."

In den meisten bayerischen Gemeinden bestehen neben der öffentlichen Einrichtung Feuerwehr auch Feuerwehrvereine. Art. 5 Abs. 1 BayFwG stellt lapidar wie zutreffend fest, dass die Einsatzkräfte der Freiwilligen Feuerwehren – also der öffentlichen Einrichtung! – *„in der Regel"* von Feuerwehrvereinen gestellt werden. Die öffentliche Einrichtung rekrutiert ihr Personal gleichsam aus den Mitgliedern des örtlichen Feuerwehrvereins. *„In der Regel"* bedeutet aber, dass es nicht zwingend so sein muss. Es kann durchaus der einzelne Feuerwehrdienstleistende seinen Dienst bei der öffentlichen Einrichtung Feuerwehr erbringen ohne Mitglied im örtlichen Feuerwehrverein zu sein. Eine Aufnahme in die öffentliche Einrichtung darf jedenfalls nicht davon abhängig gemacht werden, dass der Antragsteller auch dem Feuerwehrverein beitritt. Eine Mitgliedschaft im Verein ist in aller Regel mit der Verpflichtung zur Leistung eines Mitgliedsbeitrags in Geld verbunden. Wer es ablehnt, sich finanziell zu beteiligen, aber bereit ist, Leib und Leben für andere einzusetzen, darf nicht vom ehrenamtlichen Dienst abgehalten werden.

4.1.1 Wie viele Feuerwehren braucht eine Gemeinde?

Ende 2018 gab es 7575 Freiwillige Feuerwehren in den 2056 bayerischen Gemeinden. Im Schnitt gibt es danach in jeder Gemeinde Bayerns vier Feuerwehren. In Einzelfällen haben Gemeinden allerdings weitaus mehr Feuerwehren. Wie das?

Die Gemeindegebietsreform von 1972 bis 1978 verringerte die Zahl der bayerischen Gemeinden von 6962 im Jahr 1970 um über zwei Drittel auf etwas mehr als 2000 kreisangehörige Gemeinden. Abgeschlossen wurde die Reform durch das Gesetz zum Abschluss der kommunalen Gebietsreform am 1. Januar 1980, mit dem noch kleinere Korrekturen vorgenommen wurden. Während so die Zahl der Gemeinden drastisch sank, legte die Politik keine Hand an die Feuerwehren. Sei es aus politischen Gründen, sei es, um das dichte Netz dieser traditionellen Sicherheitseinrichtungen nicht zu zerstören. Ja, man stattete die Freiwilligen Feuerwehren sogar mit einer ehernen Bestandsgarantie, auch „Ewigkeitsgarantie" genannt, aus. Art. 5 Abs. 2 Satz 1 BayFwG bestimmt klipp und klar:

> „Organisatorisch selbstständige Freiwillige Feuerwehren für einzelne Ortsteile einer Gemeinde (Ortsfeuerwehren) sind zu erhalten, soweit sie die Aufgaben nach Art. 4 Abs. 1 und 2 erfüllen können."

Damit steht fest: Solange eine Ortsfeuerwehr personell (!) in der Lage ist, ihre Pflichtaufgaben nach Art. 4 Abs. 1 und 2 BayFwG zu erfüllen, kann sie nicht aufgelöst werden. Weder durch Gemeinderatsbeschluss noch durch einen Akt der Selbstauflösung. *„sind zu erhalten"* bedeutet: muss als Feuerwehr erhalten bleiben.

Erst wenn der Kommandant als Leiter dieser gemeindlichen Einrichtung zu verstehen gibt, dass ihm nicht mehr das zur Aufgabenerfüllung erforderliche Personal zur Verfügung steht, also die Freiwillige Feuerwehr gleichsam auf einen kümmerlichen Rest an Aktiven zusammengeschrumpft ist, kann eine Gemeinde per Gemeinderatsbeschluss die Auflösung einer solchen Feuerwehr herbeiführen. Bevor sie einen derart weitreichenden Schritt unternimmt, muss der Gemeinderat allerdings die Möglichkeiten der personellen Verstärkung der notleidenden Freiwilligen Feuerwehr durch zwangsweise Heranziehung von Gemeindeeinwohnern zum Feuerwehrdienst nach Art. 13 Abs. 1 BayFwG und der Aufstellung einer Pflichtfeuerwehr nach Art. 13 Abs. 4 BayFwG prüfen.

Sollten die letztgenannten Varianten nicht in Frage kommen, bleibt die Gemeinde dennoch in der Pflicht, die öffentliche Sicherheit und Ordnung, also insbesondere den abwehrenden Brandschutz und die Hilfe bei allgemeinen Notlagen, anderweitig zu organisieren. Zweckmäßigerweise wird sie das Gemeindegebiet, für die die aufgelöste Feuerwehr bisher zuständig war, einer anderen Ortsfeuerwehr zur Betreuung zuweisen.

Der bisweilen erhobenen Forderung von Kommunalpolitikern, die strikte Bestandsgarantie der Ortsfeuerwehren im Zuge der Novellierung des Bayerischen Feuerwehrgesetzes zu lockern, um kleine Ortsfeuerwehren auflösen oder fusionieren zu können, ist der Gesetzgeber nicht nachgekommen.

> „An der Bestandsgarantie wird auch in Zukunft festgehalten, da der abwehrende Brandschutz und der technische Hilfsdienst landesweit in einem Flächenstaat wie Bayern ohne die Ortsfeuerwehren, die innerhalb kürzester Zeit am Einsatzort sind, nicht in ausreichendem Maße sichergestellt werden könnte.“,

heißt es klipp und klar in der Begründung eines früheren Gesetzentwurfs der Bayerischen Staatsregierung (LT-Drs. 15/8979, S. 8 zu Art. 5).

Bedeutet die Bestandsgarantie des Art. 5 Abs. 2 BayFwG aber auch, dass sich Feuerwehren freiwillig nicht zusammenschließen dürfen? In der Vergangenheit gab es vereinzelt Fälle, in denen Kommandanten benachbarter Ortsfeuerwehren übereinkamen, ihre Ortsfeuerwehren zu vereinigen. Nicht etwa, weil sie personell „auf den Hund gekommen“ wären, sondern aus zumeist fachlichen oder organisatorischen Gründen. Durch entsprechenden Gemeinderatsbeschluss wurde die Übereinkunft „abgesegnet“. Während vereinzelte Stimmen (Schulz/Ellmayer, Art. 5, Ziffer 3.2) die Ansicht vertreten, dass die Bestandsgarantie vor dem Hintergrund der mit ihr verfolgten gesetzgeberischen Absicht zurücktritt, wenn Ortsfeuerwehren im Einvernehmen mit ihren Mitgliedern zusammengeschlossen werden sollen, vertraten andere (Forster/Pemler/Remmele, Art. 5, Rdnr. 35a) sowie das bayerische Innenministerium stets die Auffassung, dass die strikte Bestandsgarantie auch freiwillige Zusammenschlüsse von Ortsfeuerwehren ausschließe. Damit wären alle freiwilligen Zusammenschlüsse von Ortsfeuerwehren in den vergangenen Jahrzehnten rechtswidrig gewesen und hätten von den jeweiligen Landratsämtern als Aufsichtsbehörden beanstandet werden müssen. Das ist nicht geschehen.

Gut, dass das Innenministerium entweder von solchen Zusammenschlüssen nichts erfahren hat oder über die eine oder andere „illegale“ Vereinigung von Ortsfeuerwehren „hinweggeschaut“ hat.

Um die Eigenverantwortung auf kommunaler Ebene zu stärken – so die Gesetzesbegründung zu einer der letzten Feuerwehrgesetznovellen (vgl. LT-Drs. 15/8978, S. 3 unter B) – oder einfach nur, um die bislang erfolgten Zusammenschlüsse „contra legem“ zu legalisieren – so die Vermutung des Autors – ist der früheren Bestandsgarantieregelung in Art. 5 Abs. 2 ein neuer Satz 2 beigefügt worden, der seitdem freiwillige Zusammenschlüsse von Ortsfeuerwehren ausdrücklich erlaubt:

> „Freiwillige Zusammenschlüsse von Ortsfeuerwehren sind zulässig, wenn die Erfüllung der Aufgaben nach Art. 1 Abs. 1 weiterhin gewährleistet ist.“

Die neu gebildete Ortsfeuerwehr muss gewährleisten, dass auch und gerade nach dem Zusammenschluss die Aufgaben des abwehrenden Brandschutzes und der technischen Hilfeleistung im Gemeindegebiet bestmöglich erfüllt werden.

4.1.2 Ein Blick in die Zukunft: Personelle Entwicklung bei den Freiwilligen Feuerwehren bayerischer Gemeinden

Bayern ist zu Recht stolz auf die große Anzahl ehrenamtlich tätiger Feuerwehrdienstleistender. Die Statistik weist 314.496 Feuerwehrdienstleistende in Freiwilligen Feuerwehren aus. Hinzu kommen 2866 Bedienstete in Berufsfeuerwehren sowie 7244 Tätige in Werkfeuerwehren und 1327 in Betriebsfeuerwehren. Betrachtet man die beeindruckend hohe Zahl der ehrenamtlichen Feuerwehrdienstleistenden, so könnte man glauben: alles ist wunderbar, die personelle Situation der Freiwilligen Feuerwehren komfortabel. Die nachfolgende Grafik (www.stmi.bayern.de/assets/stmi/sus/feuerwerhr/d2_14_03_die_feuerwehren_bayerns_2018_v03_jahresbericht_20190910.pdf) gibt einen aktuellen Überblick:

Stärke der Feuerwehren Bayerns

– Stand: 31.12.2018 –

Regierungsbezirk	BF	FF	WF	BtF
Oberbayern	2	1.309	40	21
Niederbayern	-	1.033	14	2
Oberpfalz	1	1.021	9	7
Oberfranken	-	1.161	14	2
Mittelfranken	2	1.051	17	5
Unterfranken	1	963	28	5
Schwaben	1	1.037	45	10
Bayern gesamt	**7**	**7.575**	**167**	**52**

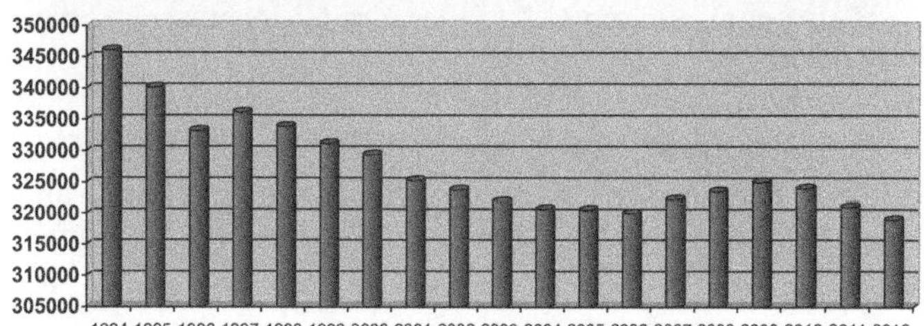

Anzahl der Feuerwehrdienstleistenden in Freiwilligen Feuerwehren bayerischer Gemeinden

Die Zahlen der Jahre 2013 bis 2018 dokumentieren eine weitere Abnahme an freiwilligen Feuerwehrdienstleistenden. 2018 leisteten noch 314.496 Ehrenamtliche Dienst in Freiwilligen Feuerwehren. Über einen längeren Zeitraum hin gesehen zeigt sich damit ein fataler Trend: Nicht dramatisch, aber doch kontinuierlich geht die Zahl der Feuerwehrdienstleistenden der Freiwilligen Feuerwehren bayerischer Gemeinden zurück.

Was sind die Gründe hierfür?

Die Ursachen sind sicherlich mannigfaltig und von Ort zu Ort, von Feuerwehr zu Feuerwehr, unterschiedlich:

- Scheu junger Menschen vor langfristiger Bindung an eine Organisation
- Verändertes Freizeitverhalten: Kurzfristige Zerstreuung ist bisweilen attraktiver als Einsätze, Übungen, Vereinsabende
- Schwindende Bereitschaft, das eigene Leben und die eigene Gesundheit für Andere einzusetzen
- Wohnort und Arbeitsstätte liegen oft weit auseinander; die Teilnahme an Einsätzen wird damit schwierig oder unmöglich
- Arbeitgeber akzeptieren immer weniger das Verlassen des Arbeitsplatzes, um Feuerwehrdienst zu leisten
- Demographische Entwicklung (Rückgang der geburtenstarken Jahrgänge)
- Konkurrenz bei der Mitgliederwerbung durch andere Hilfsorganisationen (z. B. Rotes Kreuz, Technisches Hilfswerk)
- Zunehmende Technisierung der Ausstattung verlangt immer mehr Spezialwissen, Übungen usw.
- Frustration vieler Feuerwehrdienstleistender aufgrund steigender Anspruchsmentalität, ja bisweilen Agressivität, in der Bevölkerung.

Welche Möglichkeiten gibt es, dieser negativen Entwicklung entgegenzuwirken?

- „Kinderfeuerwehr" (vom 6. bis 11. Lebensjahr)
- Jugendfeuerwehr (vom 12. bis 18. Lebensjahr) attraktiv halten bzw. machen
- aktive Feuerwehrdienstleistende werben gezielt junge Menschen
- Bürgermeister und Gemeinderatsmitglieder sprechen in Sprechstunden und Bürgerversammlungen gezielt junge Menschen an
- Bevorzugtes Einstellen von Verwaltungspersonal, das bereit ist, Feuerwehrdienst zu leisten
- Werbung in Bürgerversammlungen und/oder Bürgersprechstunden

- Öffentlichkeitswirksame Ehrung aktiver Feuerwehrdienstleistender.

In diesem Zusammenhang stellt sich die Frage, ob der Feuerwehr zur Mitgliederwerbung die Daten von Gemeindeeinwohnern aus dem Melderegister gegeben werden dürfen, um Personen gezielt für den Beitritt zur Feuerwehr anzusprechen. Der Bayerische Datenschutzbeauftragte hat in Ziffer 2 seines 18. Tätigkeitsberichts aus dem Jahr 1998 hierzu wie folgt Stellung genommen:

> „Die Freiwillige Feuerwehr ist eine Einrichtung, die gemäß Art. 57 Abs. 1 GO, Art. 1 Abs. 1 BayFwG Pflichtaufgaben der Gemeinde wahrnimmt. Sie ist Bestandteil der einheitlichen Verwaltungsbehörde der Gemeinde (vgl. Niese in Wilde/Ehrmann/Niese/Knoblauch, Bayerisches Datenschutzgesetz, Art. 2 Rdnr. 19). Die Weitergabe von Daten aus dem Melderegister an die gemeindliche Einrichtung Freiwillige Feuerwehr zur Nachwuchswerbung beurteilt sich daher nach Art. 31 Abs. 7 Satz 1 in Verbindung mit Art. 31 Abs. 1 MeldeG (Nutzung von Daten innerhalb der Gemeindeverwaltung). Die Weitergabe von Familiennamen, Vornamen, Anschriften und gegebenenfalls des Geburtsjahres von Personen, die für den Feuerwehrdienst in Frage kommen, ist danach zulässig, wenn dies zur rechtmäßigen Erfüllung der in der Zuständigkeit der Feuerwehr liegenden Aufgaben erforderlich ist.
>
> Aufgabe der Freiwilligen Feuerwehr als gemeindliche Einrichtung ist der abwehrende Brandschutz und der technische Hilfsdienst (Art. 4 Abs. 1 BayFwG). Die Datenweitergabe an die gemeindliche Einrichtung Freiwillige Feuerwehr ist erforderlich, wenn sie zur Erfüllung dieser Aufgabe objektiv geeignet ist und im Verhältnis dazu auch angemessen erscheint.
>
> Die Weitergabe von Adressdaten zur gezielten Werbung von Feuerwehrnachwuchsleuten ist geeignet, die Funktionsfähigkeit der gemeindlichen Einrichtung Freiwillige Feuerwehr durch Bereitstellung einer ausreichenden Anzahl von Feuerwehrdienstleistenden aufrechtzuerhalten. Die Datenweitergabe ist dann angemessen, wenn sich nicht genügend Bewerber melden, um die erforderliche Mindestmitgliederstärke zu erreichen, denn an der Erfüllung der in Art. 4 Abs. 1 BayFwG genannten Aufgaben besteht ein erhebliches öffentliches Interesse.
>
> Die Weitergabe von Adressdaten aus dem Melderegister an die gemeindliche Einrichtung Freiwillige Feuerwehr ist daher unter dieser Voraussetzung nach Art. 31 Abs. 7 Satz 1 in Verbindung mit Art. 31 Abs. 1 MeldeG zulässig."

In Ziffer 6.14 des 24. Tätigkeitsberichts aus dem Jahre 2010 hat der Bayerische Datenschutzbeauftragte diese Rechtsansicht noch einmal ausdrücklich bestätigt.

Daraus folgt: Sollte der für die Einsatzbereitschaft und damit ausreichende personelle Stärke der Feuerwehr zuständige Kommandant Probleme haben, die notwendige Mindeststärke aufrechtzuerhalten, so kann ihm zur Mitgliederwerbung vom Einwohnermeldeamt die hierfür notwendige Information aus dem Melderegister übermittelt werden.

4.1.3 Feuerwehrdienst in mehreren Feuerwehren

Vor dem Hintergrund der Tatsache, dass heutzutage viele Menschen nicht mehr in ihrer Wohnsitzgemeinde einer Arbeit nachgehen, sondern in andere Orte pendeln, hat der Gesetzgeber durch eine der letzten Gesetzesnovellen die Möglichkeit einer sogenannten „Doppelmitgliedschaft" in maximal zwei Feuerwehren zugelassen.

Art. 6 Abs. 2 BayFwG lautet in seiner aktuellen Fassung wie folgt:

> „[1]Feuerwehrdienst können alle geeigneten Personen vom vollendeten 18. bis zum vollendeten 65. Lebensjahr in der Gemeinde leisten, in der sie eine Wohnung haben, und in der Gemeinde, in der sie einer regelmäßigen Beschäftigung oder Ausbildung nachgehen, in besonderen Fällen auch in den jeweiligen Nachbargemeinden. [2]Feuerwehrdienst kann in bis zu zwei Feuerwehren geleistet werden."

Die amtliche Begründung (LT-Drs. 15/8978, S. 8, Ziffer 1 zu Art. 6) führt hierzu im Einzelnen aus:

> „Nach der bisher geltenden Regelung des Absatzes 2 konnten nur Gemeindeeinwohner und nur in besonderen Fällen auch Einwohner benachbarter Gemeinden Feuerwehrdienst leisten. Dies kann angesichts der erheblichen Zunahme des Pendlerverkehrs tagsüber zu Problemen bei der Sicherstellung des Brandschutzes und der technischen Hilfeleistung führen. Künftig haben alle geeigneten Personen die Möglichkeit, Feuerwehrdienst in Gemeinden zu leisten, in denen sie eine Wohnung im Sinne des Melderechts haben, und/oder in Gemeinden, in denen sie einer regelmäßigen Beschäftigung oder Ausbildung nachgehen. Doppelmitgliedschaften, d. h. die Mitgliedschaft in maximal zwei Feuerwehren, sind dadurch möglich.

Bei der Prüfung der Eignung ist insbesondere zu berücksichtigen, ob die betroffene Person in ausreichendem Umfang vor Ort zur Verfügung steht und alarmierbar ist. Bei Personen, die bereits Mitglied einer Feuerwehr sind, ist bei der Eignung darüber hinaus zu prüfen, ob eine Doppelmitgliedschaft wegen möglicher Pflichtenkollisionen ausgeschlossen ist. Eine Pflichtenkollision wird in der Regel bei einer angestrebten Doppelmitgliedschaft in eng benachbarten Feuerwehren vorliegen.

Doppelmitgliedschaften sind künftig auch innerhalb einer Gemeinde möglich, wenn Gemeindeeinwohner innerhalb einer Gemeinde einer regelmäßigen Beschäftigung oder Ausbildung nachgehen; dies kann insbesondere in großen Flächengemeinden relevant werden. Der Prüfung der Geeignetheit kommt hierbei besondere Bedeutung zu.

In besonderen Fällen kann Feuerwehrdienst statt in der Gemeinde, in der eine Wohnung besteht bzw. in der einer regelmäßigen Beschäftigung oder Ausbildung nachgegangen wird, in der jeweiligen Nachbargemeinde geleistet werden; dies betrifft insbesondere Fälle, in denen die Feuerwehr der Nachbargemeinde aufgrund der Verkehrsanbindung in gleichem Maße oder sogar leichter von der Wohnung bzw. vom Arbeits- oder Ausbildungsplatz erreichbar ist. Doppelmitgliedschaften sind auch in diesen Fällen möglich."

Letztlich hat der Gesetzgeber damit nur festgeschrieben, was in vielen Gemeinden seit langem praktiziert wird: Feuerwehren halten in ihren Feuerwehrgerätehäusern zusätzliche Schutzausrüstungen für Feuerwehrdienstleistende aus anderen Gemeinden vor, die ihre Bereitschaft zur Ableistung des Diensts in der Kommune bekundet haben, in der sie einer Arbeit nachgehen, ohne Gemeindebürger zu sein.

Die Regelung ist sinnvoll und zweckmäßig. Durch die Öffnung der Feuerwehren für „Externe" können Kenntnisse und Erfahrung anderweitig ausgebildeter Feuerwehrdienstleistender genutzt werden, um die eigene Feuerwehr auch werktags einsatzbereit zu halten.

Bisweilen kamen in der Praxis Fragen auf, welche der beiden Gemeinden für die Ausstattung der Doppelmitglieder mit persönlicher Schutzausstattung oder die Übernahme der Kosten von Lehrgängen aufzukommen habe. Die Vollzugsbekanntmachung zum Bayerischen Feuerwehrgesetz

(VollzBekBayFwG) nimmt hierzu klar und unmissverständlich in Ziffer 6.1 Stellung:

„6.1 Doppelmitgliedschaft

6.1.1 [1]Für Feuerwehrdienstleistende, die Mitglied verschiedener Feuerwehren sind, ist bei jeder Feuerwehr durch die jeweilige Gemeinde die erforderliche Schutzkleidung vorzuhalten. [2]Bei der Frage, welche Gemeinde für die Ausbildung von Feuerwehrdienstleistenden und deren Finanzierung verantwortlich ist, ist zunächst auf die zeitliche Verfügbarkeit der Feuerwehrdienstleistenden und den damit verbundenen Nutzen für die Feuerwehr abzustellen. [3]Dies wird in der Regel zu dem Ergebnis führen, dass Stammfeuerwehr der Feuerwehrdienstleistenden die Feuerwehr ihrer Wohnsitzgemeinde ist; diese hat grundsätzlich für die Ausbildung der Feuerwehrdienstleistenden zu sorgen. [4]Bei Lehrgängen, die Feuerwehrdienstleistende für die Übernahme einer ganz speziellen Funktion bei nur einer der Feuerwehren vorbereiten sollen, trägt die Kosten in der Regel diejenige Gemeinde, in deren Feuerwehr die spezielle Funktion übernommen werden soll. [5]In jedem Fall bedarf es einer vorherigen Abstimmung beider Gemeinden. [6]Für statistische Zwecke sollen Feuerwehrdienstleistende bei der Feuerwehr der Wohnsitzgemeinde erfasst werden. [7]Feuerwehrdienstleistende, die aktiv in einer weiteren Feuerwehr Feuerwehrdienst leisten, sollen bei dieser Feuerwehr ausschließlich als Doppelmitglied erfasst werden.

6.1.2 [1]Mitglieder der Freiwilligen Feuerwehren sollen nicht bereits Mitglied beim Technischen Hilfswerk oder einer gemäß Art. 7 Abs. 3 Nr. 5 BayKSG zur Katastrophenhilfe verpflichteten Organisation sein (§ 9 Satz 3 AVBayFwG). [2]Dies gilt in besonderem Maße bei Führungsdienstgraden.

6.1.3 [1]Doppelmitgliedschaften sind nicht möglich, soweit sie zu Pflichtenkollisionen führen. [2]Zu erwartende Pflichtenkollisionen können in geeigneten Fällen durch schriftliche Vereinbarung zwischen den beiden Feuerwehren ausgeschlossen werden. [3]Doppelmitglieder können in höchstens einer Feuerwehr das Amt des Kommandanten oder des stellvertretenden Kommandanten übernehmen. [4]In der Regel wird dies die Feuerwehr am Wohnsitz des Doppelmitglieds sein (vergleiche § 9 Satz 4 AVBayFwG)."

4.2 „Feuerwehren ausrüsten"

Nicht nur aufstellen, sondern auch ausrüsten müssen die Gemeinden nach Art. 1 Abs. 2 Satz 1 BayFwG ihre Feuerwehren. In diesem Zusammenhang stellt sich stets die Frage, in welchem Umfang die Feuerwehren auszurüsten sind. *„Die Feuerwehr will immer neue, teure Ausstattung"*, klagen nicht wenige Gemeindekämmerer. Und: *„Jede kleine Ortsfeuerwehr verlangt eine gute Ausstattung. Zähneknirschend müssen wir alle Beschaffungswünsche erfüllen"*, jammern nicht wenige Gemeinderatsmitglieder.

Sind die Klagen berechtigt? Woraus ergibt sich, wie Gemeinden ihre Feuerwehren ausrüsten müssen?

§ 1 AVBayFwG bestimmt:

> „Im Rahmen von Art. 1 Abs. 2 Satz 1 des Bayerischen Feuerwehrgesetzes (BayFwG) haben die Gemeinden insbesondere
> 1. Gerätehäuser mit den erforderlichen Einrichtungen bereitzustellen,
> 2. Fahrzeuge, Geräte, Material, Schutzausrüstung und Dienstkleidung zu beschaffen,
> 3. Einrichtungen zur Meldung und Alarmierung in der Gemeinde zu beschaffen und zu betreiben,
> 4. den Verwaltungsaufwand und, soweit dafür nicht Dritte aufkommen, die Kosten der Aus- und Fortbildung zu tragen."

Damit ist grundsätzlich klargestellt, dass eine Feuerwehr nicht nur „auf dem Papier" existieren darf, sondern mit einem Mindestmaß an Ausstattung rechnen kann.

Weiteren Aufschluss über die Mindestausstattung einer Feuerwehr geben die §§ 3 und 4 AVBayFwG. Diese lauten:

§ 3

> „(1) [1]Die gemeindlichen Feuerwehren sind in taktische Einheiten zu gliedern. [2]Taktische Einheiten sind insbesondere der Selbstständige Trupp, die Staffel, die Gruppe, der Zug und der Verband; je Einheit übernimmt eine Person die Führung (Truppführer, Staffelführer, Gruppenführer, Zugführer, Verbandsführer). [3]Die kleinste taktisch selbstständige Einheit ist die Gruppe. [4]Soweit möglich, sind Züge zu bilden.
>
> (2) Die taktischen Einheiten sind wie folgt zu besetzen:
> - der Trupp mit dem Truppführer und höchstens zwei Feuerwehrleuten

- die Staffel mit dem Staffelführer und fünf Feuerwehrleuten
- die Gruppe mit dem Gruppenführer und acht Feuerwehrleuten
- der Zug mit dem Zugführer und mindestens 16 Feuerwehrleuten
- der Verband mit dem Verbandsführer und mindestens zwei Zügen."

§ 4

„(1) [1]Die Stärke einer Freiwilligen Feuerwehr oder einer Pflichtfeuerwehr richtet sich nach der Größe des von ihr zu schützenden Gebiets und nach den dort vorhandenen Gefahren. [2]Die Geräte sollen mindestens dreifach besetzt sein.

(2) [1]Die Mindeststärke einer Freiwilligen Feuerwehr oder einer Pflichtfeuerwehr ist eine Gruppe in dreifacher Besetzung. [2]In Ausnahmefällen kann die Mindeststärke auf die zweifache Besetzung beschränkt werden."

Ziffer 4.6 VollzBekBayFwG ergänzt diese Bestimmungen wie folgt:

„[1]Die in § 3 Abs. 2 AVBayFwG festgelegte Mindeststärke des Zugs mit dem Zugführer und 16 Feuerwehrleuten entspricht den Verhältnissen bei den Berufsfeuerwehren. [2]Nach der Feuerwehr-Dienstvorschrift 3 (FwDV 3), die den bayerischen Feuerwehren mit Bekanntmachung des Bayerischen Staatsministeriums des Innern vom 6. August 2008 (AllMBl. S. 439) zur Anwendung empfohlen wurde, besteht der Zug aus dem Zugführer, dem Zugtrupp und aus Gruppen, Staffeln und/oder selbstständigen Trupps. [3]Der Zug hat in der Regel eine Mannschaftsstärke von 22. [4]Für besondere Aufgaben kann der Zug um einen Trupp, eine Staffel oder eine Gruppe erweitert werden."

Damit sind die Erwartungen des Verordnungsgebers – des bayerischen Innenministeriums – dokumentiert: Jede Gemeinde muss grundsätzlich mindestens über eine Freiwillige Feuerwehr in der Mindeststärke von zwei Löschgruppen und dem Zugführer verfügen. Und: Die Stärke und Ausrüstung der Feuerwehr hängt von der Größe des von ihr zu schützenden Gebiets und von den dort vorhandenen Gefahren ab. Maßgeblich ist also das örtliche Gefahrenpotential.

4.2.1 Feuerwehrbedarfsplanung

Ziffer 1.1 der Vollzugsbekanntmachung sieht vor, dass die Gemeinden sog. Feuerwehrbedarfspläne erarbeiten und dauerhaft fortschreiben.

> „[1]Die Gemeinden haben für die Wahrnehmung des abwehrenden Brandschutzes und des technischen Hilfsdienstes Feuerwehren aufzustellen, auszurüsten und zu unterhalten; um dabei das örtliche Gefahrenpotential ausreichend zu berücksichtigen und eine optimale Aufgabenwahrnehmung durch die gemeindlichen Feuerwehren zu gewährleisten, sollen die Gemeinden grundsätzlich einen Feuerwehrbedarfsplan aufstellen. [2]Das Staatsministerium des Innern, für Sport und Integration (Staatsministerium) gibt den Gemeinden Hinweise zur Erstellung eines Feuerwehrbedarfsplanes in Form eines Merkblattes. [3]Es wird empfohlen, den zuständigen Kreisbrandrat oder die zuständige Kreisbrandrätin bei der Erstellung der Feuerwehrbedarfspläne zu beteiligen. [4]Feuerwehrbedarfspläne sind fortzuschreiben und der Entwicklung in den Gemeinden anzupassen."

Auch wenn der Ruf nach weniger Bürokratie und rechtlichen Regelungen berechtigt und populär ist, so ist der Vorteil eines gemeindlichen Feuerwehrbedarfsplans nicht von der Hand zu weisen: beide Seiten, Feuerwehr und Gemeinde, befassen sich mit dem Ist- und Sollstand der Ausstattung der Feuerwehr und können so ziel- und mittelgerecht (!) planen. Das kann letztlich auch zu mehr gegenseitigem Verständnis für Ausstattungswünsche der Feuerwehr einerseits und knappen Finanzmitteln andererseits führen. Ein Arbeitskreis „Feuerwehrbedarfsplanung in Bayern" beim bayerischen Innenministerium hat das in der Vollzugsbekanntmachung erwähnte Merkblatt erarbeitet, das den Gemeinden Hinweise zur Erstellung eines Feuerwehrbedarfsplans gibt.

4.2.2 Wie ermittle ich das Gefahrenpotential im Gemeindegebiet?

TIPP:

Das frühere Landesamt für Brand- und Katastrophenschutz hat das sogenannte „Ermittlungs- und Richtwertverfahren" entwickelt, das einer entsprechenden Gefahrenanalyse zugrunde gelegt werden kann. Die Staatliche Feuerwehrschule Würzburg (www.sfs-w.de) bietet in ihrem Verzeichnis der Lehr- und Lernmittel den

Bezug der entsprechenden Merkblätter (zum herunterladen) an. Anhand dieses Verfahrens kann das Gefahrenpotential im Gemeindegebiet abgeschätzt werden.

4.2.3 Weiterer Gesichtspunkt: Die 10-Minuten-Hilfsfrist

Als weitere Beurteilungsgrundlage für die Entscheidung, in welchem Umfang eine gemeindliche Feuerwehr ausgerüstet werden muss, ist die sogenannte „Hilfsfrist" von zehn Minuten zu beachten.

Die Hilfsfrist findet sich in Ziffer 1.2 VollzBekBayFwG:

> „[1]Um ihre Aufgaben im abwehrenden Brandschutz und im technischen Hilfsdienst erfüllen zu können, müssen die Gemeinden ihre Feuerwehren so aufstellen und ausrüsten, dass diese möglichst schnell Menschen retten, Schadenfeuer begrenzen und wirksam bekämpfen sowie technische Hilfe leisten können. [2]Hierfür ist es notwendig, dass grundsätzlich jede an einer Straße gelegene Einsatzstelle von einer gemeindlichen Feuerwehr in höchstens zehn Minuten nach Eingang einer Meldung bei der alarmauslösenden Stelle erreicht werden kann (Hilfsfrist). [3]Die Hilfsfrist setzt sich zusammen aus der Gesprächs- und Dispositionszeit der alarmauslösenden Stelle sowie der Ausrücke- und Anfahrtszeit der Feuerwehr. [4]Die Gemeinden legen bei der Feuerwehrbedarfsplanung grundsätzlich eine Ausrücke- und Anfahrtszeit der gemeindlichen Feuerwehr von höchstens achteinhalb Minuten ab dem Abschluss ihrer Alarmierung zugrunde."

Die Hilfsfrist ist ein wichtiges Kriterium bei der Beurteilung der Frage, wie eine Feuerwehr ausgestattet sein muss, insbesondere, welche Fahrzeuge beschafft werden sollen. Sie hat allerdings, wie jede fachliche Empfehlung, keinen rechtsverbindlichen Charakter, kann also nicht als gleichsam bindende Vorgabe für jedweden Beschaffungswunsch angesetzt werden. Darauf hat das Verwaltungsgericht Regensburg in seiner Entscheidung vom 22.10.2003 (Az.: RO 3 K 02.2309; BayVBl. 2004, 538, BayGT 2004, 29 ff.; siehe auch: BayVGH, Urteil vom 23.12.2016, Az. 4 CE 16.2063) zutreffend hingewiesen. Auf nachdrückliche Bitte des Bayerischen Gemeindetags (hierzu: BayGT 2007, 200 ff.) hat das bayerische Innenministerium davon abgesehen, die 10-Minuten-Hilfsfrist als verbindliche Vorgabe in den Entwurf des Änderungsgesetzes von 2008 aufzunehmen.

4.2.4 Können Feuerwehrfahrzeuge und -geräte von mehreren Gemeinden gemeinsam beschafft werden?

Ja. Der Bundesgerichtshof hat mit Urteil vom 12.11.2002 (Az.: KZR 11/01, GKBay 2003/187) ausdrücklich bestätigt, dass Gemeinden eine sogenannte „erlaubte Einkaufskooperation" im Sinn von § 4 Abs. 2 des Gesetzes gegen Wettbewerbsbeschränkungen (GWB) bilden. Sie können daher, da sie keine Markt beherrschende Stellung haben, gemeinsam ausschreiben und günstiger einkaufen. Das ist auch kommunalpolitisch ausdrücklich erwünscht. Zum einen dokumentieren die Gemeinden und Städte damit ihre Bereitschaft zu kommunaler Kooperation; zum anderen können auf diese Weise möglicherweise günstigere Preise bei den Fahrzeugherstellern erzielt werden.

Das vor einigen Jahren aufgedeckte Kartell einiger Fahrzeughersteller hat schmerzhaft gezeigt, wohin die jahrzehntelang praktizierte Einzelbeschaffung von Feuerwehrfahrzeugen geführt hat: zu überteuerten Beschaffungsmaßnahmen.

Darüber hinaus belohnt der Freistaat Bayern die gemeinsame Beschaffung baugleicher Feuerwehrfahrzeuge, indem er einen Aufschlag zum Förderfestbetrag vornimmt. Näheres dazu bei den Ausführungen zum staatlichen Fördersystem unter 6.1.3.

4.2.5 Muss eine Gemeinde ein Drehleiterfahrzeug beschaffen, wenn bei mehrstöckigen Gebäuden der zweite bauliche Rettungsweg fehlt?

Eine Drehleiter ist eine äußerst kostspielige Anschaffung. Zwischen 600 000 und 750 000 € kostet ein standardgemäß ausgestattetes Fahrzeug. Drehleitern dienen in erster Linie der Menschenrettung. Und zwar der Rettung von Menschen aus Gebäuden, deren Höhe mehr als sieben Meter beträgt (vgl. Art. 2 Abs. 3 BayBO).

Art. 31 der Bayerischen Bauordnung (BayBO) regelt im Detail den ersten und zweiten Rettungsweg in Gebäuden. Er lautet:

(1) Für Nutzungseinheiten mit mindestens einem Aufenthaltsraum wie Wohnungen, Praxen, selbstständige Betriebsstätten müssen in jedem Geschoss mindestens zwei voneinander unabhängige Rettungswege ins Freie vorhanden sein; beide Rettungswege dürfen jedoch innerhalb des Geschosses über denselben notwendigen Flur führen.

(2) [1]Für Nutzungseinheiten nach Abs. 1, die nicht zu ebener Erde liegen, muss der erste Rettungsweg über eine notwendige Treppe führen. [2]Der zweite Rettungsweg kann eine weitere notwendige Treppe oder eine mit Rettungsgeräten der Feuerwehr erreichbare Stelle der Nutzungseinheit sein. [3]Ein zweiter Rettungsweg ist nicht erforderlich, wenn die Rettung über einen sicher erreichbaren Treppenraum möglich ist, in den Feuer und Rauch nicht eindringen können (Sicherheitstreppenraum).

(3) [1]Gebäude, deren zweiter Rettungsweg über Rettungsgeräte der Feuerwehr führt und bei denen die Oberkante der Brüstung von zum Anleitern bestimmten Fenstern oder Stellen mehr als 8 m über der Geländeoberfläche liegt, dürfen nur errichtet werden, wenn die Feuerwehr über die erforderlichen Rettungsgeräte wie Hubrettungsfahrzeuge verfügt. [2]Bei Sonderbauten ist der zweite Rettungsweg über Rettungsgeräte der Feuerwehr nur zulässig, wenn keine Bedenken wegen der Personenrettung bestehen.

Bei allen Bauten ist der Bauherr bzw. der Entwurfsverfasser oder der Ersteller des Nachweises für den vorbeugenden Brandschutz verpflichtet, selbst darauf zu achten, dass der zweite Rettungsweg baulich hergestellt wird. Wenn die örtliche Feuerwehr nicht über die erforderlichen Rettungsgeräte, wie z. B. eine Drehleiter, verfügt, muss ein zweiter baulicher Rettungsweg geschaffen werden. Kommt der Bauherr dieser Verpflichtung nicht nach, besteht ein materiell baurechtswidriger Zustand. Es ist dann Aufgabe der Bauaufsichtsbehörde, also in der Regel des staatlichen Landratsamts, auf eine Beseitigung dieses baurechtswidrigen Zustands hinzuwirken. Dies kann beispielsweise durch eine Aufforderung an den Bauherrn geschehen, den fehlenden zweiten Rettungsweg zu errichten. In letzter Konsequenz kann sogar eine Nutzungsuntersagung für die betroffenen Räume in den oberen Geschossen des Gebäudes in Betracht kommen.

Die Gemeinden selbst haben keine Prüf- oder Überwachungspflichten hinsichtlich der Einhaltung materieller Vorschriften des Baurechts. Sie sind nicht verpflichtet, das Vorhandensein des nach Art. 31 BayBO erforderlichen zweiten baulichen Rettungswegs zu ermitteln. Erlangt eine Kommune aber dennoch Kenntnis von einem solchen materiell rechtswidrigen Zustand, so sollte sie dies umgehend dem Landratsamt als Bauaufsichtsbehörde melden. Denn: Wenn sie dieses Wissen jahrelang für sich behält, also den baurechtswidrigen Zustand gleichsam toleriert, erwächst ihr nach und nach die Pflicht, ihre Feuerwehr mit Geräten zur Abwehr entsprechender Gefahren nachzurüsten. Dies kann gegebenenfalls auch die Beschaffung einer Drehleiter bedeuten.

Hat eine Gemeinde bereits eine Drehleiter und hat der Bauherr deshalb (rechtmäßig) auf die Schaffung des zweiten baulichen Rettungswegs verzichtet, so ist die Gemeinde zu einer Ersatzbeschaffung verpflichtet, wenn die bisherige Drehleiter ausgesondert wird. Andernfalls würde die Gemeinde durch das Unterlassen einer Ersatzbeschaffung erstmalig einen baurechtswidrigen Zustand schaffen. Das hat der Bayerische Verwaltungsgerichtshof (BayVGH) in einer Entscheidung vom 2.8.2010 (Az. 4 ZB 08.3007) bestätigt.

TIPP:

Nähere Details zu dieser Thematik können dem Beitrag „Feuerwehr-Drehleitern und leere Kassen – ein Konfliktpotential" in BayGT 2003, S. 348 ff. entnommen werden.

4.2.6 Müssen Gemeinden ihre Feuerwehren auch für die Bewältigung der spezifischen Gefahren auf Bahnanlagen ausstatten?

Es gilt der Grundsatz, dass die Gemeinden ihre Feuerwehren so auszustatten haben, dass sie sämtliche Gefahren, die auf dem Gemeindegebiet auftreten können, beseitigen können. Führt eine Eisenbahnstrecke durch das Gemeindegebiet, so gilt dies eben auch hierfür.

Allerdings birgt der Eisenbahnbetrieb spezifische Gefahren: Starkstromleitungen, Transport von gefährlichen Gütern (Kesselwagen, Chemikalien-Güterwagen etc.), Hochgeschwindigkeitszüge. Muss auch dafür die Gemeinde Vorsorge treffen und ihre Feuerwehren entsprechend ausstatten?

Die Bahnreform der Jahre 1993 und 1994 entband die Deutsche Bahn AG von den Pflichten des früheren Staatsunternehmens Deutsche Bundesbahn. Die Bundesregierung wollte das privatisierte Unternehmen nicht mit „alten Lasten" in den Wettbewerb entlassen. Daher verpflichtet das 1998 novellierte Allgemeine Eisenbahngesetz (AEG) die Bahn lediglich zur *„Mitwirkung"* bei der gemeindlichen Gefahrenabwehr. *„Mitwirkung"* ist natürlich weniger als die Pflicht zu eigenständiger Gefahrenabwehr. Trotz des lauten Protests der kommunalen Spitzenverbände, durch diesen gesetzgeberischen „Kniff" den betroffenen Gemeinden die Bewältigung eines zusätzlichen Gefahrenpotentials aufzubürden, hat der Bund die Bahn in weitem Umfang aus ihren früheren Pflichten entlassen – und gleichzeitig die Kommunen vor vollendete Tatsachen gestellt.

Als „Beruhigungspille" haben die Innenminister von Bund und Ländern in einer gemeinsamen Vereinbarung aus dem Jahr 1998 die Deutsche Bahn AG zur Vorhaltung spezifischen Geräts und zur kostenfreien Schulung Freiwilliger Feuerwehren über bahnspezifische Gefahren verpflichtet. Jede Gemeinde, durch deren Gebiet eine Bahnstrecke verläuft, ist gut beraten, die Bahn an diese Pflichten zu erinnern. Und der jeweilige Kommandant tut gut daran, regelmäßig zu überprüfen, ob die Deutsche Bahn AG auf dem jeweiligen Streckenabschnitt „spezifisches Gerät" zur Gefahrenabwehr bei Bahnunfällen vorhält und seine Kameraden zu kostenfreien Schulungen der Bahn zu entsenden.

4.2.7 Gibt es staatliche Zuwendungen zu Beschaffungsmaßnahmen?

Ja. Der Freistaat Bayern fördert Beschaffungsmaßnahmen der Gemeinden im Wege pauschaler Förderung gemäß seinen Feuerwehr-Zuwendungsrichtlinien (zuletzt abgedruckt in BayMBl. 2019, Nr. 35 vom 30.1.2019). Siehe im Einzelnen dazu unter **6.1.** Außerdem legt er von Zeit zu Zeit für spezielle Beschaffungsmaßnahmen, wie beispielsweise für Pressluftatmer, Schutzanzüge, Überhosen, o. Ä. zeitlich begrenzte Sonderförderprogramme auf. Die Förderstellen bei den jeweiligen Bezirksregierungen geben hierüber Auskunft.

4.2.8 Müssen die Feuerwehren mit digitalem Funk und digitalen Alarmgebern ausgestattet werden?

Ja. Nach und nach müssen sämtliche bayerischen Feuerwehren mit einem neuen, digitalen Funksystem und einem neuen Alarmierungssystem ausgestattet werden.

Bayerns Feuerwehren kommunizierten rund 50 Jahre lang mittels eines ausgereiften, stabilen und für Feuerwehrzwecke völlig ausreichenden analogen Funksystems.

Polizei und Rettungsdienst bestanden aber darauf, insbesondere aus Gründen der Abhörsicherheit und der schnellen Datenübermittlung, mit einem neuen, digitalen Funksystem ausgestattet zu werden. Bund und Länder haben daher vor vielen Jahren damit begonnen, alle Behörden und Organisationen mit Sicherheitsaufgaben (BOS) mit Digitalfunk auszustatten. Dazu zählen neben Polizei und Rettungsdienst auch das Technische Hilfswerk, die Katastrophenschutzbehörden (beispielsweise die Landratsämter), die Bundespolizei – und eben auch alle Feuerwehren in Deutschland.

Auch wenn die Feuerwehren mit ihrem analogen Funksystem zufrieden waren und es weiterverwenden wollten: um eine Umstellung auf Digitalfunk sind sie nicht umhingekommen. Zum einen kündigte die Industrie an, in absehbarer Zeit keine Analogfunkgeräte mehr anzubieten bzw. keine Ersatzteile mehr dafür zu produzieren; zum anderen ist ein einheitliches Funksystem in Deutschland gerade vor dem Hintergrund von Großschadensereignissen (Hochwasser, Schneekatastrophen, Stürme) und der damit verbundenen Notwendigkeit effizienter Kommunikation der Einsatzkräfte sinnvoll. Und nicht zuletzt hat der Freistaat Bayern finanzielle Anreize geschaffen, um eine Umstellung von Analog- auf Digitalfunk anzustoßen: das Sonderförderprogramm Digitalfunk vom 15.11.2012 (IMS vom 15.11.2012, Az. ID1-2244.2-605, zuletzt geändert mit IMS vom 20.12.2019, Az.: D1-2244-4-11). Es sieht vor, dass über Förderfestbeträge die Erstbeschaffung von digitalen TETRA-Endgeräten zur Teilnahme am Betrieb des digitalen Sprech- und Datenfunksystems der Behörden und Organisationen mit Sicherheitsaufgaben (BOS) in Bayern in den Bereichen Feuerwehr, Rettungsdienst und Katastrophenschutz erleichtert wird. Günstige Preise sind über Sammelbeschaffungen zu erreichen, von denen das Bayerische Innenministerium ausgeht (siehe Ziffer 5.2 des Sonderförderprogramms).

Ende des Jahres 2019 hat das bayerische Innenministerium das Sonderförderprogramm um Kriterien für eine staatliche Förderung der Beschaffung digitaler Alarmgeber (sogenannte Pager) erweitert. Damit soll es den Gemeinden leichter gemacht werden, die bisherige analoge Alarmierung der Feuerwehreinsatzkräfte durch eine digitale Alarmierung zu ersetzen.

TIPP:

Eine ausführliche Darstellung und Erläuterung des Sonderförderprogramms zum Digitalfunk finden Sie in KommP BY 2013, S. 54 ff.

4.3 „Feuerwehren unterhalten"

Die Erfüllung der gemeindlichen Pflicht, Feuerwehren zu unterhalten (vgl. Art. 1 Abs. 1 BayFwG), obliegt in erster Linie dem Kommandanten. Er hat dafür zu sorgen, dass die Feuerwehr jederzeit einsatzbereit ist. Der ordnungsgemäße Unterhalt der Feuerwehr ist daher seine „vornehmste Aufgabe". Dazu zählen unter anderem die organisatorische Sicherstellung von Löschmitteln, Ersatzteilen für Fahrzeuge und Geräte und ausreichend Personal.

4.3.1 Wie kann sichergestellt werden, dass genügend Fahrer für die Feuerwehrfahrzeuge vorhanden sind?

Das beste Feuerwehrfahrzeug ist nutzlos, wenn es nicht bewegt werden darf. Wenn vor allem nicht genügend Feuerwehrdienstleistende vorhanden sind, die die entsprechende Fahrerlaubnis besitzen.

Auf der Grundlage der EU-Führerscheinrichtlinie aus dem Jahre 1991 ist die neue Führerscheinklasse B in Deutschland eingeführt worden. Anders als ihr Vorläufer, die alte Klasse 3, erlaubt die neue Führerscheinklasse B nur das Fahren von Fahrzeugen bis lediglich 3,5 t zulässiges Gesamtgewicht. Wer die großen, schweren Feuerwehrfahrzeuge, die allesamt mehr als 3,5 t zulässiges Gesamtgewicht haben, fahren will, braucht, sofern er nicht unter die Bestandsschutzgarantie des alten Führerscheins fällt, den Zusatzführerschein C 1. Dann kann er Fahrzeuge bis 7,5 t zulässiges Gesamtgewicht fahren.

Sollten alle Feuerwehrdienstleistenden, die den Zusatzführerschein für das Fahren von Einsatzfahrzeugen erwerben sollen, zur Fahrschule geschickt werden? Nein. Auf Initiative der Bayerischen Staatregierung hat der Bundesgesetzgeber den Ländern die Ermächtigung für eigene Spezialregelungen eingeräumt, von der der Freistaat umgehend Gebrauch gemacht hat.

Der Deutsche Bundestag hat mit dem „Siebten Gesetz zur Änderung des Straßenverkehrsgesetzes" vom 23. Juni 2011 die Voraussetzungen für eine Sonderfahrberechtigung für Einsatzfahrzeuge bis zu einer zulässigen Gesamtmasse von 7,5 t (einschließlich Fahrzeugkombinationen) der Freiwilligen Feuerwehren, der nach Landesrecht anerkannten Rettungsdienste, des Technischen Hilfswerks und sonstiger Einheiten des Katastrophenschutzes geschaffen und die Länder ermächtigt, die nähere Ausgestaltung durch Rechtsverordnung vorzunehmen. Von dieser Ermächtigung hat die Bayerische Staatsregierung mit Verordnung vom 19.7.2011 (GVBl. 2011, S. 342, Verordnung zur Änderung der Verordnung zur Erteilung einer Fahrberechtigung an Mitglieder der Freiwilligen Feuerwehren, der nach Landesrecht anerkannten Rettungsdienste und der Technischen Hilfsdienste), die am 1.9.2011 in Kraft trat, Gebrauch gemacht.

Die Verordnung zur Erteilung einer Fahrberechtigung an Angehörige der Freiwilligen Feuerwehren, der nach Landesrecht anerkannten Rettungsdienste, des Technischen Hilfswerks und sonstiger Einheiten des Katastrophenschutzes (Bayerische Fahrberechtigungsverordnung – FBerV) enthält neben der „kleinen" Fahrberechtigung für Einsatzfahrzeuge bis zu einer zulässigen Gesamtmasse von 4,75 t eine „große" Fahrberechtigung bis 7,5 t, jeweils unter Einbeziehung von Fahrzeugkombinationen. Zum Vollzug der FBerV wurden mit Schreiben vom 17.8.2011 Vollzugshinweise des Bayerischen Staatsministeriums des Innern erlassen, welche sich u. a. auch an die genannten Organisationen richten.

Hinsichtlich Einsatzfahrzeugen der Feuerwehr mit einer Gesamtmasse von über 7.5 t. ist es unumgänglich, die Führerscheinanwärter zur Fahrschule zu schicken. Die Kosten hat die Gemeinde zu tragen. Die in vielen bayerischen Gemeinden über viele Jahre gelebte Praxis, Vereinbarungen mit Feuerwehrdienstleistenden abzuschließen des Inhalts, dass sich einerseits die Gemeinde dazu verpflichtet, die Kosten des Erwerbs des Zusatzführerscheins ganz oder anteilig zu übernehmen und der Feuerwehrdienstleistende sich im Gegenzug dazu verpflichtet, eine individuell festzulegende Zeitperiode lang (z.B. 10 Jahre) weiter ehrenamtlichen freiwilligen Dienst bei der Feuerwehr zu leisten und für jedes Jahr, das er vorzeitig aus dem Feuerwehrdienst ausscheidet, anteilig die übernommenen Kosten der Gemeinde zu erstatten, ist nach Ansicht des Bayerischen Verwaltungsgerichtshofs rechtswidrig. Mit Urteil vom 24. April 2015 (Az.: 4 BV 13.2391) hat der VGH entschieden, dass solche Vereinbarungen gegen das Recht des Feuerwehrdienstleistenden verstoße, Auslagenersatz zu fordern und darüber hinaus gegen die Verpflichtung der Gemeinden, Feuerwehren zu unterhalten. Zum Unterhalt zählt auch, dafür zu sorgen, dass genügend mit gültigem Führerschein ausgestattete Fahrer vorhanden sind. Mit Rundschreiben 31/2015 vom 2. Juni 2015 hat der Bayerische Gemeindetag seine Mitglieder auf diese Entscheidung hingewiesen und davon abgeraten, weiterhin solche Vereinbarungen abzuschließen. Bestehende Verträge – sollte es solche noch geben – sollten entweder nicht mehr vollzogen oder für obsolet erklärt werden.

4.3.2 Muss die Gemeinde die Kosten einer Hepatitis-B-Schutzimpfung für Feuerwehrdienstleistende übernehmen?

Auch wenn ehrenamtliche Feuerwehrdienstleistende – rechtlich gesehen – kein eigenes Personal der Gemeinde sind, so obliegt der Kommune doch eine gewisse Fürsorge für ihre Feuerwehrdienstleistenden. Schließlich erfüllen sie gemeindliche Pflichten (siehe oben **3.1**).

Es ist unvermeidlich, dass bei dem einen oder anderen Einsatz, insbesondere im Zusammenhang mit Verkehrsunfällen, Feuerwehrdienstleistende Ansteckungsgefahren ausgesetzt sind. Vor allem, wenn sie sich um Verletzte kümmern und dabei mit Körperflüssigkeit (z. B. Blut, Speichel) in Kontakt kommen. Auch wenn Feuerwehrdienstleistende grundsätzlich Schutzhandschuhe tragen, kann die Gefahr einer Ansteckung mit Hepatitis-B nicht völlig ausgeschlossen werden.

Es ist daher der Ansicht des Bayerischen Innenministeriums zuzustimmen, dass jedenfalls diejenigen Feuerwehrdienstleistenden, die am häufigsten der Ansteckungsgefahr ausgesetzt sind, wie beispielsweise den Einsatzkräften der sogenannten First-Responder-Einheiten (dazu Näheres unter **7.2.3**), eine Impfung nahegelegt und die entsprechenden Kosten von der Gemeinde übernommen werden sollten.

TIPP:

Details zu dieser Thematik können dem Beitrag „Hepatitis-B-Schutzimpfung für Mitglieder der Freiwilligen Feuerwehren" in KommunalPraxisBY 2001, S. 110 entnommen werden.

4.4 Die gemeindliche Pflicht, die notwendigen Löschwasserversorgungsanlagen bereitzustellen und zu unterhalten

Nach Art. 1 Abs. 2 Satz 2 BayFwG haben die Gemeinden in den Grenzen ihrer Leistungsfähigkeit *„die notwendigen Löschwasserversorgungsanlagen bereitzustellen und zu unterhalten"*. Oder kurz gesagt: Die Feuerwehren müssen am Einsatzort Löschwasser vorfinden, um ihre Pflichtaufgabe „abwehrender Brandschutz" erfüllen zu können. Zwar führen die Feuerwehren Fahrzeuge mit entsprechenden Wassertanks mit; je nach Größe des zu löschenden Objekts reicht dieser mitgeführte Wasservorrat aber nicht aus, so dass zusätzliches Löschwasser am Einsatzort vorhanden sein muss. Gefördert werden kann es aus Löschwasserteichen, Zisternen, Fließgewässern wie Bächen und Flüssen, meistens aber aus Hydranten, die einen Zugriff auf das öffentliche Trinkwasserversorgungsnetz ermöglichen.

4.4.1 Wer ist verpflichtet: Die Gemeinde oder der Wasserversorgungszweckverband?

Der Wortlaut des Gesetzes ist eigentlich klar: Die Gemeinde. Allerdings ist nirgends vorgeschrieben, dass die Gemeinde neben ihrem öffentlichen Trinkwasserversorgungsnetz noch zusätzlich ein eigenständiges Löschwasserversorgungsnetz vorhalten muss. Es genügt, wenn die Feuerwehr das benötigte Löschwasser dem öffentlichen Trinkwasserversorgungsnetz entnehmen kann. Auch wenn rechtlich zwischen Trinkwasser und Löschwasser unterschieden wird, so ist es doch tatsächlich ein und dasselbe Wasser.

Die meisten Gemeinden in Bayern haben ihre Pflicht zur Trinkwasserversorgung der Bevölkerung auf einen hierfür gebildeten Wasserversorgungszweckverband übertragen. Diese eigenständige juristische Person des öffentlichen Rechts (vgl. Art. 2 Abs. 3 Satz 1 KommZG) erfüllt satzungsgemäß an Stelle ihrer Mitglieder, den Gemeinden, im Verbandsgebiet die Pflicht zur Trinkwasserversorgung. Sie unterhält entsprechende Brunnen und ein Rohrleitungsnetz. Ist der Zweckverband aber auch verpflichtet, die Pflicht zur Löschwasserversorgung für seine Mitglieder, die Gemeinden, zu erfüllen? Muss er beispielsweise auch Hydranten, also Wasserentnahmestellen für die Feuerwehren, errichten und unterhalten?

Nach allgemeiner Meinung: Ja! Gerade wegen der tatsächlichen Untrennbarkeit von Trink- und Löschwasser erfüllen die Zweckverbände durch ihre Aufgabenerfüllung – gleichsam automatisch – auch die gemeindliche Pflicht nach Art. 1 Abs. 2 Satz 2 BayFwG. Die Trinkwasserbereitstellung umfasst immer auch die Löschwasserbereitstellung.

Allerdings gibt es von diesem Grundsatz zwei Ausnahmen: Der Zweckverband hat in seiner Verbandssatzung ausdrücklich die Übernahme der Aufgabe der Löschwasserversorgung ausgeschlossen (*siehe brandwacht 1986, S. 182*) oder es handelt sich um eine „leitungsnetzunabhängige Löschwassereinrichtung“, also beispielsweise eine Zisterne oder einen unterirdischen Löschwasserbehälter. In diesen beiden Fällen bleibt es bei der gemeindlichen Pflicht. Der Wasserversorgungszweckverband ist insoweit nicht zuständig.

Zum Unterhalt zählt im Übrigen auch das Freihalten der Hydranten von Schnee und Eis (BGH, Urteil vom 25.2.1957, Az.: III ZR 186/55).

4.4.2 Müssen auch abgelegene Gehöfte, Einöden und Almen mit Löschwasserversorgungseinrichtungen ausgestattet werden?

Die Pflicht der Gemeinden, die Löschwasserversorgung sicherzustellen, gilt nur *„in den Grenzen ihrer Leistungsfähigkeit“* (Art. 1 Abs. 2 Satz 2 BayFwG). Es ist allgemeine Meinung, dass eine Gemeinde (bzw. der Zweckverband) nur das zu leisten hat, was herkömmlicherweise von ihr (bzw. ihm) verlangt werden kann: Nämlich den Anschluss aller Gebäude des bebauten Bereichs an das Trinkwasserversorgungsnetz mit einem Querschnitt der Rohrleitungen, der auch die ausreichende Löschwasserversorgung ermöglicht.

In der *brandwacht 1963, S. 3,* heißt es dazu hinsichtlich der Löschwasserversorgung von Einzelanwesen:

> „Die Gemeinde kann nicht im Verhältnis zum Brandrisiko, das mit der Lage eines Aussiedlungshofes verbunden sein kann, belangt werden. Sie kommt ihrer gesetzlichen Verpflichtung für den Feuerschutz ausreichend nach, wenn sie in irgendeiner Weise den für dieses Risiko durchschnittlichen Löscherfolg sichert. Dazu kann es auch genügen, wenn das hierfür notwendige Löschwasser (...) aus größerer Entfernung oder mit Tanklöschfahrzeugen herbeigeschafft wird. Ein Zwang zum Ausbau einer Wasserleitung für die Löschwasserversorgung oder Schaffung eines Löschwasservorrats durch die Gemeinde ließe sich in den meisten Fällen für einen Aussiedlungshof nicht begründen.“

Die gemeindliche Leistungsfähigkeit übersteigen würde demnach in aller Regel eine leitungsgebundene Löschwasserversorgung von abgelegenen Gehöften, Einöden oder Almen. Abgesehen davon, dass größer dimensionierte Rohre die Gefahr einer Verkeimung des Trinkwassers nach sich ziehen würden, kann dem Steuer zahlenden Bürger nicht vermittelt werden, dass die Gemeinde immense finanzielle Aufwendungen tragen soll, um abgelegene Anwesen mit Löschwasser zu versorgen. Hier gilt der Grundsatz, dass derjenige, der das Privileg der Nutzung des sogenannten „Außenbereichs“ (vgl. §§ 29, 35 Baugesetzbuch) für sich nutzen darf – gleichsam als

Kehrseite der Medaille – selbst für eine ausreichende Löschwasserversorgung sorgen muss.

In der Praxis hat sich bewährt, diese Sachlage dem Hausbesitzer zu verdeutlichen und ihm einen (einmaligen) gemeindlichen Zuschuss für eine von ihm selbst zu schaffende Löschwasserversorgungseinrichtung in Aussicht zu stellen.

TIPP:

Weiterführende Informationen zu diesem Themenkomplex können dem Aufsatz „Wer versorgt die Feuerwehren mit Löschwasser?“ in BayGT 2004, S. 486 ff. entnommen werden.

Ziffer 1.3 der aktuellen VollzBekBayFwG, die sich mit der Löschwasserversorgung befasst, ist leider schwer verständlich und widerspricht der gelebten kommunalen Praxis vollständig.. Darüber hinaus enthält sie mit der Aussage, wonach sich die Gemeinden nicht auf die Sicherstellung des Grundschutzes beschränken können, eine inakzeptable Feststellung, der nachdrücklich widersprochen werden muss. Mit der gesetzlichen Einschränkung, dass die gemeindliche Pflicht zur Löschwasserbereitstellung nur „im Rahmen ihrer Leistungsfähigkeit“ besteht, ist die Aussage des Innenministeriums nicht zu vereinbaren.

5. Pflichten der Landkreise

Landkreise müssen keine eigenen Feuerwehren unterhalten. Dennoch haben auch sie nach dem Bayerischen Feuerwehrgesetz Pflichten. Sie haben

- nach Art. 2 BayFwG *„als Pflichtaufgabe im eigenen Wirkungskreis in den Grenzen ihrer Leistungsfähigkeit die für den Einsatz der gemeindlichen Feuerwehren überörtlich erforderlichen Fahrzeuge, Geräte und Einrichtungen zu beschaffen und zu unterhalten oder hierfür Zuschüsse zu gewähren“;*
- nach Art. 20 Abs. 1 Satz 2 BayFwG den Aufwand für die Tätigkeiten der Kreisbrandräte, Kreisbrandinspektoren und der Kreisbrandmeister zu tragen.

5.1 Überörtlich erforderliche Fahrzeuge, Geräte und Einrichtungen

Die Landkreise müssen *„überörtlich erforderliche"* Fahrzeuge, Geräte und Einrichtungen beschaffen und unterhalten oder Zuschüsse den Gemeinden gewähren, die diese Dinge für die eigenen und andere Feuerwehren im Landkreis vorhalten. Was *„überörtlich erforderlich"* ist, ergibt sich beispielhaft aus der umfassenden Auflistung in Ziffer 2 VollzBekBayFwG:

a) Fahrzeuge

Einsatzleitwagen, Rüstwagen, Gerätewagen, insbesondere Einsatzfahrzeuge zur ABC-Gefahrenabwehr (zum Beispiel Gerätewagen Gefahrgut, Einsatzfahrzeuge für Atemschutz, Strahlenschutz, Ölschaden, Messtechnik), Schlauchwagen, überörtlich notwendige größere Lösch- oder Sonderfahrzeuge, Wasserfahrzeuge und Löschboote;

b) Geräte

Ausrüstung für Einsätze zur ABC-Gefahrenabwehr (unter anderem Chemikalien-, Infektions- und Kontaminationsschutzanzüge, Messtechnik, Strahlenschutz- und andere Sonderausrüstung), Zusatzausstattung zur Ölschadenbekämpfung (unter anderem Ölsperren);

c) Einrichtungen

Kreiseinsatzzentralen, Atemschutz-Übungsanlagen, Atemschutz-Werkstätten, zentrale Vorratslager für Sonderlöschmittel und Ölbinder, zentrale Schlauchpflege-Werkstätten, Einrichtungen für überörtlich erforderliche Aufgaben der Taktisch-Technischen Betriebsstelle, soweit diese nicht dem Zweckverband für Rettungsdienst und Feuerwehralarmierung obliegen.

In der Regel einigen sich Landkreis und Gemeinden darauf, dass überörtlich erforderliche Fahrzeuge und Geräte zwar vom Landkreis beschafft, aber nicht in einer landkreiseigenen Einrichtung stationiert werden, sondern dass die überörtlich erforderlichen Fahrzeuge und Geräte bei geeigneten Feuerwehren stationiert werden. Meist handelt es sich um die sogenannten „Stützpunktfeuerwehren". Dies sind größere Feuerwehren, die aufgrund ihrer guten personellen und materiellen Ausstattung besonders leistungsfähig sind.

Der Landkreis hat allerdings keinen Anspruch darauf, dass die Gemeinden eine derartige Übereinkunft mit ihm treffen. Sollte keine Gemeinde bereit sein, überörtlich erforderliche Fahrzeuge und Geräte bei einer ihrer Feuerwehren zu stationieren, so muss der Landkreis selbst solche Fahrzeuge und Geräte beschaffen und stationieren. Gleiches gilt für die Errichtung und den Unterhalt überörtlich erforderlicher Einrichtungen. Über entsprechende Nutzungs- und Wartungsverträge kann der Landkreis dann von ihm selbst beschaffte und unterhaltene Fahrzeuge und Geräte den Gemeinden zur Benutzung anbieten; Gleiches gilt für selbst errichtete und unterhaltene überörtlich erforderliche Einrichtungen.

5.2 Sind Drehleiter-Fahrzeuge überörtlich erforderliche Fahrzeuge?

Diese Frage ist nicht eindeutig beantwortet. Forster/Pemler/Remmele zitieren in ihrer Kommentierung (Art. 2, Rdnr. 9c unter f) ein unveröffentlichtes Schreiben des Bayerischen Innenministeriums, in dem Folgendes ausgeführt ist:

> „Drehleitern dienen in erster Linie der Menschenrettung. Ihr Einsatz für diesen Zweck ist in der Regel sinnvoll, wenn innerhalb von höchstens zehn Minuten Hilfe geleistet werden kann. Hierdurch sind dem Hilfeleistungsbereich von Drehleitern verhältnismäßig enge Grenze gezogen. Drehleitern werden deshalb in der Regel nicht zu den **überörtlich** erforderlichen Geräten gehören. Etwas anderes könnte jedoch gelten, wenn in einer größeren Zahl von Gemeinden eines Landkreises besondere Verhältnisse vorliegen, die unabhängig von der Menschenrettung den Einsatz einer Drehleiter notwendig machen. Das könnte z. B. für den Brandeinsatz bei größeren Industriebetrieben zutreffen. Ob solche örtlich bedingte Verhältnisse vorliegen, muss jedoch im Einzelfall geprüft werden."

Die Thematik ist nicht abschließend geklärt. Während sich das Innenministerium eher vorsichtig äußert, schaffen Andere Fakten: Der Landkreis Lichtenfels beispielsweise hat für die Feuerwehr im Landkreis drei Drehleitern beschafft und sie bedarfsgerecht über den Landkreis verteilt. Ein schönes Beispiel vorbildlichen gemeindefreundlichen Handelns.

6. Pflichten des Freistaates Bayern

Vertreter der Bayerischen Staatsregierung sprechen gerne von „ihren Feuerwehren". So verständlich es politisch sein mag, sich mit den Leistungen der zumeist kommunalen Feuerwehren zu schmücken, so bleibt doch festzuhalten: Der Staat unterhält keine eigenen Feuerwehren. Da die Gemeinden letztlich die gesamtgesellschaftliche Aufgabe der Gewährleistung von öffentlicher Sicherheit im Bereich des abwehrenden Brandschutzes und der technischen Hilfeleistung erfüllen, kann der Freistaat sich nicht völlig seiner Verantwortung entziehen. Das Bayerische Feuerwehrgesetz nimmt ihn sogar ausdrücklich in die Pflicht. Art. 3 BayFwG schreibt unmissverständlich vor:

> „[1]Der Staat fördert den Brandschutz und den technischen Hilfsdienst. [2]Insbesondere gewährt er den Gemeinden und Landkreisen für den abwehrenden Brandschutz und den technischen Hilfsdienst Zuwendungen und unterhält Landesfeuerwehrschulen."

Für die Gemeinden am Wichtigsten ist, dass der Freistaat

- den Bau von Feuerwehrgerätehäusern und die Beschaffung von Fahrzeugen, Geräten und Schutzausrüstung der Feuerwehren bezuschusst sowie
- Landesfeuerwehrschulen unterhält, die Aus- und Weiterbildungsmaßnahmen für Feuerwehrdienstleistende durchführen.

6.1 Das staatliche Fördersystem

Für jeden Kämmerer einer bayerischen Gemeinde ein „Muss" ist die Lektüre der „Richtlinien für Zuwendungen des Freistaates Bayern zur Förderung des kommunalen Feuerwehrwesens", kurz: „Feuerwehr-Zuwendungsrichtlinien (FwZR)" in der Bekanntmachung des Bayerischen Staatsministeriums des Innern vom 18.12.2018 (BayMBl. 2019 Nr. 35). Diese Richtlinie legt fest, unter welchen Bedingungen und in welcher Höhe Zuschüsse vom Freistaat Bayern für die Beschaffung von Feuerwehrfahrzeugen und -geräten sowie für den Bau von Feuerwehrgerätehäusern beantragt werden können. Auch jeder Kommandant in Bayern sollte diese Zuwendungsrichtlinien kennen.

Während früher nach Prozentsätzen die Fahrzeuge und Geräte und über Raumprogramme die Feuerwehrgerätehäuser bezuschusst wurden, gilt nunmehr eine Festbetragsförderung, also eine Bezuschussung kommunaler Beschaffungs- und/oder Baumaßnahmen nach festen Pauschalsätzen. Dies hat zu einer spürbaren Verwaltungsvereinfachung, Beschleunigung des Auszahlungsverfahrens sowie zu einem schnellen Abbau des noch vor einigen Jahren bestehenden Förderstaus von rund 110 Mio. € beigetragen. Das neue System hat sich mithin bewährt. Grundlegende Änderungen sind daher nicht nötig und seitens des Innenministeriums nicht beabsichtigt.

6.1.1 Was fördert der Freistaat Bayern?

„Interessant" sind vor allem die beiden Anlagen der Zuwendungsrichtlinien. Sie zählen die förderfähigen Baumaßnahmen (Anlage 1) sowie die förderfähigen Fahrzeugtypen und die technische Ausstattung in Schlauchtürmen und Geräteausstattung für besondere Einrichtungen in Feuerwehrgerätehäusern und Feuerwachen (Anlage 2) und die jeweils dazu gehörigen Förderfestbeträge auf. Ist der von der Feuerwehr gewünschte Fahrzeugtyp nicht in der Auflistung enthalten bzw. ist eine Baumaßnahme beabsichtigt, die nicht unter die förderfähige Maßnahme subsumiert werden kann, so braucht man sich mit der Förderrichtlinie im Einzelnen nicht mehr weiter zu beschäftigen.

Denn: Beschaffungs- oder Baumaßnahmen, die nicht in einer der beiden Anlagen der FwZR aufgeführt sind, werden staatlicherseits nicht gefördert.

Derzeit fördert der Freistaat Bayern folgende Beschaffungs- und Baumaßnahmen für die Feuerwehren:

Anlage 1 Höhe der Festbeträge für Feuerwehrhäuser

Feuerwehrhäuser nach DIN 14092	**Basisfestbetrag**	**Erhöhter Festbetrag in RmbH**
Bei der Schaffung von notwendigen Stellplätzen durch ➤ Neubau eines Feuerwehrhauses ➤ Einrichtung eines neuen Feuerwehrhauses in ein zu diesem Zweck erworbenes Gebäude je notwendigem Stellplatz		
➤ für den 1. und 2. Stellplatz je	55.000 €	57.750 €
➤ für den 3. bis 5. Stellplatz je	68.000 €	71.400 €
➤ für den 6. bis 9. Stellplatz je	83.000 €	87.150 €
➤ ab dem 10. Stellplatz je	95.000 €	99.750 €
Bei der Schaffung von notwendigen Stellplätzen durch ➤ Einrichtung eines neuen Feuerwehrhauses in ein bereits im Eigentum der Gemeinde stehendes Gebäude, ➤ Anbau von notwendigen weiteren Stellplätzen an ein bestehendes Feuerwehrhaus, ➤ Neubau von notwendigen weiteren Stellplätzen, die nicht in das bestehende Feuerwehrhaus integriert oder unmittelbar angebaut werden können, wenn zum Feuerwehrhaus ein räumlich-funktionaler Zusammenhang besteht, ➤ Einrichtung von notwendigen weiteren Stellplätzen in ein im Eigentum der Gemeinde stehendes bzw. in ein zur Einrichtung eines Feuerwehrhauses und zu dieser Nutzung erworbenes Gebäude, wenn zum Feuerwehrhaus ein räumlich-funktionaler Zusammenhang besteht; beim Ersatz von baulich nicht UVV-gerechten Stellplätzen durch neu errichtete Stellplätze, auch wenn dies nicht zu einer Erhöhung der Gesamtzahl der notwendigen Stellplätze führt,		

Feuerwehrhäuser nach DIN 14092	**Basisfestbetrag**	**Erhöhter Festbetrag in RmbH**
je notwendigem Stellplatz		
➤ für den 1. und 2. Stellplatz je	27.500 €	28.875 €
➤ für den 3. bis 5. Stellplatz je	34.000 €	35.700 €
➤ für den 6. bis 9. Stellplatz je	41.500 €	43.575 €
➤ ab dem 10. Stellplatz je	47.500 €	49.875 €
Für zusätzliche Flächen nach DIN 14092-1 für Berufsfeuerwehren und Ständige Wachen zusätzlich zu den o. a. Festbeträgen pro Stellplatz bei Schaffung von notwendigen Stellplätzen durch		
➤ Neubau oder Einrichtung eines neuen Feuerwehrhauses in ein zu diesem Zweck erworbenes Gebäude	18.000 €	18.900 €
➤ Erweiterung an einem bestehenden Feuerwehrhaus oder Einrichtung eines Feuerwehrhauses in ein bereits im Eigentum der Gemeinde stehendes Gebäude	9.000 €	9.450 €
Bau von besonderen Einrichtungen in Feuerwehrhäusern		
➤ Bau eines Vollturms nach DIN 14092-3	60.000 €	63.000 €
➤ Bau eines Halbturms nach DIN 14092-3	40.000 €	42.000 €
➤ Bau einer Atemschutzwerkstatt nach DIN 14092-7	30.000 €	31.500 €
➤ Bau einer Atemschutz-Übungsanlage nach DIN 14093	60.000 €	63.000 €

Anlage 2 Höhe der Festbeträge für Beschaffungen

Tabelle 1

Fahrzeuge und Geräte (nach DIN, DIN EN, Technischen Beschreibungen und Bauvorschriften)	**Basisfestbetrag**	**Erhöhter Festbetrag in RmbH**
Mehrzweckfahrzeug MZF	15.500€	16.300€
Mannschaftstransportwagen MTW	12.500€	13.100€
Einsatzleitwagen ELW 1	30.000€	31.500€
Tragkraftspritzenfahrzeug TSF (ohne PFPN 10-1000)	23.000€	24.200€
Tragkraftspritzenfahrzeug TSF-W (ohne PFPN 10-1000)	37.000€	38.900€
Tragkraftspritzenfahrzeug Logistik TSF Logistik (ohne PFPN 10-1000)	40.000€	42.000€
Mittleres Löschfahrzeug MLF	49.000€	51.500€
Löschgruppenfahrzeug LF 10	70.000€	73.500€
Hilfeleistungs-Löschgruppenfahrzeug HLF 10	83.000€	87.200€
Löschgruppenfahrzeug LF 20 KatS	88.000€	92.400€
Löschgruppenfahrzeug LF 20	100.000€	105.000€
Hilfeleistungs-Löschgruppenfahrzeug HLF 20	119.000€	125.000€
Tanklöschfahrzeug TLF 2000	60.000€	63.000€
Tanklöschfahrzeug TLF 3000	70.000€	73.500€
Tanklöschfahrzeug TLF 4000	110.000€	115.500€
Drehleiter DLAK 23/12	225.000€	236.300€
Drehleiter DLAK 18/12	170.000€	178.500€
Teleskop-Gelenkmast (als Ergänzung für eine sonst zur Brandbekämpfung notwendige zweite oder weitere Drehleiter DLAK 23/12 oder DLAK 18/12)	170.000€	178.500€
Rüstwagen RW	140.000€	147.000€
Versorgungs-Lkw	37.000€	38.900€
Gerätewagen-Logistik GW-L1	32.000€	33.600€
Gerätewagen Logistik GW-L2	37.000€	38.900€

Fahrzeuge und Geräte (nach DIN, DIN EN, Technischen Beschreibungen und Bauvorschriften)	**Basisfestbetrag**	**Erhöhter Festbetrag in RmbH**
Tragkraftspritzenanhänger TSA	7.000€	7.400€
Tragkraftspritze PFPN 10-1000	4.500€	4.700€
Tragkraftspritze PFPN 10-1500 bzw. 10-2000	4.500€	4.700€
Verkehrssicherungsanhänger VSA	8.000€	8.400€
Vorwarneinrichtung (Dachaufsetzer)	5.000€	5.250€
LED-Vorwarnanhänger	10.000€	10.500€
Gerätewagen Gefahrgut GW-G – *Förderung nach Sonderförderprogramm* –		
Gerätewagen Atem-/Strahlenschutz GW-A/S	100.000€	105.000€
Gerätewagen Logistik GW-L2 (mit Zusatzbeladung Modul „Wasserversorgung")	70.000€	73.500€
Wechselladersystem nach DIN 14 505		
➤ Trägerfahrzeug (2-achsig)	55.000€	57.800€
➤ Trägerfahrzeug (3-achsig oder 4-achsig)	79.000€	83.000€
➤ Abrollbehälter (AB)		
AB Atem-/Strahlenschutz (AB-A/S)	75.000€	78.800€
AB Einsatzleitung	50.000€	52.500€
AB Gefahrgut (GW-G) – *Förderung nach Sonderförderprogramm* –		
AB Rüstmaterial	20.000€	21.000€
AB Schlauch (Modul „Wasserversorgung" gemäß DIN 14555-22 oder ein anderes für die Feuerwehr geeignetes Wasserfördersystem)	50.000€	52.500€
AB THL schwer (Rüst) (Beladung gemäß DIN 14555 Teil 3)	75.000€	78.800€
AB Sonderlöschmittel Schaum/CO_2/Pulver	40.000€	42.000€
AB Wasser	33.000€	34.700€

Tabelle 2.1

Technische Ausstattung in Schlauchtürmen und Geräteausstattung für die Schlauchpflege	**Basisfestbetrag**	**Erhöhter Festbetrag in RmbH**
Schlauchpflegeeinrichtungen		
technische Grundausstattung eines **Vollturms** nach DIN 14092-3 ➤ automatische Schlauchaufhängevorrichtung mit Steuer- und Sicherheitseinrichtung und Schlauchaufhängeadapter sowie Schlauchumlenkrollen	7.450 €	7.823 €
Gerätegrundausstattung einer **Vollstraße** nach DIN 14092-7		
➤ Schlauchpflegewanne	4.700 €	4.935 €
➤ Einweichtrog	400 €	420 €
➤ Schlauchprüfeinrichtung	1.000 €	1.050 €
➤ Schlauchwascheinrichtung	1.450 €	1.523 €
➤ Schlauchwickelgerät	1.100 €	1.155 €
➤ Steuer- und Sicherheitseinrichtung mit Bediengerät	2.550 €	2.678 €
➤ Schlauchregale	750 €	788 €
technische Grundausstattung eines **Halbturms** nach DIN 14092-3 ➤ automatische Schlauchaufhängevorrichtung mit Steuer- und Sicherheitseinrichtung und Schlauchaufhängeadapter sowie Schlauchumlenkrollen	6.750 €	7.088 €
Gerätegrundausstattung einer **Halbstraße** nach DIN 14092-7		
➤ Schlauchpflegewanne	3.850 €	4.043 €
➤ Einweichtrog	400 €	420 €
➤ Schlauchprüfeinrichtung	1.000 €	1.050 €
➤ Schlauchwascheinrichtung	1.450 €	1.523 €
➤ Schlauchwickelgerät	1.100 €	1.155 €
➤ Steuer- und Sicherheitseinrichtung mit Bediengerät	2.550 €	2.678 €
➤ Schlauchregale	750 €	788 €
Kompaktanlage mit Zubehör (Schlauchwaschmodul und Schlauchtrocknungsmodul) entsprechend DIN 14092-7 i. V. m. DIN 14811 – Druckschläuche –	19.800 €	20.790 €

Tabelle 2.2

Geräteausstattung für Atemschutzwerkstätten und Atemschutz-Übungsanlagen	Basisfestbetrag	Erhöhter Festbetrag in RmbH
Geräteausstattung einer Atemschutzwerkstätte nach DIN 14092-7:		
➤ Arbeits- und Ablagetische	2.000 €	2.100 €
➤ Fülleinrichtung für Atemluft (mind. 4 Anschlüsse)	3.000 €	3.150 €
➤ Spültische mit mind. 2 Becken	2.500 €	2.625 €
➤ Reinigung-, Desinfizierungs- und Trocknungseinrichtungen (für Masken, CSA)	5.000 €	5.250 €
➤ Schränke • für Werkzeuge und Ersatzteile • zur Aufnahme der Prüfgeräte und des Prüfzubehörs • zur Lagerung der Reserve-Atemschutzmasken und -Pressluftflaschen	3.500 €	3.675 €
➤ Flaschenregale	1.500 €	1.575 €
➤ Atemluftkompressor	8.700 €	9.135 €
➤ Maskenprüfstand	5.000 €	5.250 €
Geräteausstattung einer Atemschutz-Übungsanlage nach DIN 14093:		
➤ Lauf- und Kriechstrecke	16.300 €	17.115 €
➤ Fitnessgeräte wie Endlos-Leiter, Laufband, Stepper, Fahrrad, Flaschenergometer	15.500 €	16.275 €
➤ Vernebelungseinrichtung	1.000 €	1.050 €
➤ Fernüberwachungsanlage (akustisch und optisch)	4.500 €	4.725 €
➤ Beschallungsanlage	1.500 €	1.575 €
➤ Digitale Videoanlage mit Aufzeichnungsmöglichkeit	3.000 €	3.150 €
➤ Erste-Hilfe-Ausstattung	2.000 €	2.100 €

Tabelle 2.3

Hilfeleistungssatz	**Basisfestbetrag**	**Erhöhter Festbetrag in RmbH**
➤ Spreizer nach DIN EN 13204 mindestens Typ BS oder höhere Leistung (alternativ als akkubetriebenes Rettungsgerät mit Adapterlösung [Möglichkeit, die Rettungsgeräte auch über ein Netzteil mit elektrischer Energie zu versorgen]) inklusive 1 Akku mit Ladegerät	2.300€	2.415€
➤ Schneidgerät nach DIN EN 13204 mindestens Typ BC oder höhere Leistung (alternativ als akkubetriebenes Rettungsgerät mit Adapterlösung [Möglichkeit, die Rettungsgeräte auch über ein Netzteil mit elektrischer Energie zu versorgen]) inklusive 1 Akku mit Ladegerät	2.000€	2.100€
➤ Satz Rettungszylinder nach DIN EN 13204 mindestens Typ R60, bestehend aus max. drei Rettungszylindern mit einer eingefahrenen Baulänge des kürzesten Rettungszylinders von max. 540 mm und einer ausgefahrenen Baulänge des längsten Rettungszylinders von mind. 1.500 mm (alternativ als akkubetriebenes Rettungsgerät mit Adapterlösung [Möglichkeit, die Rettungsgeräte auch über ein Netzteil mit elektrischer Energie zu versorgen]) inklusive 1 Akku mit Ladegerät	1.200€	1.260€
für hydraulisches Rettungsgerät:		
➤ Pumpenaggregat (Elektromotorpumpe oder Verbrennungsmotorpumpe als Pumpenaggregat MTO nach DIN EN 13204 für den simultanen Antrieb von mehreren hydraulischen Rettungsgeräten).	2.000€	2.100€
Förderung insgesamt max.:	**7.500 €**	**7.875 €**

6.1.2 Die wichtigsten Kriterien für eine staatliche Förderung

Auf folgende maßgebliche Kriterien für eine staatliche Bezuschussung von Bau- oder Beschaffungsmaßnahmen für die Feuerwehren sei hingewiesen:

- Fahrzeuge werden nur gefördert, wenn deren Fahrgestell, Aufbau und Standardbeladung normgerecht ist, also einschlägigen DIN-Vorschriften entspricht. Damit will der Freistaat „exotische Eigenkreationen" – die es ja angeblich bei der einen oder anderen Feuerwehr geben soll – von der Förderung ausschließen.
- Fahrzeuge und Geräte werden, wenn sie den technischen Vorschriften sowie den anerkannten und geltenden Regeln der Technik entsprechen (insbesondere den Unfallverhütungsvorschriften, einschlägigen Normen sowie Bau- und Prüfvorschriften), stets mit dem gleichen Betrag bezuschusst. Etwaige Zusatzausstattung, wie beispielsweise Allrad oder spezifische Beladung, erhalten keine zusätzliche Förderung bzw. erhöhen den Förderfestbetrag nicht. „Vergoldete Radkappen" sind daher möglich, müssen aber von der Gemeinde selbst finanziert werden.
- Bei der Prüfung des Zuschussantrags prüft die Förderstelle bei der Bezirksregierung auch die Ausstattung anderer Feuerwehren der Gemeinde sowie die Ausstattung benachbarter Feuerwehren. Damit sollen fachlich unnötige Beschaffungsmaßnahmen vermieden sowie eine bessere Abstimmung der Ausstattung gemeindlicher Feuerwehren innerhalb eines Landkreises bewirkt werden.
- Für Fahrzeuge, die bereits vor Zustellung des Bewilligungsbescheids beschafft worden sind, gibt es keinen staatlichen Zuschuss. Eine vorzeitige Beschaffung ist unter Umständen allerdings unschädlich, wenn die Bezirksregierung einen „dringenden Einzelfall" anerkennt und die vorzeitige Beschaffung zulässt (Ziffer 7.1.2 FwZR).
- Gefördert werden vom Staat nur neue Fahrzeuge und Geräte. Vorführfahrzeuge und Vorführgeräte werden nur dann gefördert, wenn sie neuwertig und überholt sind und der Hersteller Gewähr wie für ein neues Fahrzeug

oder neues Gerät leistet. Außerdem müssen in Ziffer 4.5.9 FwZR im Detail aufgeführte weitere Mindestanforderungen, wie beispielsweise geringes Alter und geringer Tachostand des Fahrzeugs, erfüllt sein.

➤ Die Bindungsfrist für Feuerwehrfahrzeuge beträgt mit Ausnahme von Mehrzweckfahrzeugen, Mannschaftstransportwagen, Einsatzleitwagen (ELW 1) und Tragkraftspritzenfahrzeugen 20 Jahre. Das heißt, erst nach Ablauf dieser Frist können sie beispielsweise weiterverkauft werden, ohne dass die Gemeinde den staatlichen Zuschuss zurückzahlen muss.

➤ Bei Feuerwehrgerätehäusern ist entscheidend, dass ein „notwendiger" Stellplatz geschaffen wird.

„Notwendig" ist ein Stellplatz, wenn er erforderlich ist, um ein Feuerwehrfahrzeug oder Katastrophenschutzfahrzeug (einschließlich Anhänger und Abrollbehälter) unterzustellen, um den abwehrenden Brandschutz und die technische Hilfeleistung sicherzustellen. Das bedeutet, dass nicht als „notwendige" Stellplätze anerkannt werden: Stellplätze für Bauhoffahrzeuge und First-Responder-Fahrzeuge, bereits durch Neubeschaffung ersetzte Feuerwehrkomponenten, reine Lagerstätten oder Waschhallen, die nicht als notwendige Stellplätze für notwendige Fahrzeuge eingerechnet sind.

Sogenannte „Reserve-Stellplätze" können bei der Förderung berücksichtigt werden, wenn in absehbarer Zeit (ca. fünf bis sechs Jahre = mittelfristige Finanzplanung) ein konkreter Bedarf für einen notwendigen Stellplatz für notwendige Fahrzeuge und Geräte mit konkreten Angaben begründet wird. Hierzu bedarf es einer konkreten Bedarfsplanung der Gemeinde, idealerweise zusammen mit dem Kreis- bzw. Stadtbrandrat. Empfehlenswert ist ein entsprechender Gemeinderatsbeschluss.

➤ Raumprogramme müssen nicht mehr vorgelegt werden. Der Staat prüft nicht mehr, ob neben der Schaffung notwendiger Stellplätze unwirtschaftliche Baumaßnahmen durchgeführt werden. „Goldene Türknäufe" sind mithin zulässig. Allerdings müssen die einschlägigen Unfallverhütungsvorschriften sowie die in der DIN 14 092 Teil 1 bis 6 enthaltenen Festlegungen zur Sicherheit beachtet werden.

- Jedem Förderantrag ist eine fachliche Stellungnahme des zuständigen Kreis- bzw. Stadtbrandrats beizufügen. Er soll Stellung nehmen, ob aus seiner Sicht die Beschaffungs- oder Baumaßnahme zu befürworten ist.

Um Gewissheit zu bekommen, ob alle Bestimmungen der Zuwendungsrichtlinien eingehalten sind und der Staat die Beschaffungs- bzw. Baumaßnahme bezuschussen wird, sollte nach Zusammenstellung aller Unterlagen ein Besprechungstermin mit der Förderstelle der Bezirksregierung vereinbart werden. Im persönlichen Gespräch mit dem zuständigen Sachbearbeiter der Förderstelle können etwaige Fehler bei der Antragstellung ausgeräumt und unnötiger Frust über eine negative Entscheidung der Regierung vermieden werden.

Wie immer im (Verwaltungs-)Leben gilt: miteinander reden ist allemal besser, als einen Antrag wegschicken und hoffen, dass er positiv verbeschieden wird!

6.1.3 Bonus für gemeinsame Beschaffungs- und Baumaßnahmen

Besonders hinzuweisen ist, dass der Freistaat kommunale Zusammenarbeit im Bereich des Beschaffungswesens von Feuerwehrfahrzeugen und des Baus von Feuerwehrgerätehäusern seit Neuestem „belohnt", indem er finanzielle Anreize schafft. So gibt es einen „Aufschlag" von zehn Prozent auf den Förderfestbetrag bei Fahrzeugen, wenn zwei oder mehrere Kommunen zusammen notwendige baugleiche (zum Begriff der „Baugleichheit" siehe IMS vom 29.5.2012, Az. ID 2-2244.2-158) Feuerwehrfahrzeuge gemeinsam in der Weise beschaffen, dass die Beschaffung jeweils im Namen und auf Rechnung der das Feuerwehrfahrzeug benötigenden Kommune erfolgt (Ziffer 5.1 FwZR). Und auch für den Bau gemeinschaftlicher Feuerwehrgerätehäuser gibt es erhöhte Zuschüsse (Ziffer 5.2 FwZR).

Der Bayerische Gemeindetag befürwortet ausdrücklich kommunale Kooperationen und unterstützt die „Partnersuche" von Gemeinden, die gemeinsam Feuerwehrfahrzeuge beschaffen wollen, durch ein kostenfreies Internetangebot auf seiner Homepage (http://intranet.bay-gemeindetag.de/Sammelbeschaffungen Feuerwehrfahrzeuge.aspx).

6.2 Landesfeuerwehrschulen

Der Freistaat Bayern unterhält Landesfeuerwehrschulen. Alles Wissenswerte hierzu ergibt sich aus § 18 AVBayFwG und Ziffer 3 VollzBekBayFwG:

> „(1) [1]Der Staat unterhält Landesfeuerwehrschulen in Geretsried, in Lappersdorf bei Regensburg und in Würzburg. [2]Sie führen die Bezeichnungen ‚Staatliche Feuerwehrschule Geretsried‘, ‚Staatliche Feuerwehrschule Regensburg‘ und ‚Staatliche Feuerwehrschule Würzburg‘. [3]Die Feuerwehrschulen sind dem Staatsministerium unmittelbar nachgeordnet.
>
> (2) Landesfeuerwehrschulen haben insbesondere Feuerwehrdienstleistende der Freiwilligen Feuerwehren, Pflichtfeuerwehren und Werkfeuerwehren sowie besondere Führungsdienstgrade im Brandschutz und im technischen Hilfsdienst auszubilden, soweit eine Ausbildung am Standort nicht möglich ist oder nicht ausreicht.
>
> (3) Die Ausbildung zu Disponenten einer Integrierten Leitstelle in Bayern (Disponentenlehrgang) wird von der Staatlichen Feuerwehrschule Geretsried durchgeführt.“

Ziffer 3 VollzBekBayFwG:

> „[1]Zur Unterstützung der Gemeinden ohne Berufsfeuerwehr oder ohne Ständige Wachen ist bei den Landesfeuerwehrschulen ein Technischer Prüfdienst eingerichtet. [2]Der Technische Prüfdienst überprüft im Rahmen der zur Verfügung stehenden personellen Kapazitäten möglichst in regelmäßigen Abständen die Feuerwehrfahrzeuge und -geräte der Freiwilligen und der Pflichtfeuerwehren sowie deren Unterbringung, Wartung und Pflege. [3]Die Überprüfung ist für die Gemeinden bis auf Weiteres kostenlos. [4]Die Gemeinden sorgen dafür, dass festgestellte Mängel unverzüglich beseitigt werden. [5]Die Kreisverwaltungsbehörden erhalten Abdruck der Prüfungsberichte; die Landratsämter überwachen die Beseitigung der Mängel, die bei Feuerwehren kreisangehöriger Gemeinden festgestellt wurden.“

7. Aufgaben einer Feuerwehr

Man unterscheidet bei den Feuerwehren zwischen der Erfüllung von Pflichtaufgaben und der Erbringung freiwilliger Leistungen:

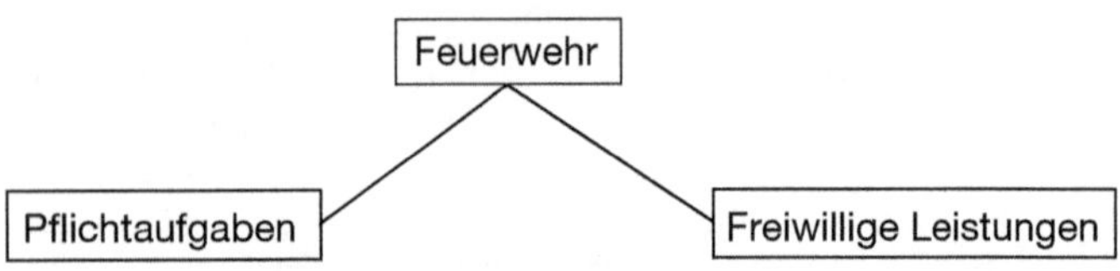

Es lohnt sich, das Aufgabenspektrum der Feuerwehren näher zu betrachten, um einschätzen zu können, welche Aufgaben eine Feuerwehr zwingend erledigen muss und welche Leistungen sie darüber hinaus auf freiwilliger Basis erbringen kann.

7.1 Pflichtaufgaben der Feuerwehren

7.1.1 Brandschutz

➤ Abwehrender Brandschutz (Art. 4 Abs. 1 Satz 1 in Verbindung mit Art. 1 Abs. 1 BayFwG): Abwehrender Brandschutz bedeutet, dass akut drohende Brand- oder Explosionsgefahren beseitigt und Brände wirksam bekämpft werden. Dazu gehört, dass die Feuerwehren möglichst schnell Menschen retten sowie Schadenfeuer begrenzen und wirksam bekämpfen (vgl. Ziffer 1.2 VollzBekBayFwG). Ein Schadenfeuer ist ein Feuer, das außerhalb einer Feuerstelle entstanden ist oder eine solche verlassen hat und das sich aus eigener Kraft weiterentwickelt, es sei denn, dass es sich unter Kontrolle befindet und einem bestimmten Zweck dient.

➤ **Beispiel:**

Ein sogenanntes Kartoffelfeuer oder Reisigfeuer im Herbst auf dem Acker ist kein Schadenfeuer, solange es vom Menschen kontrolliert wird, also gegebenenfalls sofort gelöscht werden kann. Gerät es allerdings außer Kontrolle, breitet es sich beispielsweise über den eigentlichen Brandherd hinaus aus, so schlägt es in ein Schadenfeuer um, zu dessen Bekämpfung die Feuerwehr verpflichtet ist.

- Vorbeugender Brandschutz (Art. 1 Abs. 3 BayFwG in Verbindung mit § 3 Abs. 3 FBV): Mitwirkung von Feuerwehrkräften bei der gemeindlichen Feuerbeschau.

7.1.2 Technischer Hilfsdienst

Unter technischem Hilfsdienst versteht das Bayerische Feuerwehrgesetz *„ausreichende technische Hilfe bei sonstigen Unglücksfällen oder Notständen im öffentlichen Interesse"* (vgl. Art. 1 Abs. 1 BayFwG). Was damit gemeint ist, führt Ziffer 4.2 VollzBekBayFwG näher aus:

> „[1]Die Feuerwehren haben technische Hilfe bei Unglücksfällen oder Notständen zu leisten. [2]Unglücksfall ist jedes unvermittelt eintretende Ereignis, das einen nicht nur unbedeutenden Schaden verursacht oder erhebliche Gefahren für Menschen oder Sachen bedeutet. [3]Ein Notstand liegt vor, wenn die Allgemeinheit bedroht ist. [4]Die gemeindlichen Feuerwehren leisten in diesen Fällen aber nur dann technische Hilfe, wenn am Tätigwerden der Feuerwehr ein öffentliches Interesse besteht (Art. 1 Abs. 1 BayFwG). [5]Dies ist nur dann anzunehmen, wenn Selbsthilfe einschließlich gewerblicher Leistungen wegen Gefahr im Verzug oder wegen nur bei der Feuerwehr vorhandener technischer Hilfsmittel oder Fachkenntnisse nicht möglich ist. [6]Ein Handeln der Gemeinden und damit auch der Feuerwehren als deren unselbstständige Einrichtungen setzt im Übrigen auch bei freiwilligen Leistungen einen öffentlichen Zweck voraus."

Entscheidend ist also: Liegt eine akute Gefahr vor, die schnellstmöglich beseitigt werden muss?

Falls ja: Kann die Gefahr von der gefahrenbeseitigungspflichtigen Person selbst oder mit privaten Hilfsmitteln beseitigt werden?

Falls nein: Geht es wirklich um Gefahrenabwehr oder ist die Gefahr bereits anderweitig beseitigt worden oder (im schlechtesten Fall) bereits in einen Schaden umgeschlagen, so dass es (nur noch) um Schadensbeseitigung (sogenannte „Folgenbeseitigung") geht?

Das sind die entscheidenden Fragen, die die den Alarm auslösende Stelle kurzfristig beantworten muss. Aber auch die Verwaltungskraft, die nach Tätigkeiten der Feuerwehren prüft, ob Kostenersatz geltend gemacht wird, muss diese Fragen beantworten, da sich für Kostenansprüche unterschiedliche Rechtsgrundlagen eröffnen (Näheres dazu unter **14**).

Das bayerische Innenministerium weist in Ziffer 4.2 VollzBekBayFwG explizit darauf hin, dass die Gemeinden mit ihren Feuerwehren bei ihrem Handeln stets darauf achten müssen, in ihrem originären Aufgabenbereich tätig zu werden. Sie dürfen nicht in Konkurrenz zur Privatwirtschaft treten. Ihr Handeln setzt immer einen öffentlichen Zweck voraus:

> „[7]Tätigkeiten, mit denen eine Gemeinde an dem vom Wettbewerb beherrschten Wirtschaftsleben teilnimmt, um Gewinn zu erzielen, entsprechen keinem öffentlichen Zweck (Art. 87 Abs. 1 Satz 2 der Gemeindeordnung – GO). [8]Gemäß Art. 7 des Mittelstandsförderungsgesetzes und gemäß dem Rechtsgedanken des Art. 87 Abs. 1 Satz 1 GO dürfen die Gemeinden außerhalb der kommunalen Daseinsvorsorge grundsätzlich wirtschaftliche Leistungen nur erbringen, wenn ein öffentlicher Zweck dies erfordert und diese Leistungen nicht ebenso gut und wirtschaftlich von privaten Unternehmen erbracht werden können. [9]Sie dürfen insoweit nicht in Konkurrenz zu privaten Wirtschaftsunternehmen treten. [10]Die Verwaltung eigenen Vermögens bleibt unberührt. [11]Deshalb bedarf es einer sorgfältigen Prüfung, insbesondere bevor die gemeindlichen Feuerwehren
>
> - beim Abschleppen und der Bergung verunfallter Fahrzeuge,
> - bei der Beseitigung von Ölspuren,
> - bei der Insektenbekämpfung,
> - beim Abräumen schneebedeckter Dächer oder
> - beim Auspumpen von Kellern
>
> tätig werden, ob ein sonstiger Unglücksfall gegeben ist und ob ein öffentliches Interesse an der technischen Hilfeleistung der Feuerwehr besteht."

Damit ist unmissverständlich die Botschaft ausgesandt: Die Feuerwehren sollen sich auf ihre „Kernaufgaben" beschränken und von Tätigkeiten Abstand nehmen, für die sie nicht geschaffen wurden. Sie sind Sicherheitseinrichtungen zur Abwehr akuter Gefahren für Leib und Leben sowie anderer hochwertiger Rechtsgüter. Aber nicht Abschleppunternehmer, Straßenreiniger, Gartenbauer oder Insektenbekämpfer. Dafür gibt es private Personen oder Firmen, die von solchen Arbeiten leben.

Speziell zum Thema „Beseitigung von Öl auf Fahrbahnen" gilt: Den gefährlichen Schmierfilm eines Ölflecks oder einer Ölspur auf öffentlicher Straße haben die Feuerwehren zu beseitigen (Abwehr einer akuten Gefahr mittels Ölbinders o. Ä.); die anschließende Reinigung der Straße aber ist Sache des zuständigen Straßenbaulastträgers. Dazu ist nicht mehr die Feuerwehr berufen.

7.1.3 Sicherheitswachen

Eine Sicherheitswache (Art. 4 Abs. 2 Satz 1 BayFwG) ist ein spezieller Wachdienst von Feuerwehrdienstleistenden bei Veranstaltungen, die ein erhöhtes Gefahrenpotential in sich bergen.

Beispiele:

Freiluftveranstaltungen mit einer großen Anzahl an Menschen oder Theatervorführungen.

Die zur Sicherheitswache abgestellten Feuerwehrdienstleistenden sollen zum einen im Vorfeld der Veranstaltung etwaige Sicherheitsmängel (beispielsweise fehlende oder versperrte Fluchtwege) erkennen und dem Veranstalter zur Mängelbehebung mitteilen und zum anderen während der Veranstaltung ein waches Auge auf sich eventuell anbahnende Gefahrensituationen haben. Im Bedarfsfall sollen sie außerdem schnell die nötigen Maßnahmen zur Sicherheit der Teilnehmer ergreifen.

Sicherheitswache muss allerdings nur unter folgenden Voraussetzungen geleistet werden:

- Die Gemeinde hat dem Veranstalter gegenüber eine Sicherheitswache angeordnet oder
- die Sicherheitswache ist aufgrund besonderer Vorschriften notwendig und
- die Sicherheitswache wurde vom Veranstalter rechtzeitig angefordert.

Durch den mit Änderungsgesetz vom 25.2.2008 ergänzten Art. 4 Abs. 2 Satz 1 BayFwG ist den Gemeinden ausdrücklich für eine Vielzahl von Einzelfällen die Ermächtigung eingeräumt worden, Sicherheitswachen anzuordnen (LT-Drs. 15/ 8978, S. 8 zu Art. 4). Des Weiteren schreiben spezielle Vorschriften die Bereitstellung einer Sicherheitswache vor. So beispielsweise § 41 Abs. 1 der Verordnung über den Bau und Betrieb von Versammlungsstätten (Versammlungsstättenverordnung – VStättV) vom 2. November 2007 (GVBl. S. 736):

> „Bei Veranstaltungen mit erhöhten Brandgefahren hat der Betreiber eine Brandsicherheitswache einzurichten."

Oder § 41 Abs. 2 Satz 1 VStättV:

> „Bei jeder Veranstaltung auf Großbühnen sowie Szenenflächen von mehr als 200 m² Grundfläche muss eine Brandsicherheitswache der Feuerwehr anwesend sein."

Nicht zu verwechseln mit der Sicherheitswache ist die Brandwache.

7.1.4 Brandwache

Auch sie zählt zu den Pflichtaufgaben der Feuerwehr.

Ziffer 4.1 VollzBekBayFwG führt dazu aus:

> „[1]Zu den Pflichtaufgaben der Feuerwehren im abwehrenden Brandschutz gehört auch eine notwendige Brandwache. [2]Eine Brandwache ist notwendig, wenn nach Beendigung der Löscharbeiten die Gefahr eines Wiederaufflammens nicht mit hinreichender Sicherheit ausgeschlossen werden kann. [3]Sie ist Teil des Brandeinsatzes und keine Sicherheitswache im Sinne von Art. 4 Abs. 2 Satz 1 BayFwG."

Die Brandwache ist also ein spezieller Wachdienst von Feuerwehrdienstleistenden, der nach der erfolgreichen Brandbekämpfung geleistet werden muss. Es geht darum, sicherzustellen, dass die Brandgefahr endgültig beseitigt ist und etwaige Glutnester, die noch im Verborgenen glimmen, kein neues Schadenfeuer hervorrufen. In der Regel verbleiben zwei oder drei Feuerwehrdienstleistende noch eine angemessene Zeit am Einsatzort, um die rauchenden Trümmer zu beaufsichtigen und gegebenenfalls ein Wiederaufflammen im Keim zu ersticken.

Speziell für die Waldbrandabwehr sollten die Richtlinien zur Waldbrandabwehr vom 9. April 2013 (Gemeinsame Bekanntmachung der Bayerischen Staatsministerien für Ernährung,

Landwirtschaft und Forsten und des Innern, AllMBl. S. 189) beachtet werden. Nach Ziffer 4.2 der Richtlinien sind den Feuerwehren in besonders brandgefährdeten Waldgebieten Waldbrandeinsatzkarten für die schnelle und koordinierte Waldbrandbekämpfung zur Verfügung zu stellen. Der Kommandant sollte sich darum kümmern und gegebenenfalls die Karten bei der zuständigen Bezirksregierung anfordern.

7.1.5 Bereitschaftsdienst

Eher an versteckter Stelle ist geregelt, dass zu den Pflichtaufgaben einer Feuerwehr auch ein allgemeiner Bereitschaftsdienst zählt. Bei der Aufzählung der Pflichten eines Feuerwehrdienstleistenden in Art. 6 Abs. 1 Satz 2 BayFwG taucht der Bereitschaftsdienst auf.

Ziffer 6.3 VollzBekBayFwG führt ergänzend dazu aus:

> „Ein Bereitschaftsdienst gemäß Art. 6 Abs. 1 Satz 2 BayFwG kann nicht nur bei besonderen Gefahren, sondern auch dann notwendig sein, wenn sonst die Einsatzbereitschaft der Feuerwehr nicht gewährleistet wäre."

Insbesondere in Zeiten erhöhter Waldbrandgefahr, also beispielsweise während besonders trockener Sommermonate, oder an besonders verkehrsreichen Wochenenden (Ferienbeginn und -ende) wird man von solchen „besonderen Gefahren" ausgehen müssen. In solchen Fällen dürfte auch davon ausgegangen werden, dass ein Bereitschaftsdienst notwendig ist, weil sonst mangels ausreichender Einsatzkräfte die Einsatzbereitschaft der Feuerwehr nicht gewährleistet wäre.

7.1.6 Amtshilfe

Bisweilen leisten Feuerwehren zu Gunsten anderer Behörden Amtshilfe.

Beispiel:

> Sie werden zum Ausleuchten eines Tatorts, an dem eine Leiche gefunden wurde, gerufen. Hier helfen Feuerwehren der Staatsanwaltschaft bzw. der Polizei bei deren Ermittlungstätigkeiten; es geht nicht (mehr) um Gefahrenabwehr.

Amtshilfe muss von den Feuerwehren geleistet werden. Sie zählt zu den Pflichtaufgaben. Die Art. 4 ff. BayVwVfG legen im Einzelnen fest, unter welchen Voraussetzungen Amtshilfe geleistet werden muss.

Ziffer 4.4 VollzBekBayFwG führt aus, was insoweit für die Feuerwehren gilt:

„4.4 Amtshilfe der gemeindlichen Feuerwehren

4.4.1 [1]Die Gemeinden können mit ihren Feuerwehren als unselbstständige Einrichtungen nach dem Bayerischen Verwaltungsverfahrensgesetz (BayVwVfG) zur Amtshilfe verpflichtet sein. [2]Der Begriff der Amtshilfe setzt voraus, dass

- die Gemeinde mit ihrer Feuerwehr von einer anderen Behörde um Unterstützung bei einer Amtshandlung ersucht wird und
- die Hilfeleistung nicht schon zum eigenen Aufgabenbereich der Gemeinde nach dem BayFwG, dem BayKSG oder dem Landesstraf- und Verordnungsgesetz (LStVG) gehört (vergleiche Art. 4 Abs. 2 Nr. 2 BayVwVfG).

[3]Die Gemeinde darf mit ihrer Feuerwehr Amtshilfe nur leisten, wenn dadurch die Einsatzbereitschaft der Feuerwehr nicht beeinträchtigt wird (Art. 4 Abs. 3 BayFwG). [4]Sie kann die Hilfeleistung gemäß Art. 5 Abs. 3 BayVwVfG ablehnen, wenn

- eine andere Behörde die Hilfe wesentlich einfacher oder mit wesentlich geringerem Aufwand leisten kann oder
- sie die Hilfe nur mit unverhältnismäßig großem Aufwand leisten könnte.

[5]Die weiteren Voraussetzungen und Folgen der Amtshilfe sind allgemein in den Art. 4 bis 8 BayVwVfG geregelt. [6]Bei Amtshilfe gegenüber der Polizei braucht die Gemeinde nicht zu prüfen, ob die Polizei wegen Unaufschiebbarkeit der Maßnahme tatsächlich zuständig ist (vergleiche Art. 7 Abs. 2 Satz 1 BayVwVfG).

4.4.2 Hilfeleistungen gemeindlicher Feuerwehren im Rahmen der Amtshilfe sind Einsätze im Sinne von Art. 6 Abs. 1 BayFwG und damit Feuerwehrdienst, der vom Kommandanten angeordnet werden kann.

4.4.3 [1]Leistet die Gemeinde mit ihrer Feuerwehr Amtshilfe, so kann die Gemeinde als Trägerin der Feuerwehr nach Art. 8 Abs. 1 Satz 2 BayVwVfG Ersatz ihrer besonderen Aufwendungen verlangen. [2]Das sind insbesondere Wegstreckenentschädigungen für Fahrzeuge, Ersatz verbrauchter Hilfsmittel bei der Entfernung von Schmierschriften oder Ersatz des von der Gemeinde gezahlten Verdienstausfalls für die eingesetzten Feuerwehrleute. [3]Die besonderen Aufwendungen können, sofern keine Einzelberechnung möglich ist, nach **Anlage 6** ermittelt werden.

4.4.4 Amtshilfe der Feuerwehr zur Unterstützung der Polizei ist nur zulässig, soweit die Tätigkeit nicht die Ausübung von Befugnissen erfordert, die allein der Polizei zustehen."

Der Bayerische Verwaltungsgerichtshof (BayVGH) hat mit Entscheidungen vom 24. und 25. Januar 2007 (BayVBl. 2007, S. 274 ff.; *kritische Anmerkungen des Autors hierzu in BayGT 2007, S. 375, 376*) entschieden, dass die Mithilfe der Feuerwehren bei der Vermisstensuche keine Amtshilfe ist, sondern der Erledigung einer gemeindlichen Pflichtaufgabe nach Art. 6 LStVG (Aufrechterhaltung der öffentlichen Sicherheit und Ordnung) dient. Das hat Auswirkungen auf die Möglichkeit, von der Polizei Kostenersatz zu verlangen; Näheres dazu unter **14.3.**

7.1.7 Mitwirkung im Katastrophenfall

Stellt die Kreisverwaltungsbehörde (z. B. das Landratsamt) als untere Katastrophenschutzbehörde den Katastrophenfall fest, so müssen Feuerwehren nach Art. 7 Abs. 3 Nr. 4 BayKSG Katastrophenhilfe leisten. Das ist eigentlich eine Selbstverständlichkeit, da die Feuerwehren die zur Bewältigung von Katastrophen erforderliche Ausstattung besitzen und in entsprechenden Katastrophenschutzübungen eingewiesen sind. Es spielt dabei keine Rolle, ob es sich um Naturkatastrophen (beispielsweise Überschwemmungen, Schnee, Stürme) oder technische Katastrophen (erinnert sei an den Einsturz der Eissporthalle in Bad Reichenhall oder das Explosionsunglück im mittelfränkischen Lehrberg im Jahr 2006) handelt. Im Grunde handelt es sich bei Katastropheneinsätzen um Feuerwehreinsätze größeren Ausmaßes mit der Besonderheit, dass die Feuerwehren einem örtlichen Einsatzleiter als „verlängerter Arm" der Katastrophenschutzbehörde (z. B. Landratsamt) unterstellt sind.

TIPP:

Näheres hierzu im Beitrag „Katastrophenschutz in Bayern – ein bewährtes transdisziplinäres System“ in Kommunalpraxis BY Spezial 4/2007, S. 194 ff.

7.1.8 Überörtliche Hilfeleistung

Grundsätzlich beschränkt sich der „Aktionsradius“ gemeindlicher Feuerwehren auf das eigene Gemeindegebiet. In besonderen Fällen haben Feuerwehren jedoch auch außerhalb ihrer Gemeindegrenzen Hilfe zu leisten. Das Feuerwehrgesetz spricht von „überörtlicher Hilfe“ (Art. 17 BayFwG). Feuerwehren kommen anderen Feuerwehren dann zu Hilfe, wenn deren Kapazitäten zur Gefahrenabwehr erschöpft sind. Es gilt der Grundsatz „Bei Gefahren helfen wir alle zusammen!“ Allerdings setzt die Pflicht zur überörtlichen Hilfeleistung immer voraus, dass der abwehrende Brandschutz und der technische Hilfsdienst in der eigenen Gemeinde dadurch nicht wesentlich gefährdet werden. Mit anderen Worten: „wenn die eigene Bude brennt, geht das Löschen derselben anderen Aufgaben vor.“

Die Pflicht zur überörtlichen Hilfeleistung kann sogar länderübergreifend angezeigt sein. Ziffer 17.1 VollzBekBayFwG sieht dazu vor:

> „[1]Die gemeindlichen Feuerwehren haben bei Bedarf auch Hilfe in anderen Bundesländern zu leisten (vergleiche Art. 35 Abs. 1 GG). [2]Es ist daher nichts dagegen einzuwenden, wenn bayerische Feuerwehren in Alarmpläne von Gemeinden angrenzender Länder/Staaten aufgenommen werden. [3]Umgekehrt sind bei der Alarmplanung für bayerische Feuerwehren (vergleiche Alarmierungsbekanntmachung) auch die Hilfemöglichkeiten benachbarter Feuerwehren dieser Bundesländer zu berücksichtigen. [4]Auf der Grundlage der Gegenseitigkeit ist die überörtliche Hilfe gemeindlicher Feuerwehren in angrenzenden Bundesländern unter den gleichen Voraussetzungen kostenlos wie in Bayern.“

Welche finanziellen Auswirkungen überörtliche Hilfeleistungen haben, ist unter **14.2** ausgeführt.

7.2 Freiwillige Leistungen

Nicht selten erbringen Feuerwehren Leistungen, zu denen sie nicht verpflichtet sind.

Beispiele:

Sie fällen oder entasten Bäume auf Privatgrundstücken, hängen in der Adventszeit Weihnachtsdekoration über Gemeindestraßen oder stellen gar am 1. Mai den Maibaum auf. Und wie ist es mit dem Einfangen von Bienenschwärmen? Mit dem Beseitigen von Wespen- oder Hornissennestern? Mit dem Auspumpen voll gelaufener Keller oder dem Öffnen von Türen von Privatpersonen?

Müssen die Feuerwehrdienstleistenden solche Leistungen erbringen? Handelt es sich dabei um Feuerwehrdienst? Wie steht es um den Versicherungsschutz der Feuerwehrleute bei der Durchführung solcher Tätigkeiten?

Das Bayerische Feuerwehrgesetz bestimmt hierzu lapidar in Art. 4 Abs. 3:

„Andere Aufgaben dürfen die Feuerwehren nur ausführen, wenn ihre Einsatzbereitschaft dadurch nicht beeinträchtigt wird."

Das bedeutet: Freiwillige Leistungen der Feuerwehren sind nicht ausgeschlossen. Es handelt sich um „andere" Aufgaben als die in Art. 4 Abs. 1 und Abs. 2 aufgeführten Pflichtaufgaben. Feuerwehren „dürfen" freiwillige Leistungen ausführen, müssen es aber nicht. Und: Freiwillige Leistungen müssen unterbleiben, wenn die Einsatzbereitschaft der Feuerwehr beeinträchtigt würde. Ob dies der Fall wäre, entscheidet ausschließlich der Kommandant.

Erhellendes zur Thematik liefert Ziffer 4.5 VollzBekBayFwG:

„4.5 Freiwillige Tätigkeit

4.5.1 [1]Neben den Pflichtaufgaben nach Art. 4 Abs. 1 Satz 1 BayFwG können die gemeindlichen Feuerwehren auch sogenannte freiwillige Tätigkeiten übernehmen. [2]Hierbei ist zu berücksichtigen, dass die Gemeinden und damit auch die Feuerwehren außerhalb der kommunalen Daseinsvorsorge grundsätzlich wirtschaftliche Leistungen durch die Übernahme freiwilliger Leistungen nur erbringen dürfen, wenn ein öffentlicher Zweck dies erfordert und diese Leistungen nicht ebenso gut und wirtschaftlich von privaten Unternehmen erbracht werden können.

[3]Sie dürfen insoweit nicht in Konkurrenz zu privaten Wirtschaftsunternehmen treten. [4]Die Verwaltung eigenen Vermögens bleibt unberührt.

4.5.2 [1]Bei den Freiwilligen Feuerwehren ist zu unterscheiden, ob diese Tätigkeiten allein dem Vereinsleben zuzuordnen sind oder ob die Feuerwehr zumindest auch als gemeindliche Einrichtung tätig wird. [2]Im ersten Fall (zum Beispiel Ausrichten von Feuerwehrfesten) gilt ausschließlich Vereinsrecht. [3]Im zweiten Fall (zum Beispiel Brandschutzerziehung und -aufklärung) muss die (allgemein oder für den Einzelfall erteilte) Einwilligung der Gemeinde vorliegen (vergleiche **Anlage 1** § 2 Abs. 3). [4]Eine freiwillige Tätigkeit der Feuerwehr als gemeindliche Einrichtung ist hierbei schon immer dann gegeben, wenn Geräte der Feuerwehr verwendet werden (zum Beispiel Anbringen von Dekorationen mit Feuerwehrleitern).

4.5.3 [1]Für freiwillige Tätigkeiten gilt Art. 6 Abs. 1 Satz 2 BayFwG nicht. [2]Zu den freiwilligen Leistungen der Feuerwehren als gemeindliche Einrichtungen gehören insbesondere – jeweils auf Antrag des Eigentümers oder Nutzungsberechtigten – das Stellen von Wachen nach dem Ende der Brandgefahr oder das Abräumen von Schadensstellen, soweit es nicht zur Abwehr weiterer Gefahren notwendig ist."

Insoweit gilt:

- Feuerwehren dürfen freiwillige Leistungen erbringen.
- Ob allgemein oder im Einzelfall freiwillige Leistungen erbracht werden dürfen, entscheidet die Gemeinde. Soll der Feuerwehr die Erlaubnis generell für bestimmte Leistungen erteilt werden, so entscheidet der Gemeinderat; ansonsten, für den Einzelfall, der Erste Bürgermeister.
- Ob im konkreten Fall eine freiwillige Leistung abgelehnt werden muss, weil die Einsatzbereitschaft der Feuerwehr (für die Erledigung von Pflichtaufgaben!) gefährdet wäre, entscheidet ausschließlich der Kommandant. Dazu gehört auch, dass er sich dagegen ausspricht, wenn die Gemeinde von der Feuerwehr die Erledigung sachfremder Leistungen erwartet, beispielsweise einen allgemeinen Räum- und Streudienst oder Reinigungsaufgaben.
- Die ehrenamtlich tätigen Feuerwehrdienstleistenden müssen bereit sein, freiwillige Leistungen zu erbringen. Sie können nicht angeordnet werden!

- Die Feuerwehr darf keine freiwilligen Leistungen erbringen, die ebenso gut Private, insbesondere private Unternehmen, leisten könnten. Aus Art. 87 Abs. 1 GO ergibt sich der Grundsatz, dass die öffentliche Hand der Privatwirtschaft nichts „wegnehmen" darf, da sie nicht, wie die Privaten, im wirtschaftlichen Wettbewerb steht.
- Und: Bei freiwilligen Leistungen wird die Feuerwehr als gemeindliche Einrichtung tätig. Die Feuerwehrdienstleistenden sind dabei über den gesetzlichen Unfallversicherer, die Kommunale Unfallversicherung Bayern (KUVB), abgesichert.

7.2.1 Erfüllung einer Pflichtaufgabe oder freiwillige Leistung?

Die gedankliche „Weggabelung" zwischen Pflichtaufgabenerfüllung einerseits und Erbringung freiwilliger Leistungen andererseits besteht in der Beantwortung der Fragen: Muss die Feuerwehr eine akute Gefahrenlage beseitigen? Und: Hat die Allgemeinheit ein Interesse daran, dass die Gefahr von der Feuerwehr beseitigt wird?

Wenn ja: Pflichtaufgabenerfüllung. Wenn nein: Freiwillige Leistung der Feuerwehr.

Beispiele:

Nach diesem – zugegebenermaßen einfachen – Maßstab lassen sich folgende Beispielsfälle einordnen:

- Entasten von Bäumen auf Privatgrundstücken: Droht akute Gefahr durch auf öffentlichen Grund überhängende, bereits erkennbar morsche Äste für Passanten?
  Pflichtaufgabeneinsatz, wenn der Baumbesitzer nicht rechtzeitig einen privaten Gartenbaubetrieb beauftragen kann (z. B. am Sonn- oder Feiertag).
  Freiwillige Leistung, wenn es sich um gelegentliches Entasten ohne Gefahr für Unbeteiligte handelt. (Aber Vorsicht: Privater Gartenbaubetrieb hat Vorrang!)
- Auspumpen vollgelaufener Keller: Droht ein Öltank aufzuschwimmen und umzustürzen (mit der Folge des Auslaufens von Öl und einer nicht ausschließbaren Grundwasserverseuchung)?

Pflichtaufgabeneinsatz, um Gefahren für die Allgemeinheit abzuwehren (Trinkwasserversorgung!)
Freiwillige Leistung, wenn es – wie in den meisten Fällen – „nur" darum geht, das persönliche Pech des Hausbesitzers durch rasches Trockenlegen des Kellers zu mildern.

- Öffnen verschlossener Türen: Befindet sich in der Wohnung eine hilfebedürftige Person (Beispiele: Baby, Kleinkind, behinderte Person), die schnellstmöglich versorgt werden muss?
Pflichtaufgabeneinsatz, wenn die Feuerwehr die Tür öffnet, um Menschenleben zu retten.
Freiwillige Leistung, wenn lediglich aus Unachtsamkeit die Tür „ins Schloss gefallen ist" und sich der Wohnungsbesitzer einen teuren Schlüsseldienst sparen will.
- Maibaum aufstellen, Girlanden aufhängen o. Ä.: Stets freiwillige Leistung.
- Beseitigung von Wespen-, Bienen-, Hornissennestern: Befindet sich das Nest beispielsweise in einem Raum, in dem sich typischerweise Menschen aufhalten (Wohnzimmer, Küche, Kinderzimmer, Schlafzimmer; also nicht: Speicher) und droht möglicherweise einer vom Insekt gestochenen Person ein allergischer Schock?
Pflichtaufgabenerfüllung, wenn die Feuerwehr das Nest beseitigt und umsetzt.
Freiwillige Leistung, wenn genügend Zeit bliebe, einen privaten Insektenbeseitigungsdienst oder Imker zu beauftragen – abgesehen von der tierschutzrechtlichen Problematik, ob Insektennester überhaupt umgesetzt werden dürfen.

7.2.2 Verkehrsregelung durch die Feuerwehr zur Absicherung von Einsatzstellen und von Veranstaltungen wie Umzügen, Prozessionen

Für diese Fälle gibt es eine Spezialvorschrift: Art. 7a ZustGVerk (Gesetz über Zuständigkeiten im Verkehrswesen vom 28. Juni 1990, GVBl. S. 220).

Sie lautet:

„[1]Zur Sicherung von Einsatz- und Übungsstellen sowie von Veranstaltungen dürfen – vorbehaltlich anderer Entscheidungen der Straßenverkehrs- und Straßenbaubehörden sowie der Polizei – Führungsdienstgrade der Feuerwehr und Führungskräfte des Technischen Hilfswerks oder die von ihnen im Einzelfall damit beauftragten Mannschaftsdienstgrade und Helfer die Befugnisse der Polizei nach § 36 Abs. 1, § 44 Abs. 2 StVO und der Straßenverkehrsbehörde nach § 45 Abs. 1 Satz 2 Nr. 1 und 5 StVO ausüben und die nötigen Verkehrszeichen und -einrichtungen an Stelle der Baulastträger oder Eigentümer der Straße nach § 45 Abs. 5 Satz 1 StVO aufstellen. [2]Für die Sicherung von Veranstaltungen durch die Feuerwehren ist die Zustimmung des zuständigen Gemeindeorgans erforderlich. [3]Satz 1 gilt für Übungsstellen auf Straßen des überörtlichen Verkehrs nur, wenn sie zuvor mit den Straßenverkehrs- und Straßenbaubehörden sowie der Polizei einvernehmlich abgestimmt wurden."

Diese Vorschrift, die im Jahre 1996 in das ZustGVerk eingefügt worden ist, beendete eine jahrelange Unsicherheit: Dürfen Feuerwehrdienstleistende verkehrslenkende Maßnahmen ergreifen, also insbesondere Autofahrer an der Weiterfahrt hindern und sie stattdessen auf eine andere Straße verweisen?

Seit der gesetzlichen Festlegung gilt: Ja, sie dürfen! Und zwar sowohl zur Sicherung von „Einsatzstellen" (also für die Erfüllung einer Pflichtaufgabe), als auch zur Sicherung von „Veranstaltungen" (also für rein freiwillige Leistungen).

Im Einzelnen dürfen Feuerwehrdienstleistende:

- Zeichen und Weisungen an Verkehrsteilnehmer erteilen (§ 36 Abs. 1 StVO),
- Lichtzeichenanlagen bedienen (§ 44 Abs. 2 StVO), sowie
- bei Gefahr im Verzug beispielsweise Verkehrszeichen aufstellen, wie Verbotsschilder, um eine Straße zu sperren.

Dies alles aber nur, *„soweit Polizei … nicht oder nicht rechtzeitig ausreichend zur Verfügung steht."* Verkehrsabsicherung und -regelung ist grundsätzlich Aufgabe der staatlichen Polizei. Nur wenn die Polizei nicht rechtzeitig am Einsatzort eintrifft oder – bei Veranstaltungen – die zuständige Inspektion bereits im Vorfeld erklärt, dass sie personell nicht in der Lage ist, die Veranstaltung abzusichern, stehen den Feuerwehrdienstleistenden die verkehrslenkenden Rechte zu. In diesem Zusammenhang lohnt es sich, das Urteil des Bayerischen Verwaltungsgerichtshofs vom 21. November 2019 (Az.: 4 B 19.649) mit Anmerkung des Autors in *Bayerischer Gemeindetag* 2020, S. 265 ff. zu lesen; in dieser Entscheidung hat Bayerns oberstes Verwaltungsgericht den Feuerwehren ausdrücklich den Rücken gestärkt, in dem es feststellte: „Der in der Verpflichtung zur Absicherung des Unfallorts liegende gesetzliche Handlungsauftrag unterliegt keinen räumlichen oder sachlichen Einschränkungen. Er umfasst daher jede rechtlich zulässige Maßnahme, die aus Sicht der Feuerwehr zu einer nachhaltigen Gefahrenabwehr geeignet und erforderlich ist und mit den im jeweiligen Einsatz verfügbaren Sach- und Personalmittel durchgeführt werden kann."

Außerdem ist zu unterscheiden:

- Die Absicherung von Einsatzstellen zählt zur Pflichtaufgabenerfüllung, da es dabei um Gefahrenabwehr geht.
- Die Absicherung von Veranstaltungen (Prozessionen, Sankt-Martins-Umzüge o. Ä.) ist eine rein freiwillige Tätigkeit, da hier keine akute Gefahr vorliegt, die abgewehrt werden müsste. Deshalb bestimmt Art. 7a ZustGVerk in Satz 2, dass für die Sicherung von Veranstaltungen durch die Feuerwehren die Zustimmung des zuständigen Gemeindeorgans erforderlich ist. Das heißt: will die Gemeinde der Feuerwehr generell das Absicherungsrecht für Veranstaltungen einräumen, so ist für diese Grundsatzentscheidung der Gemeinderat zuständig. Behält sich die Gemeinde eine Zustimmung für den Einzelfall vor, so entscheidet der Erste Bürgermeister über die Zustimmung als Geschäft der laufenden Verwaltung.

Die letzte Entscheidung, nämlich ob im Einzelfall die Feuerwehr eine Verkehrsabsicherung für eine Veranstaltung vornimmt, trifft der hierfür ausschließlich zuständige Kommandant. Er prüft, ob die Einsatzbereitschaft der Feuerwehr zur Erfüllung von Pflichtaufgaben durch die gegebenenfalls mit hohem personellen Aufwand verbundene Verkehrsabsicherung für eine Veranstaltung beeinträchtigt wäre (Art. 4 Abs. 3 BayFwG!) und fragt die ehrenamtlich tätigen Feuerwehrdienstleistenden, ob sie zur Verkehrsabsicherung bereit sind. Weder der Gemeinderat noch der Erste Bürgermeister sind insoweit weisungsbefugt.

TIPP:

Vgl. den Beitrag „Verpflichtung einer Freiwilligen Feuerwehr zur verkehrslenkenden Absicherung einer Veranstaltung?" in Kommunalpraxis BY 1998, S. 21.

Die Feuerwehrdienstleistenden sind auch für diese Aufgabenerfüllung über die Kommunale Unfallversicherung Bayern (KUVB) abgesichert, sollte es zu einem Unfall bei der Verkehrsabsicherung kommen.

7.2.3 Einsätze von „First-Responder-Einheiten“: Erfüllung einer Pflichtaufgabe oder freiwillige Leistung?

In den vergangenen Jahren sind bei zahlreichen Freiwilligen Feuerwehren sogenannte „First-Responder-Einheiten“ gebildet worden. Es handelt sich hierbei um eine Art „schnelle Eingreiftruppe“, bestehend aus mit Erste-Hilfe-Maßnahmen sehr vertrauten Feuerwehrangehörigen, die – in der Regel ausgestattet mit einem schnellen Fahrzeug – die Erstversorgung von Verletzten am Einsatzort vornehmen. Es hat sich nämlich gezeigt, dass Kräfte des Rettungsdiensts im Flächenstaat Bayern gerade in ländlichen Gegenden oftmals nicht rechtzeitig am Einsatzort eintreffen und Unfallbeteiligte sowie andere Verkehrsteilnehmer aus Angst, Fehler zu machen, keine Erste Hilfe leisten. Ersthelfergruppen (neudeutsch: „First Responder“) der Feuerwehren haben daher bereits vielfach segensreich und vorbildhaft die Erstversorgung von Verletzten vorgenommen.

So erfreulich und lobenswert diese Tätigkeit der Feuerwehrdienstleistenden ist, so bleibt doch festzuhalten, dass es sich hierbei um eine rein freiwillige Leistung der Feuerwehr handelt! Ärztliche Versorgung und Betreuung von Verletzten bleibt ausschließliche Aufgabe der hierfür eingerichteten Rettungsdienste. Die Feuerwehren haben weder die Aufgabe noch die Befugnis, Maßnahmen des Rettungsdiensts durchzuführen, sofern sie nicht – wie beispielsweise die Berufsfeuerwehr München – im Rettungsdienst aufgrund eines öffentlich-rechtlichen Vertrags nach Art. 19 Abs. 3 BayRDG selbst mitwirken. Es muss vielmehr darauf geachtet werden, dass durch die Tätigkeit der First-Responder-Einheiten der Feuerwehren keine schleichende Aufgabenübertragung vom Rettungsdienst auf die Feuerwehren stattfindet. Insbesondere darf keine Verwischung der Grenze zwischen Erste-Hilfe-Maßnahmen und Rettungsdienstmaßnahmen erfolgen. Haftungsrechtliche Konsequenzen wären nicht auszuschließen. Es bedarf daher einer intensiven Absprache zwischen dem Feuerwehrkommandanten und den Verantwortlichen des Rettungsdiensts sowie den Betreibern der alarmierenden Integrierten Leitstelle (ILS) mit dem Ziel einer eindeutigen Festlegung des jeweiligen Tätigkeitsbereichs.

TIPP:

Das Bayerische Innenministerium hat einen „Leitfaden für die Tätigkeit örtlicher Einrichtungen organisierter Erster Hilfe (Ersthelfergruppen) in Bayern" herausgegeben. Man findet ihn als Bekanntmachung des Bayerischen Staatsministeriums des Innern vom 27. April 2011 im AllMBl. 2011, S. 191, in der Fassung vom 7.2.2013, siehe AllMBl. Nr. 2/2013 Seite 60.

7.2.4 Teilnahme am Unwetterwarnsystem: Pflichtaufgabe oder freiwillige Aufgabe?

Die Unwetterwarnzentrale beim Deutschen Wetterdienst in München bietet den Gemeinden in Bayern an, Informationen über drohende Unwetter (Starkregen, Gewitter, Hagel) rechtzeitig vor Ausbruch des Unwetters abzurufen und etwaige erforderliche Maßnahmen als örtliche Sicherheitsbehörden (Art. 6 LStVG) zum Schutz der Bevölkerung zu treffen. Denkbar sind beispielsweise Hinweise an der Gemeinde bekannte Veranstalter von Freiluftveranstaltungen oder die Information des Kommandanten durch die Gemeinde, um einen etwaigen Bereitschaftsdienst der Feuerwehr zu veranlassen.

Mit Schreiben vom 26.9.2005 (Az.: I D 4-2254.317-8) hat das Bayerische Innenministerium darauf hingewiesen, dass die Teilnahme am Unwetterwarnsystem des Deutschen Wetterdiensts durch eine Gemeinde oder ihre Feuerwehren eine rein freiwillige Angelegenheit ist. Lediglich der Kenntnisstand des gemeindlichen Personals bzw. der Feuerwehr wird verbessert. Welche Konsequenzen die Kommune bzw. die Feuerwehr daraus ziehen, bleibt ihnen überlassen.

TIPP:

Näheres im Detail hierzu im Aufsatz „Einbindung der bayerischen Gemeinden in das bayerische Unwetterwarnsystem" in Kommunalpraxis BY 2006, S. 124 ff.

8. Der Feuerwehrdienstleistende der Freiwilligen Feuerwehr

Die nachfolgenden Ausführungen betreffen die Feuerwehrdienstleistenden in Freiwilligen Feuerwehren. Es geht um den Status des ehrenamtlich tätigen Feuerwehrangehörigen.

Wichtig: Die Angehörigen von Berufsfeuerwehren und Werkfeuerwehren unterfallen den einschlägigen Bestimmungen des Beamten- bzw. Tarifvertragsrechts. Ausführungen hierzu würden den Rahmen dieses Buches sprengen; sie können entsprechender Fachliteratur entnommen werden.

8.1 Status des ehrenamtlichen Feuerwehrdienstleistenden

Im Wesentlichen kennzeichnet einen ehrenamtlichen Feuerwehrdienstleistenden einer Freiwilligen Feuerwehr:

- Er übt ein kommunales Ehrenamt im Sinn von Art. 19 GO aus.
- Er steht nicht in einem Beamten-/Angestellten-/Arbeitsverhältnis, mit der Konsequenz, dass nicht das Bayerischen Beamtengesetz, nicht der TVöD oder sonstige dienst- oder arbeitsrechtliche Vorschriften, sondern ausschließlich die Bestimmungen des Bayerischen Feuerwehrgesetzes für ihn gelten. Allgemein spricht man von einem „öffentlich-rechtlichen Amts- und Dienstverhältnis besonderer Art".
- Typisch für den ehrenamtlichen Feuerwehrdienst ist seine Unentgeltlichkeit (Art. 6 Abs. 1 Satz 1 BayFwG). Ehrenamtliche Feuerwehrdienstleistende erhalten für ihren Dienst keinen Lohn, kein Gehalt, sie bestreiten ihren Lebensunterhalt nicht durch ein Entgelt für geleisteten Feuerwehrdienst. Sie können zwar Entschädigungen, z. B. nach Art. 9 und 11 BayFwG, erhalten – aber eben kein Entgelt. Deshalb sind auch gelegentlich anzutreffende finanzielle Zuwendungen einiger weniger bayerischer Gemeinden an Feuerwehrdienstleistende zur Honorierung ihres ehrenamtlichen Engagements zwar menschlich verständlich, rechtlich aber inakzeptabel. Mangels Rechtsgrundlage im bayerischen Feuerwehrrecht sollten solche Geldzahlungen tunlichst unterbleiben.

Klar zu unterscheiden ist stets zwischen dem Feuerwehrdienst einerseits und der Mitgliedschaft in Feuerwehrvereinen andererseits. Art. 6 BayFwG meint mit *„Feuerwehrdienst"* ausschließlich die Zugehörigkeit zur Freiwilligen Feuerwehr als gemeindlicher Einrichtung. Diese ist nicht davon abhängig, ob ein Feuerwehrdienstleistender (auch) Mitglied im örtlichen Feuerwehrverein ist. Es ist daher durchaus denkbar, dass jemand der Freiwilligen Feuerwehr beitritt, um seinen ehrenamtlichen Dienst zu leisten – ohne auch Mitglied des örtlichen Feuerwehrvereins zu werden. Art. 5 Abs. 1 BayFwG stellt lediglich fest, dass die Einsatzkräfte der Freiwilligen Feuerwehren „in der Regel" von Feuerwehrvereinen gestellt werden. Dabei handelt es sich lediglich um eine Tatsachenbeschreibung. Eine Pflicht, dem Feuerwehrverein beizutreten, um dadurch auch der Freiwilligen Feuerwehr als gemeindlicher Einrichtung angehören zu können, besteht nicht (so bereits oben unter **4.1** und in Ziffer 5.2.2 VollzBekBayFwG).

8.2 Pflichten der Feuerwehrdienstleistenden

Wer der Feuerwehr beitritt, muss sich bewusst sein, dass er weitreichende Pflichten übernimmt und sich in den Dienst der Allgemeinheit stellt. Er trägt insbesondere durch seine Teilnahme an Einsätzen dazu bei, Gefahren abzuwehren und damit die öffentliche Sicherheit in seiner Gemeinde mit zu gewährleisten.

Art. 6 Abs. 1 Satz 2 BayFwG legt die grundsätzlichen Pflichten eines Feuerwehrdienstleistenden fest:

- Teilnahme an (Pflicht-)Einsätzen einschließlich der Pflicht, Gefahren für Leib und Leben auf sich zu nehmen
- Teilnahme an Ausbildungsveranstaltungen (Lehrgänge, Übungen)
- Teilnahme an Sicherheitswachen und am Bereitschaftsdienst
- Weisungen der Vorgesetzten befolgen.

Daneben treffen den Feuerwehrdienstleistenden noch weitere Pflichten:

- Beachtung der Unfallverhütungsvorschriften
- Tragen der Dienstkleidung im Feuerwehrdienst

- Anzeige von Schäden oder Verlust von Ausstattung und Ausrüstung
- Sorgsamer Umgang mit übertragener Ausstattung

sowie Pflichten, die an sich eine Selbstverständlichkeit sind, an die leider heutzutage immer wieder erinnert werden muss, wie z. B. kameradschaftlicher Umgang mit anderen Feuerwehrdienstleistenden, rechtzeitiges Entschuldigen bei Dienstverhinderung, anständiges Benehmen beim Tragen der Uniform in der Öffentlichkeit.

8.3 Voraussetzungen für den Feuerwehrdienst

8.3.1 Körperliche Eignung (Fitness)

- Auch wenn der Feuerwehrdienst aufgrund der gestiegenen Technisierung der Fahrzeuge und Geräte den Feuerwehrdienstleistenden weniger Kraftanstrengungen als früher abverlangt, so muss doch grundsätzlich bei (Pflicht-)Einsätzen bisweilen „richtig hingelangt werden". Eine robuste Grundkonstitution des Feuerwehrdienstleistenden muss daher erwartet werden (§ 9 Satz 1 AVBayFwG verlangt „insbesondere die körperliche … Befähigung zur Wahrnehmung der Tätigkeiten in der Feuerwehr"). Außerdem sollte wegen der Pflicht zu ständiger Einsatzbereitschaft kein Zweifel am Gesundheitszustand bestehen. Ziffer 6.2 VollzBekBayFwG verpflichtet Kommandanten, bei Zweifeln an der körperlichen Tauglichkeit eines Bewerbers für den Feuerwehrdienst ein ärztliches Gutachten zu verlangen (siehe auch Art. 6 Abs. 3 Satz 3 BayFwG):

  > „[3]Der Feuerwehrkommandant kann ein ärztliches Gutachten verlangen."

- Träger von Atemschutzgeräten bei der Feuerwehr müssen darüber hinaus ihre Tauglichkeit für den Einsatz mit Atemschutzgeräten im Wege einer arbeitsmedizinischen Vorsorgeuntersuchung belegen (Eignungsuntersuchung und Vorsorge Atemschutzgeräte Träger der Freiwilligen Feuerwehr nach § 6 Abs. 3 DGUV Vorschrift 49 „Feuerwehren").
- Letztlich liegt auch der Altersgrenze von 65 Lebensjahren in Art. 6 Abs. 2 Satz 1 BayFwG die körperliche Eignung als

Kriterium zu Grunde. Der Gesetzgeber vermutet, dass ab dem vollendeten 65. Lebensjahr die körperliche Leistungsfähigkeit für den Feuerwehrdienst nicht mehr gegeben ist, da der Alterungsprozess so weit fortgeschritten ist, dass körperlich anstrengende Feuerwehrtätigkeiten nicht mehr oder nur noch unter Gefährdung der eigenen Gesundheit ausgeführt werden können. Aus Fürsorgegründen hat der Gesetzgeber daher in der 2008 novellierten Fassung des Feuerwehrgesetzes eine strikte Altersgrenze eingeführt. Näheres dazu unter **8.4.1.**

- Nach Art. 7 Abs. 2 BayFwG können bereits ab dem vollendeten 12. Lebensjahr Jugendliche als Feuerwehranwärter Feuerwehrdienst leisten. Allerdings dürfen sie nur zu Ausbildungsveranstaltungen und erst ab vollendetem 16. Lebensjahr bei Einsätzen zu Hilfeleistungen außerhalb der unmittelbaren Gefahrenzone herangezogen werden (Art. 7 Abs. 2 Satz 3 BayFwG). Der „klassische" Feuerwehrdienst (mit Gefahren für den eigenen Körper und das eigene Leben) ist erst ab dem vollendeten 18. Lebensjahr erlaubt.
- Seit Langem gibt es bei den örtlichen Feuerwehrvereinen sogenannte Kinderfeuerwehren (bisweilen auch „Bambini"-Feuerwehren genannt). Mit der neuesten Gesetzesnovelle im Jahre 2017 hat der bayerische Gesetzgeber zusätzlich die Möglichkeit geschaffen, bei den Freiwilligen Feuerwehren Minderjährige ab dem vollendeten 6. Lebensjahr in Kindergruppen aufzunehmen und auszubilden, Art. 7 Abs. 1 BayFwG. Damit soll dem zunehmenden „Wettbewerb" zwischen den Hilfsorganisationen Rechnung getragen werden. Neben BRK, Johanniter, Malteser etc. können nunmehr auch die Freiwilligen Feuerwehren Kinder im Grundschulalter in die Feuerwehren aufnehmen und – hoffentlich – langfristig an sie binden.

8.3.2 Geistige Eignung (psychische Belastbarkeit)

- Feuerwehrdienstleistende müssen in der Lage sein, Fachkenntnisse zu erwerben, die sie für den Feuerwehrdienst benötigen. Wer es nicht schafft oder nicht willens ist, sich das nötige Wissen anzueignen, bringt im Einsatz durch falsches Handeln möglicherweise sich und andere in Gefahr. Er ist daher für den Feuerwehrdienst ungeeignet (siehe auch § 9 Satz 1 AVBayFwG: „geistige Befähigung zur Wahrnehmung der Tätigkeiten in der Feuerwehr").

- Einsätze im Feuerwehrdienst führen bisweilen zu erheblichen seelischen Belastungen. Verkohlte Leichen nach einem Brand oder Schwerverletzte bei einem Verkehrsunfall verlangen dem Feuerwehrdienstleistenden oft eine extreme seelische Belastbarkeit ab. Wer befürchtet, dauerhaft seelische Schäden oder Traumata davonzutragen, sollte im eigenen Interesse keinen Feuerwehrdienst leisten.

8.3.3 „Sonstige" Eignung (unbescholtener Ruf)

- Vom Gesetz zwar nicht ausdrücklich verlangt, aber doch allgemeine Meinung ist, dass ein Feuerwehrdienstleistender einen unbescholtenen Ruf haben sollte. Schließlich repräsentiert er nach außen hin auch die Gemeinde, deutlich erkennbar durch das Tragen von Uniform mit aufgenähtem Gemeindewappen. Ein ortsbekannter Alkoholiker, ein Straftäter oder ganz generell jemand, der es mit Recht und Gesetz nicht so genau nimmt, sollte nicht in die Feuerwehr aufgenommen werden. § 9 Satz 1 AVBayFwG bestimmt daher unmissverständlich: *„Die Eignung für den Feuerwehrdienst setzt … die für den Feuerwehrdienst erforderliche Zuverlässigkeit voraus."* Im Einsatz kommt es auf Konzentration und Kameradschaft jedes einzelnen Feuerwehrmitglieds an; unzuverlässige, weil beispielsweise alkoholabhängige, Kameraden wären hier fehl am Platz.
- „Sonst ungeeignet" ist auch, wer die deutsche Sprache nicht beherrscht. In der Stresssituation eines Einsatzes dürfen keine Verständigungsprobleme den Einsatz erschweren oder gar zu Missverständnissen führen.

8.3.4 Grundsätzliche Alarmierbarkeit

Während unter dem „früheren" Feuerwehrgesetz (bis 29. Februar 2008) der Grundsatz festgeschrieben war, dass ehrenamtlicher Feuerwehrdienst nur in der Heimatgemeinde des Feuerwehrdienstleistenden geleistet werden konnte, hat die Novellierung mit Wirkung zum 1. März 2008 eine grundlegende Änderung gebracht: Feuerwehrdienst kann sowohl in der Wohnsitzgemeinde der Feuerwehrdienstleistenden als auch in der Gemeinde, *„in der sie einer regelmäßigen Beschäftigung oder Ausbildung nachgehen, in besonderen Fällen auch in den jeweiligen Nachbargemeinden“* (vgl. Art. 6 Abs. 2 Satz 1 BayFwG) geleistet werden.

Die Gesetzesbegründung (LT-Drs. 15/8978, S. 9 zu Art. 6) führt hierzu aus:

> „Bei der Prüfung der Eignung ist insbesondere zu berücksichtigen, ob die betreffende Person in ausreichendem Umfang vor Ort zur Verfügung steht und alarmierbar ist. Bei Personen, die bereits Mitglied einer Feuerwehr sind, ist bei der Eignung darüber hinaus zu prüfen, ob eine Doppelmitgliedschaft wegen möglicher Pflichtenkollisionen ausgeschlossen ist. Eine Pflichtenkollision wird in der Regel bei der angestrebten Doppelmitgliedschaft in eng benachbarten Feuerwehren vorliegen.
>
> Doppelmitgliedschaften sind künftig auch innerhalb einer Gemeinde möglich, wenn Gemeindeeinwohner innerhalb ihrer Gemeinde einer regelmäßigen Beschäftigung oder Ausbildung nachgehen; dies kann insbesondere in großen Flächengemeinden relevant werden. Der Prüfung der Geeignetheit kommt hierbei jedoch besondere Bedeutung zu.
>
> In besonderen Fällen kann Feuerwehrdienst statt in der Gemeinde, in der eine Wohnung besteht bzw. in der einer regelmäßigen Beschäftigung oder Ausbildung nachgegangen wird, in der jeweiligen Nachbargemeinde geleistet werden; dies betrifft insbesondere Fälle, in denen die Feuerwehr der Nachbargemeinde aufgrund der Verkehrsanbindung in gleichem Maße oder sogar leichter von der Wohnung bzw. dem Arbeits- oder Ausbildungsplatz aus erreichbar ist. Doppelmitgliedschaften sind auch in diesen Fällen möglich.“

Mit diesen Ausführungen ist alles Wesentliche gesagt.

Festzuhalten ist, dass aufgrund der Neuregelung wesentlich flexiblerer Feuerwehrdienst bei unterschiedlichen Feuerwehren möglich ist. Allerdings bedeutet dies für den Einzelnen auch eine erhöhte Alarmierbarkeit. Die Praxis hat gezeigt, dass nicht viele Feuerwehrdienstleistende vor dem Hintergrund ihrer persönlichen, familiären und beruflichen Situation von der Möglichkeit eines Feuerwehrdiensts in mehreren Wehren Gebrauch machen. Wünschenswert wäre es allemal, kämen doch auf diese Weise Erfahrung und Ausbildungswissen Einzelner mehreren Feuerwehren zugute.

Die durch die Neuregelung ermöglichte Öffnung des Feuerwehrdiensts auch für „externe" Feuerwehrdienstleistende verlangt natürlich eine die neuen Gegebenheiten berücksichtigende Einsatzplanung durch den Kommandanten sowie gegebenenfalls die Anschaffung zusätzlicher Garnituren an persönlicher Schutzausrüstung.

Zur Frage, welche Gemeinde die zusätzlich benötigte persönliche Schutzausstattung beschaffen und bezahlen muss und wer die Kosten von Lehrgängen trägt, führt Ziffer 6.1.1 VollzBekBayFwG Folgendes aus:

> „[1]Für Feuerwehrdienstleistende, die Mitglied verschiedener Feuerwehren sind, ist bei jeder Feuerwehr durch die jeweilige Gemeinde die erforderliche Schutzkleidung vorzuhalten. [2]Bei der Frage, welche Gemeinde für die Ausbildung von Feuerwehrdienstleistenden und deren Finanzierung verantwortlich ist, ist zunächst auf die zeitliche Verfügbarkeit der Feuerwehrdienstleistenden und den damit verbundenen Nutzen für die Feuerwehr abzustellen. [3]Dies wird in der Regel zu dem Ergebnis führen, dass Stammfeuerwehr der Feuerwehrdienstleistenden die Feuerwehr ihrer Wohnsitzgemeinde ist; diese hat grundsätzlich für die Ausbildung der Feuerwehrdienstleistenden zu sorgen. [4]Bei Lehrgängen, die Feuerwehrdienstleistende für die Übernahme einer ganz speziellen Funktion bei nur einer der Feuerwehren vorbereiten sollen, trägt die Kosten in der Regel diejenige Gemeinde, in deren Feuerwehr die spezielle Funktion übernommen werden soll. [5]In jedem Fall bedarf es einer vorherigen Abstimmung beider Gemeinden."

Eine nachvollziehbare und sinnvolle Erläuterung. Nach dem Grundsatz „Wer den Vorteil (der Doppelmitgliedschaft eines Feuerwehrdienstleistenden) hat, soll auch die Kosten dafür tragen", ist eine gerechte Kostenaufteilung zwischen den Gemeinden anzustreben.

8.3.5 Aufnahmeantrag und -bestätigung

Wer ehrenamtlichen Feuerwehrdienst leisten will, muss einen Antrag auf Aufnahme in die Freiwillige Feuerwehr beim Kommandanten stellen. Art. 6 Abs. 3 BayFwG bestimmt:

„[1]Die Bewerber für den ehrenamtlichen Dienst in der Freiwilligen Feuerwehr werden vom Feuerwehrkommandanten aufgenommen. [2]Bei der Entscheidung über die Aufnahme hat der Feuerwehrkommandant den Personalbedarf der Freiwilligen Feuerwehr und die Eignung des Bewerbers zu berücksichtigen. [3]Der Feuerwehrkommandant kann ein ärztliches Gutachten verlangen. [4]Fehlt einem Bewerber die Eignung für den Einsatzdienst, kann ihn der Kommandant mit der Maßgabe aufnehmen, dass sich sein Dienst auf bestimmte, seiner Eignung entsprechende Aufgaben der Feuerwehr beschränkt."

Damit ist klargestellt:

➤ Der Feuerwehrkommandant ist für die Aufnahme von Bewerbern ausschließlich, das heißt allein, zuständig.

➤ Er kann nicht unbeschränkt viele Bewerber aufnehmen, sondern hat den Personalbedarf der Feuerwehr zu berücksichtigen.

➤ Er, der Kommandant, prüft die körperliche, geistige und „sonstige" Eignung des Bewerbers. Er hat dabei einen gerichtlich nur eingeschränkt überprüfbaren, weiten Beurteilungsspielraum. Das bedeutet für den Bewerber: Er hat keinen Anspruch auf Aufnahme in die Feuerwehr, sondern nur darauf, dass der Kommandant seinen Beurteilungsspielraum sachgerecht ausschöpft und ihn (den Bewerber) nicht aus sachfremden Erwägungen ablehnt.

➤ Hat der Kommandant Zweifel an der körperlichen oder geistigen Eignung des Bewerbers, so kann er von ihm die Beibringung eines ärztlichen Gutachtens verlangen (siehe oben bei **8.3.1**).

➤ Um dem Inklusionsgedanken auch bei der Freiwilligen Feuerwehr Rechnung zu tragen, hat der Gesetzgeber mit der Gesetzesnovelle 2017 den Kommandanten die Möglichkeit eingeräumt, auch Bewerber mit körperlichen Einschränkungen aufzunehmen – allerdings mit der Maßgabe, dass sie ihren Dienst nur auf bestimmte, vom Feuerwehrkommandanten vorab festgelegte Aufgaben beschränken.

8.4 Ende des Feuerwehrdienstes

8.4.1 Erreichen der Altersgrenze von 65 Jahren

Das Feuerwehrgesetz in der aktuellen Fassung bestimmt eindeutig – anders als eine frühere Version, die von einer Beendigung des Feuerwehrdiensts „in der Regel" ausging –, dass mit vollendetem 65. Lebensjahr der Feuerwehrdienst endet. Art. 6 Abs. 2 Satz 1 BayFwG beseitigt damit die frühere Unsicherheit, ob Feuerwehrdienstleistende, die (nach der alten Regelung) über das 60. Lebensjahr hinaus Feuerwehrdienst leisten, Versicherungsschutz genießen.

Durch die klare und unmissverständliche Formulierung im novellierten Feuerwehrgesetz steht fest: Mit dem 65. Geburtstag eines Feuerwehrdienstleistenden endet definitiv der aktive Dienst bei der Feuerwehr. Wer über die Altersgrenze hinaus Dienst leistet, erhält im Schadensfall zwar Leistungen des gesetzlichen Unfallversicherers; dieser kann aber die Gemeinde hinsichtlich der geleisteten Kosten in Regress nehmen mit der Begründung, dass sie einen Feuerwehrdienstleistenden über das gesetzlich erlaubte Alter hinaus Feuerwehrdienst leisten hat lassen. Der Kommandant muss dafür Sorge tragen, dass kein Feuerwehrangehöriger über das 65. Lebensjahr hinaus aktiven Feuerwehrdienst leistet.

8.4.2 Entbindung vom Dienst wegen Wegfalls der körperlichen oder geistigen Eignung

Der Feuerwehrkommandant muss einen Feuerwehrdienstleistenden, der die Eignung für den Feuerwehrdienst ganz oder teilweise verloren hat, in entsprechendem Umfang vom Feuerwehrdienst entbinden (Art. 6 Abs. 4 Satz 1 BayFwG). Das bedeutet:

- Wer die körperliche oder geistige Eignung für den Feuerwehrdienst vollständig verloren hat, muss vom Kommandanten vom Dienst entbunden werden. Er scheidet damit aus der Feuerwehr aus.
- Wer die körperliche oder geistige Eignung nur teilweise verloren hat, kann weiterhin Feuerwehrdienst leisten, allerdings nur in eingeschränktem Umfang. Der Kommandant entbindet ihn dann teilweise vom Dienst, indem

er ihm bestimmte Tätigkeiten untersagt (beispielsweise die Teilnahme an Einsätzen und Übungen).

8.4.3 Ausschluss vom Dienst wegen grober Pflichtverletzung

Bedauerlicherweise kommt es immer wieder vor, dass Feuerwehrdienstleistende negativ auffallen. Sei es, dass sie den Feuerwehrdienst nicht (mehr) ernst nehmen, indem sie beispielsweise nicht oder nur selten an Einsätzen und/oder Übungen und Ausbildungsveranstaltungen teilnehmen, sei es dass sie sich unehrenhaft verhalten. Wiederholte Trunkenheit im Feuerwehrdienst oder gar die Begehung von Straftaten lassen es angeraten erscheinen, auf künftige „Dienste" zu verzichten.

Anlage 1 VollzBekBayFwG (Satzungsmuster für die Freiwilligen Feuerwehren) nennt in § 10 Abs. 2 Beispiele einer groben Dienstpflichtverletzung:

> „Eine gröbliche Verletzung von Dienstpflichten ist insbesondere gegeben bei
> - unehrenhaftem Verhalten im Dienst,
> - grobem Vergehen gegen Kameraden im Dienst,
> - fortgesetzter Nachlässigkeit oder Nichtbefolgen dienstlicher Anordnungen,
> - Trunkenheit im Dienst,
> - Aufhetzen zum Nichtbeachten von Anordnungen,
> - dienstwidriger Benutzung oder mutwilliger Beschädigung von Dienstkleidung, Geräten und sonstigen Ausrüstungsgegenständen der Feuerwehr."

Der Kommandant hat in solchen Fällen die Pflicht, den einzelnen Feuerwehrdienstleistenden auch gegen dessen Willen vom Dienst auszuschließen.

TIPP:

Einzelheiten hierzu im Beitrag „Der Ausschluss aus der Freiwilligen Feuerwehr" in Kommunalpraxis BY 2000, S. 344 ff. Der Bayerische Verwaltungsgerichtshof (BayVGH) hat in einem Beschluss vom 9. Mai 2011 (Az. 4 ZB 11.726, nachzulesen in juris), entschieden, „wer als Mitglied der Freiwilligen Feuerwehr massiv beleidigend, ehrverletzend und sogar tätlich gegenüber seinen Kameraden auftritt, belegt seine mangelnde Eignung wegen fehlender Zuverlässigkeit und zerstört das im Feuerwehrdienst zwingend erforderliche gegenseitige Vertrauensverhältnis so nachhaltig, dass der Ausschluss vom aktiven Dienst gerechtfertigt ist".

8.4.4 Entlassung auf eigenen Antrag

Der Feuerwehrdienst wird in Bayern größtenteils ehrenamtlich geleistet. Daher kann der Feuerwehrdienstleistende jederzeit und ohne Angabe von Gründen seinen Dienst „quittieren". Er braucht hierzu lediglich beim Kommandanten einen entsprechenden Antrag auf Entlassung zu stellen. Anders als Gemeinderatsmitglieder (vgl. Art. 19 Abs. 1 Satz 2 und 3 GO) muss der Feuerwehrdienstleistende keine beruflichen, familiären, gesundheitlichen oder anderweitigen Gründe für die Beendigung seines ehrenamtlichen Engagements vorbringen. Letztlich hat der Feuerwehrkommandant keinen Ermessenspielraum; er muss dem Antrag entsprechen.

9. Der Feuerwehrkommandant

9.1 Leiter der gemeindlichen Einrichtung Freiwillige Feuerwehr

Der Kommandant ist Leiter der gemeindlichen Einrichtung Freiwillige Feuerwehr.

Er hat damit eine herausgehobene Führungs- und Vorbildfunktion.

Im Einzelnen hat er (Art. 8 Abs. 1 BayFwG)

- für die Einsatzbereitschaft der Freiwilligen Feuerwehr zu sorgen,
- die Einsätze der Freiwilligen Feuerwehr zu leiten (Art. 18 Abs. 2 BayFwG),
- die Ausbildung der Feuerwehrdienstleistenden zu leiten,
- Mannschafts- und Führungsdienstgrade zu ernennen und
- die Gemeinde in Fragen des abwehrenden Brandschutzes und des technischen Hilfsdiensts zu beraten.

Ausbildungsveranstaltungen setzt er im Einvernehmen mit der Gemeinde fest, soweit Erstattungs- oder Entschädigungsansprüche (beispielsweise von Arbeitgebern der Feuerwehrdienstleistenden oder von freiberuflich tätigen Feuerwehrdienstleistenden) entstehen können.

9.2 Ausübung eines kommunalen Ehrenamtes

Für den Feuerwehrkommandanten gilt nichts anderes als für die sonstigen ehrenamtlichen Feuerwehrdienstleistenden: Auch er ist rechtlich nicht in den Personalkörper der Gemeinde eingegliedert. Anders als für die Verwaltungs- und sonstigen Bediensteten der Gemeinde gelten für ihn in seiner Funktion als Kommandant nicht die arbeits- oder dienstrechtlichen Vorschriften, sondern ausschließlich die Bestimmungen des Bayerischen Feuerwehrgesetzes.

9.3 Wahl durch die Feuerwehrdienstleistenden auf sechs Jahre

Führung und Mannschaft müssen harmonieren. Daher hat der Gesetzgeber festgelegt, dass die Feuerwehrdienstleistenden ihren „Chef" aus den eigenen Reihen bestimmen sollen. Nicht eine von der Gemeinde, also dem Ersten Bürgermeister oder dem Gemeinderat, bestellte Person soll die Mannschaft führen; die Mannschaft erwählt sich selbst eine Person ihres Vertrauens.

- ➤ Wahlberechtigt sind (Art. 8 Abs. 2 Satz 1 BayFwG) alle Feuerwehrdienst leistenden Mitglieder der Freiwilligen Feuerwehr, alle hauptberuflichen Kräfte der Freiwilligen Feuerwehr sowie alle Feuerwehranwärter (vgl. Art. 7 BayFwG), die das 16. Lebensjahr vollendet haben.
- ➤ Die Amtszeit des Kommandanten beträgt sechs Jahre. Sie beginnt mit dem Erhalt des Bestätigungsschreibens (siehe unten) der Gemeinde. Der Feuerwehrkommandant muss in geheimer Wahl gewählt werden. Allerdings muss er nicht persönlich in der Wahlversammlung anwesend sein, wenn er beispielsweise durch Krankheit oder berufliche Gründe nicht teilnehmen kann. Er kann seine Bereitschaft zur Kandidatur bereits im Vorfeld der Wahl schriftlich erklären und auch schriftlich die Wahl annehmen, wenn er die Mehrheit der Stimmen bekommen sollte.

§ 3 des Satzungsmusters für die Freiwilligen Feuerwehren (Anlage 1 VollzBekBayFwG) enthält Einzelheiten zur Wahl des Kommandanten:

„(1) Die Wahl findet bei einer Dienstversammlung der Feuerwehrdienst leistenden Mitglieder der Freiwilligen Feuerwehr einschließlich der hauptberuflichen Kräfte und der Feuerwehranwärter, die das 16. Lebensjahr vollendet haben, statt. Die Gemeinde lädt hierzu mindestens zwei Wochen vor dem Wahltag ein.

(2) Die Bürgermeisterin oder der Bürgermeister oder ein Stellvertreter oder Beauftragter (Art. 39 GO) leitet die Wahl (Wahlleitung). Der Wahlleitung stehen zwei von der Versammlung durch Zuruf bestimmte Beisitzer zur Seite. Werden mehr als zwei Personen durch Zuruf vorgeschlagen, findet eine Wahl zwischen den vorgeschlagenen Personen statt. Wahlleitung und Beisitzer bilden den Wahlausschuss. Wer selbst zur Wahl steht, kann nicht Mitglied des Wahlausschusses sein. Der Wahlausschuss wird daher erst nach Abgabe der Wahlvorschläge gebildet.

(3) Jede wahlberechtigte Person hat eine Stimme. Stellvertretung ist nicht zulässig.

(4) Die Wahlleitung erläutert die Grundsätze des Wahlverfahrens und legt die Aufgaben der Kommandantin oder des Kommandanten dar.

1. Wahlvorschläge, Schriftlichkeit der Wahl

   Die Wahlberechtigten schlagen wählbare Personen schriftlich oder durch Zuruf der Wahlversammlung zur Wahl vor. Die Wahlleitung nennt die Vorgeschlagenen und befragt sie, sofern sie anwesend sind, ob sie sich der Wahl stellen wollen. Die Vorschläge können mündlich begründet werden; über sie kann auch eine Aussprache stattfinden. Den anwesenden Bewerberinnen und Bewerbern ist Gelegenheit zu geben, sich der Versammlung in angemessener Zeit vorzustellen. Die Aussprache wird geschlossen, wenn keine Wortmeldungen mehr vorliegen oder wenn die Versammlung mit Mehrheit der Wahlberechtigten den Schluss der Aussprache beschließt.

   Die Wahl wird schriftlich mit Stimmzetteln durchgeführt; diese dürfen kein äußerliches Kennzeichen tragen, das sie von den im gleichen Wahlgang verwendeten Stimmzetteln unterscheidet. Die Wahlleitung lässt auf die Stimmzettel die Namen der wählbaren und – sofern sie befragt wurden – zur Kandidatur bereiten Bewerberinnen und Bewerber setzen. Wird nur eine oder keine Person zur Wahl vorgeschlagen, so wird die Wahl ohne Bindung an Bewerber durchgeführt.

2. Wahlgang, Stimmabgabe

   Die Wahl ist geheim; die Möglichkeit geheimer Stimmabgabe ist von der Wahlleitung sicherzustellen.

   Für eine gültige Stimmabgabe ist immer eine positive Willensbekundung erforderlich. Gewählt wird, indem einer der Wahlvorschläge in eindeutig bezeichnender Weise gekennzeichnet wird. Streichungen sind nicht als Stimme für nicht gestrichene Bewerber zu werten.

   Steht nur eine Person zur Wahl, so kann dadurch gewählt werden, dass der Wahlvorschlag in einer jeden Zweifel ausschließenden Weise gekennzeichnet oder eine nicht zur Wahl vorgeschlagene wählbare Person in eindeutig bezeichnender Weise handschriftlich auf dem Stimmzettel eingetragen wird.

   Liegt kein Wahlvorschlag vor, so wird durch eindeutig bezeichnende handschriftliche Eintragung einer wählbaren Person auf dem Stimmzettel gewählt.

   Die Wahlberechtigten haben den ausgefüllten Stimmzettel zusammenzufalten und der Wahlleitung oder dem bestimmten Beisitzer zu übergeben. Der Wahlausschuss prüft die Stimmberechtigung der Abstimmenden. Bei Bedarf hat die Gemeinde hierzu vor der Wahl eine Wählerliste anzulegen. Wird die Stimmberechtigung anerkannt, so ist der Stimmzettel in einen Behälter zu legen. Der Wahlausschuss prüft vor Beginn des Wahlgangs, ob der Behälter leer ist. Wird der Stimmberechtigung einer anwesenden Person widersprochen, entscheidet der Wahlausschuss.

3. Feststellung des Wahlergebnisses, Losentscheid

   Nach Abschluss der Wahl prüft der Wahlausschuss den Inhalt der Stimmzettel, zählt sie aus und stellt das Wahlergebnis fest. Gewählt ist, wer mehr als die Hälfte der abgegebenen gültigen Stimmen erhält. Neinstimmen und Stimmzettel, die überhaupt nicht gekennzeichnet wurden oder auf denen nur Streichungen vorgenommen wurden, sind ungültig. Ist mindestens die Hälfte der abgegebenen Stimmen ungültig, ist die Wahl zu wiederholen. Ist die Mehrheit der abgegebenen Stimmen gültig und erhält keine Bewerberin und kein Bewerber die Mehrheit der abgegebenen gültigen Stimmen, so findet eine Stichwahl unter den beiden Bewerberinnen oder Bewerbern mit der höchsten Stimmenzahl statt. Wenn mehr als zwei Personen die höchste Stimmenzahl erhalten haben, ist die Wahl zu wiederholen. Wenn mehr als eine Person die zweithöchste Stimmenzahl erhalten haben, entscheidet das Los, wer in die Stichwahl kommt.

Bei der Stichwahl ist die Person gewählt, die von den abgegebenen gültigen Stimmen die höchste Stimmenzahl erhält. Bei gleicher Stimmenzahl entscheidet das Los, das die Wahlleitung sofort nach Feststellung des Ergebnisses der Stichwahl in der Wahlversammlung ziehen lässt.

4. Wahlannahme

   Nach der Wahl befragt die Wahlleitung die gewählte Person, ob sie die Wahl annimmt. Lehnt sie ab, ist die Wahl zu wiederholen. Abwesende Bewerberinnen und Bewerber können die Annahme der Wahl auch im Vorfeld schriftlich erklären.

   Die Wiederholung der Wahl kann unmittelbar im Anschluss an den ersten Wahldurchgang in derselben Dienstversammlung erfolgen.

(5) Die Wahlleitung lässt über die Wahl, die Feststellung des Wahlergebnisses und die Wahlannahme eine Niederschrift fertigen, die der Wahlausschuss unterzeichnet.

(6) Die Abs. 1 bis 5 gelten für die Wahl des Stellvertreters des Feuerwehrkommandanten entsprechend."

Zum Feuerwehrkommandanten kann nach Art. 8 Abs. 3 Satz 1 BayFwG nur gewählt werden, wer nach Vollendung des 18. Lebensjahres mindestens vier Jahre in einer Feuerwehr Dienst geleistet und die vorgeschriebenen Lehrgänge mit Erfolg besucht hat. Ausnahmsweise genügt es, wenn den Umständen nach anzunehmen ist, dass der Betreffende solche Lehrgänge in angemessener Frist mit Erfolg besuchen wird.

Durch eine sprachliche Ergänzung des Art. 8 Abs. 3 Satz 1 BayFwG durch Änderungsgesetz vom 25.2.2008 (GVBl. S. 40) hat der Gesetzgeber klargestellt, dass die Bewerber für das Amt des Feuerwehrkommandanten die Voraussetzungen nach Satz 1 bereits zum Zeitpunkt der Wahl erfüllen müssen. Sofern nicht die Voraussetzungen des Satzes 2 vorliegen – also die entsprechenden Lehrgänge nachgeholt werden – sollen die wahlberechtigten Mitglieder der Freiwilligen Feuerwehr bereits bei der Stimmabgabe Kenntnis davon haben, ob die jeweiligen Bewerber die persönlichen Voraussetzungen für das Amt des Feuerwehrkommandanten erfüllen (LT-Drs. 15/8978, S. 9, Ziffer 3 zu Art. 8). Damit will der Gesetzgeber mehrfache Wahlversammlungen verhindern, die nur deswegen notwendig sind, weil der Gewählte nicht die notwendigen persönlichen Voraussetzungen mitgebracht hat.

§7 Abs. 1 AVBayFwG bestimmt, welche Lehrgänge ein Kommandant bzw. sein Stellvertreter absolviert haben müssen:

„[1]Für Feuerwehrkommandanten und ihre Stellvertreter wird gemäß Art. 8 Abs. 3 und 5 BayFwG der Lehrgang für die Leiter einer Feuerwehr vorgeschrieben. [2]Je nach Stärke der Feuerwehr sind zusätzlich folgende Lehrgänge erforderlich:

1. bei einer Feuerwehr mit mindestens einem Zug der Lehrgang für Zugführer oder
2. bei einer Feuerwehr mit mindestens zwei Zügen der Lehrgang für Verbandsführer oder
3. in allen übrigen Fällen der Lehrgang für Gruppenführer."

9.4 Bestätigung durch den Gemeinde-/Stadtrat

Die demokratische Legitimation durch die Wahl ist eine Voraussetzung, Kommandant zu werden. Hinzukommen muss die anschließende Bestätigung durch das Beschlussgremium Gemeinde-/Stadtrat. Die Ernennung zum Kommandanten ist also ein zweistufiges Verfahren.

Ziffer 8.2 VollzBekBayFwG nennt die Kriterien für die Bestätigung:

„8.2 Bestätigung

8.2.1 Für die Bestätigung müssen folgende Voraussetzungen vorliegen:

- Die Wahl muss ordnungsgemäß abgelaufen sein (siehe Nr. 8.1.1).
- Die gewählte Person muss wählbar sein (siehe Nr. 8.1.1).
- Die gewählte Person muss die Wahl angenommen haben.
- Die gewählte Person muss geeignet sein (Art. 8 Abs. 4 Satz 2 BayFwG).

8.2.2 [1]Zur Eignung gehört auch, dass die gewählte Person die durch § 7 Abs. 1 AVBayFwG vorgeschriebenen Lehrgänge mit Erfolg besucht hat oder dass der Ausnahmefall des Art. 8 Abs. 3 Satz 2 BayFwG vorliegt. [2]In diesem Fall ist die Bestätigung unter der auflösenden Bedingung zu erteilen, dass die gewählte Person die vorgeschriebenen Lehrgänge in angemessener Frist mit Erfolg besucht. [3]Die Frist soll ein Jahr nicht überschreiten.

8.2.3 [1]Vergrößert sich die Feuerwehr, kann es sein, dass die Kommandantin oder der Kommandant deswegen einen zusätzlichen Lehrgang besuchen muss (Art. 8 Abs. 3 Satz 1 BayFwG, § 7

Abs. 1 Satz 2 AVBayFwG). [2]Die Gemeinde soll hierfür eine Frist setzen, nach deren fruchtlosem Ablauf die Bestätigung zu widerrufen ist (vergleiche Art. 49 Abs. 2 Nr. 3 BayVwVfG).

8.2.4 Angehörige Freiwilliger Feuerwehren, die gleichzeitig hauptberufliche Mitglieder anderer Feuerwehren sind, sind für das Amt der Kommandanten nur geeignet, wenn mögliche Pflichtenkollisionen durch geeignete Maßnahmen, insbesondere zur Sicherstellung der Stellvertretung, ausgeschlossen werden.

8.2.5 Die Bestimmungen über die Bestätigung gelten auch für die Wiederwahl von Kommandanten."

Bei der Prüfung der Eignung zum Kommandanten gilt im Wesentlichen dasselbe wie bei der Prüfung der Eignung eines „normalen" ehrenamtlichen Feuerwehrdienstleistenden: Auch der Gewählte muss gesundheitlich, fachlich und „sonst" geeignet sein. Gerade weil er eine herausgehobene Führungsfunktion ausführen soll, muss auf die „sonstige" Eignung besonderes Augenmerk gelegt werden. Der Gewählte soll Vorbild in jeder Hinsicht sein. Neben dem Fachwissen und der körperlichen Belastbarkeit sollen insbesondere Führungsqualitäten vorhanden sein: Integratives Wesen, Ausgeglichenheit, ein offenes Ohr für Sorgen und Nöte der Feuerwehrdienstleistenden, aber auch selbstbewusstes Auftreten und Durchsetzungsfähigkeit gegenüber öffentlichen Institutionen (Gemeinde, Landratsamt, Polizei etc.).

Die Bestätigung durch die Gemeinde – wegen der grundsätzlichen Bedeutung auf der Grundlage eines Beschlusses des Gemeinderats/Stadtrats – ist ein Verwaltungsakt im Sinn von Art. 35 Satz 1 BayVwVfG. Die Bestätigung ist kein Entgegenkommen der Gemeinde; auf sie besteht ein Rechtsanspruch des Gewählten, wenn keine Versagungsgründe vorliegen. Das ergibt sich aus der Formulierung in Art. 8 Abs. 4 Satz 2 BayFwG *„Die Bestätigung ist zu versagen, wenn …"*.

Das Ausgeführte gilt für Wahl und Bestätigung des stellvertretenden Kommandanten entsprechend.

9.5 Leitung der Einsätze der Feuerwehr

Eine der Hauptaufgaben des Feuerwehrkommandanten ist es, Einsätze der Feuerwehr zu leiten. Art. 18 BayFwG regelt im Detail, wer unter welchen Voraussetzungen in welcher Einsatzsituation die Einsatzleitung innehat. Das Gesetz bestimmt insoweit für Orte mit Freiwilliger und Berufsfeuerwehr:

Art. 18 Abs. 2 Satz 1 BayFwG bestimmt nun in geänderter Fassung:

> „Einsatzleiter ist der Kommandant der Freiwilligen oder der Pflichtfeuerwehr des Schadensorts, mit Eintreffen von Einsatzkräften der Berufsfeuerwehr des Schadensorts der Leiter dieser Einsatzkräfte."

Die amtliche Begründung (LT-Drs. 15/8978, S. 12, Ziffer 1 zu Art. 18) führt hierzu aus:

> „Abs. 2 Satz 1 regelt die Einsatzleitung in Gemeinden mit Berufsfeuerwehren neu. Nach dem bisherigen Wortlaut des Satzes 1 lag auch in einer Gemeinde mit Berufsfeuerwehr die Einsatzleitung originär stets beim Kommandanten der Freiwilligen Feuerwehr oder Pflichtfeuerwehr des Schadensortes, obwohl die Einsatzkräfte der Berufsfeuerwehr regelmäßig zuerst am Schadensort eintreffen und deren Führungsdienstgrade damit de facto die Einsatzleitung wahrnehmen.
>
> Satz 1 legt daher fest, dass künftig in Gemeinden mit Berufsfeuerwehr der jeweilige Leiter von Einsatzkräften der Berufsfeuerwehr die Einsatzleitung innehat, sobald diese am Schadensort eintreffen. In den Fällen, in denen die Freiwillige oder Pflichtfeuerwehr zuerst am Schadensort eintrifft, liegt die Einsatzleitung bei deren Kommandanten. Mit Eintreffen der Einsatzkräfte der Berufsfeuerwehr geht sie automatisch auf den Leiter dieser Einsatzkräfte über. Diese Regelung trägt den tatsächlichen Gegebenheiten und der besonderen Ausbildung und Einsatzerfahrung der Leiter von Einsatzkräften einer Berufsfeuerwehr Rechnung."

Diese Neuregelung ist nicht auf ungeteilte Zustimmung bei den Kommandanten der Freiwilligen Feuerwehren in Städten mit Berufsfeuerwehren getroffen. Bedeutet sie doch, dass der Kommandant der Freiwilligen Feuerwehr ohne weitere Diskussion die Einsatzleitung an den Kommandanten der Berufsfeuerwehr abgeben muss, sobald dieser mit seinen Einsatzkräften am Einsatzort eintrifft.

9.6 Das Amt des Feuerwehrkommandanten endet

9.6.1 Erreichen der Altersgrenze von 65 Jahren

Von Gesetzes wegen endet der Feuerwehrdienst mit dem 65. Lebensjahr (Art. 6 Abs. 2 Satz 1 BayFwG). Durch Änderungsgesetz vom 25.2.2008 (GVBl. S. 40) hat der Gesetzgeber eine strikte Altersgrenze von 65 Jahren eingeführt. Siehe dazu die Ausführungen unter **8.4.1.**

Was für das „einfache" Feuerwehrmitglied gilt, trifft auch für den Kommandanten (bzw. Stellvertreter) zu: Mit dem 65. Geburtstag ist Schluss! Auch wenn die Amtszeit von sechs Jahren (Art. 8 Abs. 2 Satz 1 BayFwG) noch nicht beendet ist. Die gesetzliche Altersgrenze geht vor. Der Gesetzgeber geht davon aus, dass mit Vollendung des 65. Lebensjahrs die körperliche Leistungsfähigkeit eines Feuerwehrdienstleistenden so stark nachgelassen hat, dass er aus Fürsorgegrundsätzen nicht länger Feuerwehrdienst leisten soll. Dies muss umso mehr für den verantwortungsvollen Dienst als Feuerwehrkommandant bzw. Stellvertreter gelten.

9.6.2 Ablauf der Amtszeit (sechs Jahre) und keine Wiederwahl

Ist die reguläre Amtszeit von sechs Jahren abgelaufen und der bisherige Kommandant (bzw. Stellvertreter) nicht erneut von den Feuerwehrdienstleistenden gewählt worden, so endet automatisch seine Funktion als Kommandant mit dem Tag, der seiner Wahl sechs Jahre zuvor entsprach.

9.6.3 Zurücknahme oder Widerruf der gemeindlichen Bestätigung

Wenig schmeichelhaft für einen Kommandanten (bzw. den Vertreter) ist, wenn die gemeindliche Bestätigung zurückgenommen oder widerrufen wird.

Eine Zurücknahme (Art. 48 BayVwVfG) der Bestätigung setzt voraus, dass die fachliche, gesundheitliche oder „sonstige" Eignung des Kommandanten von vorneherein, also im Zeitpunkt der Bestätigung, gefehlt hat.

Ein Widerruf (Art. 49 BayVwVfG) der Bestätigung kommt in Betracht, wenn die fachliche, gesundheitliche oder „sonstige“ Eignung des Kommandanten später weggefallen ist.

Beispiele:

Auftreten eines körperlichen Gebrechens oder unehrenhaftes Verhalten.

Wie für die Erteilung der Bestätigung ist auch für den actus contrarius, also für die Rücknahme oder den Widerruf, der Gemeinde- bzw. Stadtrat zuständig.

Rücknahme und Widerruf sind Verwaltungsakte, gegen die sich der Kommandant mit Widerspruch und Anfechtungsklage wehren kann.

9.6.4 Rücktritt

Ein Feuerwehrkommandant kann jederzeit von seinem Amt zurücktreten. Wegen der Freiwilligkeit des Feuerwehrdiensts muss er – ebenso wie ein „einfaches“ Feuerwehrmitglied – keine Gründe hierfür nennen und keinen entsprechenden (Genehmigungs-)Beschluss des Gemeinderats/Stadtrats erwirken. Allerdings erfordert es das Gebot der Fairness bzw. der Anstand, dass der Kommandant rechtzeitig die Gemeinde und die Feuerwehrdienstleistenden von seinem Vorhaben in Kenntnis setzt. Ein Rücktritt „von heute auf morgen“ bringt möglicherweise seinen Stellvertreter, der damit sofort der „Chef“ ist, in organisatorische Schwierigkeiten und könnte die Einsatzbereitschaft der Feuerwehr kurzfristig in Frage stellen.

9.7 Der „Notkommandant“

In den letzten Jahren mehren sich leider die Fälle, in denen kein gewählter Kommandant zur Führung der Feuerwehr zur Verfügung steht. Sei es, dass die reguläre Amtszeit von sechs Jahren ohne rechtzeitige Neuwahl eines Kommandanten abgelaufen ist, sei es, dass ein Kommandant – aus welchen Gründen auch immer – von seinem Amt zurückgetreten ist und sich kein geeigneter Nachfolger gefunden hat. Vor dem Hintergrund der über die Jahre gestiegenen Anforderungen an das Amt eines Kommandanten und der zunehmenden Technisierung und Spezialisierung der Feuerwehr kommen immer mehr Gemeinden in die Verlegenheit, sogenannte „Notkommandanten“ bestellen zu müssen.

Was ist ein „Notkommandant“?

Der Begriff selbst taucht im Feuerwehrgesetz nicht auf. Mit der dennoch landläufig verwendeten Bezeichnung ist das Kuriosum gemeint, dass „ein Freiwilliger bestimmt wird“.

An sich verbietet das Prinzip der Freiwilligkeit eine verwaltungsmäßige Übertragung eines Führungsamts gegen den Willen des Betroffenen. Es kann allerdings die Situation eintreten, dass sich kein Feuerwehrdienstleistender findet, der das Amt eines Feuerwehrkommandanten freiwillig übernehmen will; was zur Konsequenz hätte, dass eine Freiwillige Feuerwehr für einen unabsehbaren Zeitraum führungslos wäre. Der Stellvertreter des Kommandanten ist eben nur Stellvertreter, nicht Kommandant selbst. In seiner Funktion als Stellvertreter kann er davon ausgehen, dass er nur kurzzeitig Führungsaufgaben übernehmen muss, nicht aber auf Dauer.

Um diese unerwünschte Situation zu „bereinigen“, hat der Gesetzgeber in Art. 8 Abs. 2 Satz 2 und 3 BayFwG festgelegt:

> „[2]Wird innerhalb von drei Monaten nach Ausscheiden des bisherigen Kommandanten kein geeigneter Nachfolger gewählt, hat die Gemeinde ein geeignetes Feuerwehrdienst leistendes Mitglied dieser Freiwilligen Feuerwehr zum Kommandanten zu bestellen. [3]Die Bestellung endet mit der Bestätigung eines gewählten Feuerwehrkommandanten.“

Das bedeutet: Innerhalb eines Zeitraums von drei Monaten nach dem Ausscheiden des bisherigen Kommandanten muss es der Gemeinde gelingen, einen geeigneten Nachfolger wählen zu lassen. Schafft sie dies nicht, beispielsweise, weil sich in den anberaumten Wahlversammlungen kein Feuerwehrdienstleistender zum Kommandanten wählen lässt, so muss sie nach Ablauf der drei Monate einen Kommandanten „zwangsweise bestimmen“. Zuständig ist der Gemeinderat/Stadtrat. Der Notkommandant wird nicht – wie ein regulär gewählter Kommandant – auf sechs Jahre bestellt, sondern lediglich für einen überschaubaren Zeitraum, beispielsweise sechs Monate bis maximal ein Jahr. Innerhalb dieses Zeitraums muss die Gemeinde weiterhin bemüht sein, in einer oder mehreren Wahlversammlungen einen regulären Kommandanten wählen zu lassen.

Durch Änderungsgesetz vom 25.2.2008 (GVBl. S. 40) hat der Gesetzgeber festgelegt, dass ein Notkommandant auch dann bestellt werden muss, wenn kein **geeigneter** Nachfolger gewählt worden ist. Eine Gemeinde muss demnach einen Kommandanten auch dann „notbestellen", wenn zwar eine Wahl stattgefunden hat, der Gewählte aber für das Amt des Feuerwehrkommandanten aus den sich aus Art. 8 Abs. 3 und 4 Satz 2 ergebenden Gründen (mangelnde Erfahrung, Fachkenntnis, Fitness, Leumund) nicht für das Führungsamt geeignet ist. Ziel der Neuregelung war die Stärkung der Einsatzfähigkeit der Freiwilligen Feuerwehren durch Vermeidung längerer Zeiträume ohne Feuerwehrkommandant, die sich auch aus der (zum Teil wiederholten) Wahl nicht geeigneter Personen ergeben können (LT-Drs. 15/8978, S. 9, Ziffer 2 zu Art. 8).

TIPP:

Näheres zum Notkommandanten im informativen Beitrag „Die Grenzen der Freiwilligkeit: Zur Notbestellung von Kommandanten im Feuerwehrwesen" in Kommunalpraxis BY 1998, S. 245 ff.

9.8 Entsprechende Änderungen für den Kreisbrandrat

Das Änderungsgesetz vom 25.2.2008 (GVBl. S. 40) hat entsprechende Neuregelungen auch für die Kreisbrandräte (vgl. Art. 19 BayFwG) hinsichtlich der Wahl und Bestellung zum „Not-Kreisbrandrat" gebracht.

10. Die soziale Absicherung der Feuerwehrdienstleistenden

Im Feuerwehrwesen gilt der Grundsatz: Wer Feuerwehrdienst leistet, braucht sich um seine soziale Absicherung und seinen Versicherungsschutz keine Sorgen zu machen. Es gibt eine Art „Rundum-Schutz".

10.1 Grundsatz: Keine Nachteile aus dem Feuerwehrdienst!

Art. 9 Abs. 1 Satz 1 BayFwG bestimmt klipp und klar:

> „Arbeitnehmern dürfen aus dem Feuerwehrdienst keine Nachteile im Arbeitsverhältnis sowie in der Sozial- und Arbeitslosenversicherung erwachsen."

Mit dieser eindeutigen Aussage umschreibt der Gesetzgeber ganz allgemein den Grundsatz, der in Feuerwehrkreisen unter dem Schlagwort bekannt ist „Keine Nachteile aus dem Feuerwehrdienst!". Wer sich in den Dienst der Allgemeinheit stellt, soll nicht befürchten müssen, irgendwelche arbeits- und/oder sozialrechtlichen Nachteile erleiden zu können.

Dies bedeutet im Einzelnen:

10.2 Keine Kündigung wegen Mitgliedschaft in einer Freiwilligen Feuerwehr

Es entspricht allgemeiner Meinung (vgl. Forster/Pemler/Remmele, Rdnr. 13 zu Art. 9 BayFwG; Schulz/Ellmayer, Ziffer 2.1 zu Art. 9 BayFwG), dass sich aus dem oben zitierten Benachteiligungsverbot des Art. 9 Abs. 1 Satz 1 BayFwG ein Kündigungsverbot im Sinn von § 134 BGB ergibt. Wer als Arbeitnehmer seinem Chef also mitteilt, dass er der Freiwilligen Feuerwehr beigetreten ist, muss nicht befürchten, dass er deswegen (!) fristlos oder ordentlich gekündigt werden kann. Leider lässt sich damit allerdings nicht verhindern, dass Arbeitgeber den ehrenamtlichen Dienst bei der Freiwilligen Feuerwehr möglicherweise geringschätzen und die nächste betriebsbedingte Kündigungswelle nutzen, um engagierte Feuerwehrdienstleistende „loszuwerden".

10.3 Freistellungsanspruch für Arbeitnehmer

Um den ehrenamtlichen Feuerwehrdienst an Werktagen zu ermöglichen, hat der Gesetzgeber einen weitreichenden Freistellungsanspruch der Arbeitnehmer festgeschrieben.

Art. 9 Abs. 1 Sätze 2 und 3 BayFwG bestimmen:

> „[2]Während des Feuerwehrdienstes, insbesondere während der Teilnahme an Einsätzen, Ausbildungsveranstaltungen, Sicherheitswachen und am Bereitschaftsdienst und für einen ange-

> messenen Zeitraum danach sind sie zur Arbeitsleistung nicht verpflichtet. [3]Ihre Abwesenheit haben sie, wenn es die Dienstpflicht zulässt, dem Arbeitgeber rechtzeitig mitzuteilen."

Dieser Freistellungsanspruch wird ergänzt durch eine umfassende Lohnfortzahlungspflicht des Arbeitgebers (Art. 9 Abs. 1 Satz 4 BayFwG):

> „Dieser ist verpflichtet, ihnen für Zeiten der Freistellung das Arbeitsentgelt einschließlich aller Nebenleistungen und Zulagen fortzuzahlen, das sie ohne Teilnahme am Feuerwehrdienst erzielt hätten."

Problematisch ist in diesem Zusammenhang immer wieder, wie groß der *„angemessene Zeitraum danach"* in Satz 2 bemessen sein muss. Einerseits soll sich der Feuerwehrdienstleistende von einem anstrengenden Einsatz (oder auch einer anstrengenden Übung) erholen dürfen und nicht verpflichtet sein, seine Arbeitskraft im unmittelbaren Anschluss an den Einsatz wieder dem Arbeitgeber zur Verfügung zu stellen. Andererseits soll er sich aber auch nicht „einen schönen Tag machen", also das Recht auf Erholung über Gebühr ausnutzen.

Eine schematische Betrachtungsweise oder gar eine mathematische Berechnung der Erholungszeit verbieten sich angesichts der Vielgestaltigkeit von Einsätzen. Daher hat sich auch der Gesetzgeber aus guten Gründen einer genauen Festlegung enthalten. Es muss hier vielmehr der gesunde Menschenverstand Platz greifen mit der Erkenntnis, dass als *„angemessener Zeitraum danach"* die Zeitspanne anzusehen ist, die der Arbeitnehmer braucht, um wieder die volle Arbeitsfähigkeit zu erlangen. Ziffer 9.1 VollzBekBayFwG ist daher vorbehaltlos zuzustimmen, wenn sie bestimmt:

> „[2]Für die Ermittlung des angemessenen Zeitraums nach Einsätzen, in dem keine Pflicht zur Arbeitsleistung besteht (Art. 9 Abs. 1 Satz 2 BayFwG), ist zwischen Tages- und Nachteinsätzen zu unterscheiden. [3]Ob der Feuerwehrdienstleistende nach Tageseinsätzen eine Ruhezeit benötigt, kann nur im Einzelfall beurteilt werden. [4]Nach Nachteinsätzen (zwischen 22.00 Uhr und 6.00 Uhr) soll die Ruhezeit der Zeit der geopferten Nachtruhe entsprechen (zum Beispiel endet bei einem Einsatz bis 23.00 Uhr die Ruhezeit um 7.00 Uhr)."

Mit einigermaßen gutem Willen sollte diese Thematik zwischen Arbeitgeber und Arbeitnehmer einvernehmlich geklärt werden können.

Um Arbeitnehmern mit Gleitzeitregelung eine einigermaßen gerechte Freistellung zur Ableistung des Feuerwehrdienstes zu ermöglichen, legt die VollzBekBayFwG in Ziffer 9.1 zusätzlich fest:

> „[5]Ausgehend vom Benachteiligungsverbot des Art. 9 Abs. 1 Satz 1 BayFwG ist Arbeitnehmern mit Gleitzeitregelung ein während der arbeitsvertraglichen Rahmenarbeitszeit geleisteter Feuerwehrdienst soweit als Arbeitszeit anzurechnen, wie sie in dieser Zeit ohne Teilnahme am Feuerwehrdienst voraussichtlich ihre Arbeitsleistung erbracht hätten. [6]Zur Vereinfachung des Verfahrens wird im Regelfall eine typisierende Betrachtung in Form einer Anrechnung bis zur Höhe der vorgeschriebenen Soll-Arbeitszeit zweckdienlich sein, sofern nicht konkrete Anhaltspunkte für eine andere Dauer der entfallenen Arbeitszeit vorliegen. [7]Eine generelle Beschränkung der Anrechnung auf die deutlich kürzeren Kernzeiten ist mit dem Benachteiligungsverbot nicht in Einklang zu bringen."

Es bleibt zu hoffen, dass auch insoweit in der täglichen Praxis zwischen Arbeitgebern und Arbeitnehmern einvernehmliche Lösungen gefunden werden.

10.4 Lohnfortzahlung für Arbeitnehmer

Während des Feuerwehrdienstes zahlt der Arbeitgeber seinem Arbeitnehmer den Lohn weiter. Was unter dem Begriff Lohn bzw. „Arbeitsentgelt" zu verstehen ist, kann im Einzelnen der Ziffer 10.1.1 VollzBekBayFwG entnommen werden. So zählen beispielsweise auch alle Nebenleistungen und Zulagen dazu. Auch die Beiträge zur Sozial- und zur Arbeitslosenversicherung muss der Arbeitgeber fortentrichten. Dazu im Einzelnen unter **11.**

10.5 Verdienstausfallerstattung für Selbstständige

In den Reihen der Feuerwehren befinden sich auch beruflich Selbstständige. Sie haben keinen Arbeitgeber, sondern sind in einer Person Arbeitgeber und Arbeitnehmer zugleich. Auch sie sollen durch den Feuerwehrdienst keinen Nachteil erleiden. Art. 9 Abs. 3 BayFwG bestimmt zusammen mit § 10 AVBay-

FwG, in welcher Höhe beruflich selbstständige Feuerwehrdienstleistende Verdienstausfallsentschädigungen gegenüber der Gemeinde geltend machen können. Es gilt die Höchstbetragsregelung von maximal zehn Stunden pro Tag mit der maximalen Stundenvergütung der Stufe 6 der Entgeltgruppe 15 des Tarifvertrags für den öffentlichen Dienst (TVöD).

Hat der beruflich selbstständige Feuerwehrmann während seines Feuerwehrdiensts eine Vertretungskraft beschäftigt, so kann er entstandene Vertretungskosten bis zur oben genannten Höchstgrenze geltend machen.

Hat die Verwaltung Zweifel an seinem Vorbringen, so muss er die Vertretungskosten nachweisen, das heißt, plausibel machen. Bei Landwirten hilft bisweilen das Amt für Landwirtschaft bzw. der Bauernverband. Ziffer 9.2 VollzBekBayFwG bestimmt hierzu:

> „[4]Dem Antrag sind die zur Glaubhaftmachung erforderlichen Unterlagen beizufügen. [5]Als Grundlage für die Berechnung des Verdienstausfalls genügt in der Regel der neueste Nachweis über die Einkünfte eines Kalenderjahres. [6]Kann der Nachweis nur für einen Teil eines Kalenderjahres erbracht werden, ist für die Berechnung von den daraus folgenden mutmaßlichen Jahreseinkünften auszugehen."

10.6 Freistellungsanspruch auch für volljährige Schüler und Studenten

Durch Änderungsgesetz vom 25.2.2008 (GVBl. S. 40) hat der bayerische Gesetzgeber auch volljährigen Schülern (beispielsweise an einer Berufs- und Fachoberschule) und Studenten in Art. 9 Abs. 4 BayFwG einen gesetzlichen Freistellungsanspruch eingeräumt. Er verspricht sich dadurch eine *„Verbreiterung des Einsatzkräftepotentials"*, wodurch *„die Sicherstellung des abwehrenden Brandschutzes und des technischen Hilfsdiensts gerade tagsüber verbessert"* werde (LT-Drs. 15/8978, S. 9, Ziffer 2 zu Art. 9).

Allerdings sollten volljährige Schüler und Studenten diesen Freistellungsanspruch nicht als „Freibrief" für jedwede Abwesenheit vom Unterricht verstehen. In der amtlichen Gesetzesbegründung (a.a.O.) heißt es dazu:

> „In Abwägung mit dem Ausbildungsinteresse der Schüler und Studenten kann sich die Freistellung jedoch nur auf ‚echte" Feuerwehreinsätze und einen angemessenen Erholungszeitraum beziehen, nicht aber auf andere Formen des Feuerwehrdiensts, insbesondere nicht auf feuerwehrbezogene Ausbildungsveranstaltungen, Sicherheitswachen oder Bereitschaftsdienste, insoweit begründet die Ausbildung von Schülern und Studenten eine Sonderstellung im Feuerwehrdienst. Eine weitergehende Gleichstellung mit anderen Formen des Feuerwehrdiensts könnte den jeweiligen Ausbildungserfolg so sehr gefährden, dass Schülern und Studenten ein Sonderopfer jenseits der Zumutbarkeitsgrenze abverlangt würde."

Der Freistellungsanspruch für volljährige Schüler und Studenten ist ein Kompromiss zwischen dem Wunsch nach Sicherstellung der Einsatzbereitschaft der Feuerwehren tagsüber einerseits und dem gesellschaftlichen Interesse daran, dass Schüler und Studenten ihr Ausbildungsziel erreichen, andererseits. Die Praxis hat gezeigt, dass nicht sehr viele Schüler und Studenten von diesem Freistellungsanspruch Gebrauch machen.

10.7 Auslagenerstattung

Dem Feuerwehrdienstleistenden soll – wie ausgeführt – durch den Feuerwehrdienst kein finanzieller Nachteil entstehen. Daher räumt das Bayerische Feuerwehrgesetz dem Feuerwehrangehörigen in Art. 9 Abs. 5 Nr. 1 ausdrücklich das Recht ein, durch den Feuerwehrdienst entstandene Auslagen von der Gemeinde erstattet zu bekommen.

Beispiele:

> Zu den Auslagen gehören beispielsweise Reisekosten (für Benzin, Öl etc. für das private Fahrzeug zum Feuerwehrgerätehaus oder zum Einsatzort), Kosten für die Reinigung von Kleidung und persönlicher Schutzausrüstung und Kosten für dienstlich veranlasste Telefongespräche (Telefonate mit dem privaten Mobiltelefon während des Einsatzes). Ziffer 9.3 VollzBekBayFwG empfiehlt durch Verweis auf § 11 Abs. 7 und § 13 Abs. 4 AVBayFwG, das bayerische Reisekostenrecht entsprechend anzuwenden.

10.8 Kostenlose Verpflegung bei Dienst von mehr als vier Stunden

Feuerwehrdienst ist oft anstrengend und langwierig. Bei größeren Schadensereignissen sind Einsätze von mehr als vier Stunden keine Seltenheit. Solche Einsätze gehen bei den eingesetzten Kräften „an die Substanz". Will heißen: Hunger und Durst stellen sich ein. Der Gesetzgeber hat daher in Art. 9 Abs. 5 Nr. 1 BayFwG die Gemeinden ausdrücklich dazu verpflichtet, Feuerwehrdienstleistende bei Dienstleistungen von mehr als vier Stunden kostenlos zu verpflegen.

In der Praxis wird allerdings selten eine gemeindliche Gulaschkanone zum Einsatzort gebracht werden. Vielmehr organisiert der Einsatzleiter die entsprechende Verpflegung der Einsatzkräfte, indem er einige Kräfte mit der Besorgung von Getränken und Essen beauftragt. Mit der Gemeindekasse wird anschließend abgerechnet.

Für den Fall überörtlicher Hilfeleistung von Feuerwehren (Art. 17 Abs. 1 BayFwG, siehe unter **7.1.8**) legt Ziffer 9.4 VollzBekBayFwG fest, dass die Gemeinde für die Verpflegung der helfenden Feuerwehren zu sorgen hat, in deren Gebiet die überörtliche Hilfe geleistet wird.

Die ursprüngliche Absicht, den einzelnen Feuerwehrdienstleistenden einen ausdrücklichen Anspruch auf Zahlung eines Verpflegungsgeldes einzuräumen, hat das bayerische Innenministerium zu Recht nicht mehr weiterverfolgt. Den Feuerwehrleuten im Einsatz ist mehr damit gedient, Essen und Trinken zu bekommen, statt Geldscheine zu erhalten.

10.9 Ersatz von Kosten nach Unfällen mit Körper- oder Gesundheitsschäden

Ehrenamtliche Feuerwehrdienstleistende sind gesetzlich unfallversichert. Nach § 2 Abs. 1 Nr. 12 Sozialgesetzbuch VII (SGB VII) ist der gesetzliche Unfallversicherer – in Bayern die Kommunale Unfallversicherung Bayern (KUVB) – verpflichtet, für Personenschäden, die durch den Feuerwehrdienst eintreten (sogenannte „Feuerwehrdienstunfälle"), Leistungen zu erbringen.

Beispiele:

Dazu zählen: Die Übernahme der Kosten der Heilbehandlung, der Kosten etwaiger Reha-Maßnahmen, die Auszahlung eines Verletztengelds (wenn die Lohnfortzahlung nach sechs Wochen endet), gegebenenfalls die Zahlung einer Verletztenrente im Fall einer Minderung der Erwerbsfähigkeit des Feuerwehrdienstleistenden.

WICHTIG:

Besorgen Sie sich bitte unbedingt das Merkblatt „Versicherungsschutz für die Freiwilligen Feuerwehren Bayerns" bei der Staatlichen Feuerwehrschule Würzburg, Weißenburgstraße 60, 97082 Würzburg (www.sfs-w.de)!

Dieses 68 Seiten umfassende Merkblatt enthält alles (!), was man zum Versicherungsschutz für die Feuerwehrdienstleistenden wissen muss, mit Ansprechpartnern und Telefonnummern der jeweiligen zuständigen Sachbearbeiter bei der KUVB.

Ersatz von Personenschäden infolge eines Feuerwehreinsatzes setzt voraus, dass ein „Unfall" vorliegt. „Unfälle" sind nach der gesetzlichen Definition in § 8 Abs. 1 Satz 2 SGB VII *„zeitlich begrenzte, von außen auf den Körper einwirkende Ereignisse, die zu einem Gesundheitsschaden oder zum Tod führen."*

Beispiele:

Im Einsatz fallen dem Feuerwehrdienstleistenden Dachziegel oder -balken auf den Kopf. Oder: Ein Ausrüstungsgegenstand fällt ihm auf den Fuß.

Ein *„von außen auf den Körper einwirkendes Ereignis"* ist aber nicht eine bereits latent im Körper des Verletzten „schlummernde" Erkrankung, die während des Feuerwehrdienstes ausbricht. So zählt beispielsweise ein Leistenbruch, der durch Hantieren mit schwerem Gerät während des Einsatzes eingetreten ist, nicht zu den Unfällen, da er nicht durch ein *„von außen auf den Körper einwirkendes Ereignis"* ausgelöst wurde.

Im Einzelfall mag dies unbillig erscheinen – der gesetzliche Unfallversicherer ist aber gehalten, keine Präzedenzfälle zu schaffen, die möglicherweise hohe und lang andauernde Leistungen zur Folge hätten. Ist die KUVB nicht zahlungsverpflichtet, so muss in aller Regel die Krankenversicherung des Feuerwehrdienstleistenden leisten.

Allerdings erhält der Betroffene in diesem Fall von seiner Krankenversicherung nicht die teilweise höherliegenden Leistungen aus der gesetzlichen Unfallversicherung. Das bayerische Innenministerium hat zur Linderung dieser in manchen Fällen unbefriedigenden Situation im Jahre 2013 eine zusätzliche (freiwillige) Unterstützungsleistung eingeführt. Näheres hierzu kann der „brandwacht" 1/2013, S. 18 entnommen werden.

10.10 Ersatz von Sachschäden

Art. 9 Abs. 5 Nr. 2 BayFwG bestimmt in der durch Änderungsgesetz vom 25.2.2008 (GVBl. S. 40) geänderten Fassung, dass die Gemeinden verpflichtet sind, Feuerwehrdienstleistenden Sachschäden zu ersetzen, die in Ausübung des Dienstes ohne Vorsatz oder grobe Fahrlässigkeit entstanden sind, soweit nicht Dritte Ersatz leisten. „Ersatz von Dritten" können Leistungen der Versicherungskammer Bayern sein, die aus Mitteln des Freistaats Bayern Sachschäden im Zusammenhang mit dem Feuerwehrdienst ersetzt, als auch sonstige Leistungen Dritter (LT-Drs. 15/8978, S. 10, Ziffer 3 zu Art. 9).

Zu den zu ersetzenden Sachschäden zählen alle Schäden an Sachen, die sich im Besitz des Feuerwehrdienstleistenden befinden und die er im Interesse der Feuerwehr einsetzt.

Beispiele:

Sein privates Fahrzeug, mit dem er nach Alarmierung zum Einsatz fährt (und danach wieder heim), seine Kleidung sowie sonstige üblicherweise mitgeführten Sachen wie: Armbanduhr, Ehering.

Lange umstritten war die Ersatzpflicht bei Verlust oder Beschädigung privater Mobiltelefone. Mittlerweile gilt: Wenn der Kommandant den Einsatz privater Mobiltelefone im Einsatz wünscht, damit die Einsatzkräfte besser miteinander kommunizieren können, dann wird für Verlust und Beschädigung im Einsatz Ersatz geleistet.

WICHTIG:

Alles Wichtige hierzu im oben genannten Merkblatt „Versicherungsschutz für die Freiwilligen Feuerwehren Bayerns"!

10.11 Beihilfe in Härtefällen

Trotz des an sich umfassenden Versicherungsschutzes, den Feuerwehrdienstleistende genießen, kann es Situationen im Leben geben, in denen der gesetzliche Versicherungsschutz nicht greift.

Beispiel:

Ein Landwirt (oder ein selbstständiger Handwerker) erleidet einen Feuerwehrdienstunfall und muss für mehrere Wochen eine Aushilfskraft zur Fortführung des Betriebs beschäftigen, weil er nicht selbst arbeitsfähig ist.

Der gesetzliche Unfallversicherungsschutz umfasst (siehe oben **10.9**) alle Leistungen, die zur Genesung des Landwirts (oder selbstständigen Handwerkers) dienen. Die Kosten der Aushilfskraft allerdings sind von der gesetzlichen Leistungspflicht nicht umfasst.

Die Versicherungskammer Bayern, die die Aufgaben der ehemaligen Landesfeuerwehrunterstützungskasse übernommen hat, gewährt auf Antrag in solchen besonderen Härtefällen Beihilfeleistungen.

10.12 Ersatz von Verteidigungs- und Verfahrenskosten

Leider kommt es hin und wieder vor, dass Feuerwehrdienstleistende auf dem Weg zum Einsatzort einen tödlichen Verkehrsunfall verursachen.

In diesen Fällen gewährt die Versicherungskammer Bayern in Rechtsnachfolge der ehemaligen Landesfeuerwehrunterstützungskasse auf Antrag Kostenschutz für die Anwalts- und Gerichtskosten zur Verteidigung des Feuerwehrdienstleistenden in einem Straf- oder Zivilprozess.

WICHTIG:

Auch hier gilt wieder: Alles Wichtige hierzu im oben genannten Merkblatt „Versicherungsschutz für die Freiwilligen Feuerwehren Bayerns“!

10.13 Aufwandsentschädigung für Kommandant, Stellvertreter, Gerätewart, Jugendwart

Freiwillige Feuerwehrdienstleistende erhalten (wie bereits ausgeführt) keinen Lohn, kein Gehalt oder sonstiges Entgelt für ihre Leistungen. Sie sollen andererseits aber auch keine finanziellen Einbußen hinnehmen müssen. Daher hat der Gesetzgeber durch den Feuerwehrdienst besonders beanspruchten Funktionsträgern bei den Freiwilligen Feuerwehren spezielle Aufwandsentschädigungen zugebilligt.

- Der Feuerwehrkommandant und sein Stellvertreter haben, falls sie nicht hauptberuflich Feuerwehrdienst leisten, Anspruch auf eine angemessene Entschädigung und auf Reisekostenvergütung (Art. 11 Abs. 1 Satz 1 BayFwG). Nach § 11 Abs. 1 Satz 1 AVBayFwG bemisst sich die Entschädigung für den Feuerwehrkommandanten nach den von der Feuerwehr im Einsatzdienst verwendeten Fahrzeugen (siehe Auflistung in der Anlage 1 AVBayFwG). Damit soll erkennbar auf den durch die Anzahl der Fahrzeuge dokumentierten Verantwortungsbereich des Kommandanten abgestellt werden. Das bayerische Innenministerium hat durch Bekanntmachung vom 29. August 2019, veröffentlicht in BayMBl. 2019 Nr. 362, die aktuellen Entschädigungssätze veröffentlicht.

  Sie betragen ab dem 1. Januar 2021

  - für Fahrzeuge der Gruppe A: 32,80 €
  - für Fahrzeuge der Gruppe B: 55,20 €.

  Der Stellvertreter des Kommandanten erhält nach § 11 Abs. 2 AVBayFwG eine um 50 Prozent niedrigere Aufwandsentschädigung.

WICHTIG:

Zum „Trauerspiel“ der Sozialversicherungspflichtigkeit der Aufwandsentschädigungen sei auf die Beiträge „Kommunales Ehrenamt: steuer- und sozialversicherungsrechtliche Fragen“ in BayGT 2003, S. 309 ff. sowie – hinsichtlich des letzten Standes – „Sozialabgaben auf Feuerwehr-Entschädigungen?“ in BayGT 2007, S. 264/265 hingewiesen.

- Andere Feuerwehrdienstleistende, die regelmäßig über das übliche Maß hinaus Feuerwehrdienst leisten (z. B. Gerätewarte und Jugendwarte) können – auf freiwilliger Basis – angemessen entschädigt werden.

Entscheidendes Kriterium ist hierbei, dass solche Kräfte *„regelmäßig über das übliche Maß hinaus Feuerwehrdienst leisten"* (Art. 11 Abs. 1 Satz 2 BayFwG). Dies bleibt einer Einzelfallbeurteilung überlassen. In der Praxis sind vor allem Gerätewarte, Jugendwarte, Leiter von Kindergruppen, EDV-Beauftragte oder Feuerwehrdienstleistende, die regelmäßig Bereitschaftsdienst leisten, in Betracht zu ziehen. Es hat sich bewährt, im gleichen Landkreis einigermaßen gleiche Entschädigungssätze festzulegen, um Neid und Missgunst unter den Entschädigungsbegünstigten vorzubeugen.

10.14 Entschädigungen für Wachdienste

Teilnehmer an speziellen Wachdiensten haben nach Art. 11 Abs. 2 Satz 1 BayFwG einen gesetzlichen Anspruch auf Entschädigungen. Damit will der Gesetzgeber die Einbuße an Freizeit in gewissem Umfang kompensieren und das ehrenamtliche Engagement honorieren. So gibt es Entschädigungen für Teilnehmer an

- Brandwachen (siehe unter **7.1.4**), und
- Sicherheitswachen (siehe unter **7.1.3**),

soweit keine Lohnfortzahlung oder Verdienstausfallerstattung erfolgt.

Die Teilnahme am Bereitschaftsdienst (siehe unter **7.1.5**) kann nach Art. 11 Abs. 2 Satz 2 BayFwG auf freiwilliger Basis angemessen entschädigt werden.

Durch Bekanntmachung des Bayerischen Staatsministeriums des Innern vom 29. August 2019, veröffentlicht in BayMBl. 2019 Nr. 362, wurde der Stundensatz für die Teilnahme an Brandwachen und Sicherheitswachen auf 16,40 € ab dem 1. Januar 2021 festgesetzt (siehe auch § 11 Abs. 5 AVBayFwG).

11. Finanzieller Ausgleich für Arbeitgeber von Feuerwehrdienstleistenden

Leider wird es zunehmend schwieriger, private Arbeitgeber (in Einzelfällen sogar öffentliche!) davon zu überzeugen, dass ehrenamtlicher Feuerwehrdienst notwendig und ehrenvoll ist. Immer unverhohlener geben manche private Arbeitgeber ihrem Unmut darüber Ausdruck, dass einzelne ihrer Arbeitnehmer Dienst bei der Freiwilligen Feuerwehr leisten und deshalb hin und wieder zum Einsatz gerufen werden.

In gewissem Umfang muss man dafür Verständnis haben. Die heutige Arbeitswelt ist vielfach hoch spezialisiert. Fachkräfte, die tagsüber unvermutet den Arbeitsplatz verlassen, um zum Feuerwehreinsatz zu eilen, können durch ihr Fehlen – im Extremfall – den gesamten Betrieb „lahmlegen". Viele private Arbeitgeber – auch öffentliche – haben in den vergangenen Jahren ihr Personal zur Kostenminimierung auf das unabdingbar notwendige Maß reduziert, so dass einzelne – hoch qualifizierte – Mitarbeiter fast unabkömmlich geworden ist. Es ist daher nachvollziehbar, dass in dem einen oder anderen Fall der Arbeitgeber verärgert ist, wenn Leistungsträger seines Betriebs zum Feuerwehreinsatz eilen. In diesen Fällen bleibt nur der Appell an die Arbeitgeber, daran zu denken, dass auch einmal ihr eigener Betrieb brennen könnte – und sie dann froh sind, wenn genügend Einsatzkräfte zur Stelle sind.

Als gewissen Ausgleich für den finanziellen Schaden, den ein privater Arbeitgeber dadurch erleidet, dass er während der Abwesenheit des Feuerwehrdienstleistenden dessen Lohn und Sozialabgaben weiter bezahlen muss (siehe Art. 9 Abs. 1 Satz 4 BayFwG), hat der Gesetzgeber in Art. 10 BayFwG einen Erstattungsanspruch festgeschrieben. Der **private** Arbeitgeber (nicht der öffentliche!) bekommt auf Antrag (dazu gibt es ein Formular, siehe Anlage 4 VollzBekBayFwG) von der Gemeinde erstattet:

- ➤ das Arbeitsentgelt einschließlich der Beiträge zur Sozialversicherung und zur Bundesagentur für Arbeit, das er seinem Arbeitnehmer, der Feuerwehrdienst geleistet hat, während dessen Abwesenheit vom Betrieb fortgezahlt hat, sowie

- das Arbeitsentgelt, das er seinem Feuerwehrdienst leistenden Arbeitnehmer bezahlt hat, der infolge des geleisteten Feuerwehrdiensts krank oder verletzt ist und deswegen nicht am Arbeitsplatz erscheinen konnte.

Was der Arbeitgeber im Einzelnen verlangen kann, ergibt sich aus einem speziellen Merkblatt des Innenministeriums für Arbeitgeber (siehe Anlage 5 VollzBekBayFwG) sowie aus der umfangreichen Auflistung in Ziffer 10 VollzBekBayFwG.

WICHTIG:

Wer im Rathaus entsprechende Erstattungsanträge von Arbeitgebern bearbeiten muss, kommt um die Lektüre dieser Hinweise nicht herum!

Nur **privaten** Arbeitgebern ist dieser gesetzliche Erstattungsanspruch eingeräumt. Öffentliche Arbeitgeber haben keinen Erstattungsanspruch. Zu den privaten Arbeitgebern zählen allerdings Betriebe der öffentlichen Hand, die in privater Rechtsform, zum Beispiel als GmbH oder Aktiengesellschaft, geführt werden.

Die Gemeinden haben die Möglichkeit, bei der Versicherungskammer Bayern eine Zusatzversicherung „Lohnerstattung“ für die Fälle abzuschließen, in denen der Feuerwehrdienstleistende aufgrund des Feuerwehrdienstes erkrankt und deswegen im Betrieb ausfällt. Ob sich diese „rentiert“, hängt von der Höhe der Prämien einerseits und der Summe der jährlich an private Arbeitgeber zu erstattenden Arbeitsentgelte ab. Im Hinblick darauf, dass immer mehr private Arbeitgeber dazu übergehen, fortgezahltes Arbeitsentgelt erstattet zu verlangen, lohnt es sich sicher, sich bei der Versicherungskammer über die Konditionen zu erkundigen.

12. Heranziehung zum Feuerwehrdienst und Pflichtfeuerwehr

Glücklicherweise ist es bislang in keiner bayerischen Gemeinde notwendig geworden, den Personalbestand Freiwilliger Feuerwehren dadurch zu sichern, dass Gemeindeeinwohner – gegen ihren Willen – zum Feuerwehrdienst herangezogen werden mussten. Die Feuerwehrvereine (aus denen sich nach Art. 5 Abs. 1 BayFwG die gemeindlichen Feuerwehren personell speisen) haben es bislang geschafft, genügend Mitglieder zu werben, die dann ehrenamtlichen Dienst in der gemeindlichen Einrichtung Feuerwehr leisten wollten.

Das kann sich ändern. Wie oben (unter **4.1.2**) dargestellt, geht der Personalbestand Freiwilliger Feuerwehren kontinuierlich zurück, so dass für die Zukunft eine „Auffüllung" Freiwilliger Feuerwehren durch bescheidsmäßig verpflichtete Personen oder gar die Aufstellung von Pflichtfeuerwehren nicht ausgeschlossen werden kann.

Durch Änderungsgesetz vom 25.2.2008 (GVBl. S. 40) hat der bayerische Gesetzgeber klargestellt, dass dienstverpflichtet nur Gemeindeeinwohner werden können, *„die ihre Hauptwohnung im Gemeindegebiet haben"* (Art. 13 Abs. 1 BayFwG). Die amtliche Begründung (LT-Drs. 15/8978, S. 10, Ziffer 1 zu Art. 13) führt hierzu aus:

> „Die Änderung (...) stellt klar, dass Gemeinden nur die Gemeindeeinwohner zum Feuerwehrdienst heranziehen können, die ihre Hauptwohnung in dieser Gemeinde haben. Dadurch wird ausgeschlossen, dass Personen mit mehreren Wohnungen in verschiedenen Gemeinden zum Feuerwehrdienst herangezogen werden können."

Bedeutung erfährt diese Gesetzesänderung dadurch, dass, wie oben unter **4.1.3** ausgeführt, Feuerwehrdienst in mehreren Wehren geleistet werden kann. Durch die sogenannte „Pendlerregelung" hat der Gesetzgeber die Möglichkeit geschaffen, Feuerwehrdienst beispielweise sowohl in der Wohnsitzgemeinde als auch in der Gemeinde der Arbeitsstätte leisten zu können. Nur die Wohnsitzgemeinde soll das Recht haben, ihre Gemeindeeinwohner zum Feuerwehrdienst zu verpflichten.

Es bleibt zu hoffen, dass auf absehbare Zeit keine Gemeinde von dieser Ermächtigung Gebrauch machen muss.

13. Werkfeuerwehren

Umfangreiche Änderungen bei den Regelungen über die Werkfeuerwehren hat der Gesetzgeber mit Änderungsgesetz vom 25.2.2008 (GVBl. S. 40) vorgenommen. Die Bayerische

Staatsregierung hat dies damit begründet, dass sich im Laufe der letzten Jahre gezeigt hat, dass angesichts der Entwicklung hin zu einem zunehmend kleinteiligeren und auf Kooperation angelegten Wirtschaftsleben im Interesse der Wirtschaftlichkeit weitere Gestaltungsmöglichkeiten bei den rund 200 Werkfeuerwehren mit insgesamt etwa 7600 Feuerwehrdienstleistenden wünschenswert sind (LT-Drs. 15/8978, S. 1, Ziffer 4 zu A).

In den Gemeinden und Städten Bayerns ist es in den vergangenen Jahrzehnten zu keinen nennenswerten Rechtsfragen im Zusammenhang mit Werkfeuerwehren gekommen. Es ist daher davon auszugehen, dass die Zusammenarbeit der Freiwilligen Feuerwehr mit den Werkfeuerwehren im Großen und Ganzen reibungslos verläuft. Von einer detaillierten Darstellung und Erläuterung der Neuregelung wird daher im Rahmen dieses Buchs abgesehen.

14. Kostenersatz nach Feuerwehreinsätzen

Finanzielle Fragen, die sich nach Einsätzen oder freiwilligen Leistungen der Feuerwehren stellen, haben seit der Abschaffung der Feuerschutzabgabe infolge der Entscheidung des Bundesverfassungsgerichts vom 24.1.1995 (BayVBl. 1995, 429 ff.) deutlich zugenommen. Hat Deutschlands oberstes Gericht doch den bayerischen Gemeinden – unerwartet – eine bewährte langjährige Einnahmequelle zur Finanzierung der Ausstattung der Freiwilligen Feuerwehren genommen.

Seit der Novellierung des Art. 28 BayFwG im Jahr 1998 (GVBl. S. 401) mit dem Ziel, den Gemeinden einen Ausgleich für die weggefallene Feuerschutzabgabe zu gewähren, hat das Thema „Kostenersatz nach Feuerwehreinsätzen“ eine ungeahnte Brisanz erfahren und eine Fülle an Rechtsprechung ausgelöst.

Je nach Sachverhalt kommen unterschiedliche Anspruchsgrundlagen für die Kommune als Trägerin der Feuerwehr in Betracht. Hauptanwendungsfall ist und bleibt jedoch Art. 28 BayFwG. Nachfolgend soll daher schwerpunktmäßig auf diese Vorschrift eingegangen werden. Anschließend werden weitere Anspruchsgrundlagen dargestellt.

14.1 Kostenersatz nach Art. 28 BayFwG

Art. 28 BayFwG ist auf den ersten Blick eine Vorschrift, die einen „optisch erschlägt". Allein vom Umfang her ist die Vorschrift nicht dazu angetan, spontane Begeisterung auszulösen.

Und dann noch der Wortlaut: Lange Sätze, unbestimmte Rechtsbegriffe, Regelungen mit Einschränkungen und scheinbar widersprüchlichen Aussagen, Verweise auf andere Gesetze etc.

Und das Ganze noch als Ermessensvorschrift. Anscheinend muss man also gar keinen Kostenersatz verlangen? Oder doch? Die ehrenamtlich tätigen Feuerwehrdienstleistenden sind nicht angetan, wenn für ihre Dienste Geld von den Begünstigten erhoben wird – andererseits verlangt der Rechnungsprüfer, dass konsequent alle Einnahmequellen der Gemeinde ausgeschöpft werden.

Es lohnt daher allemal, sich intensiver mit der Vorschrift auseinanderzusetzen.

14.1.1 Muss Kostenersatz verlangt werden oder nicht?

Keine Gemeinde ist gezwungen, Kostenersatz nach Feuerwehreinsätzen geltend zu machen. Art. 28 BayFwG ist eine Ermessensvorschrift („kann"). Prinzipiell ist es daher jeder Kommune freigestellt, für Tätigkeiten ihrer Feuerwehren Geld vom Begünstigten des Einsatzes zu verlangen. Letztlich ist es einer politischen Grundsatzentscheidung des Gemeinderats vorbehalten, ob es sich die Gemeinde leisten kann, auf ihr zustehendes Geld zu verzichten. Maßgeblich ist die konkrete Haushaltslage. Einige wenige Gemeinden in Bayern sind in der glücklichen Lage, dank sprudelnder Steuerquellen auf anderweitige Einnahmemöglichkeiten verzichten zu können. Die große Mehrzahl der bayerischen Gemeinden wird hingegen vom staatlichen oder kommunalen Prüfer angehalten werden, konsequent alle Einnahmemöglichkeiten auszuschöpfen (vgl. Art. 61 und 62 GO).

14.1.2 Ist der Erlass einer Kostensatzung Voraussetzung für eine Kostenerhebung?

Nein. Das Recht, Kosten nach Feuerwehrtätigkeiten zu erheben, ergibt sich aus dem Gesetz selbst. Der Gesetzgeber hat in Art. 28 Abs. 4 BayFwG den Gemeinden das Recht eingeräumt, eine Kostensatzung – ergänzend zum Gesetz – zu erlassen, um den Verwaltungsvollzug zu erleichtern. Durch eine Kostensatzung können die durch den Einsatz entstandenen Kosten und Aufwendungen **pauschaliert** – und auf diese Weise die Abrechnung wesentlich erleichtert werden. Die meisten Gemeinden und Städte haben mittlerweile solche Satzungen erlassen.

TIPP:

Im Intranet des Bayerischen Gemeindetags ist ein aktuelles Muster einer entsprechenden Feuerwehr-Kostensatzung mit einem Pauschalsätzeverzeichnis und zahlreichen Kalkulationsblättern für die in Bayern am häufigsten verwendeten Einsatzfahrzeuge eingestellt. Alle Dokumente können kostenfrei heruntergeladen werden.

14.1.3 Kostenersatz nach Gefahrensituationen mit Fahrzeugen

Meist werden Feuerwehren zur Beseitigung von Gefahren gerufen, die durch Fahrzeuge hervorgerufen worden sind. Sei es zu „klassischen" Verkehrsunfällen mit Kraftfahrzeugen, sei es zu Schadensereignissen im Zusammenhang mit Zügen, Schiffen oder Flugzeugen.

In all diesen Fällen gilt:

„Kostenersatz nach Absatz 1 kann verlangt werden

1. für Einsätze im abwehrenden Brandschutz und im technischen Hilfsdienst, bei denen die Gefahr oder der Schaden durch den Betrieb von Kraft-, Luft-, Schienen- oder Wasserfahrzeugen oder eines Anhängers, der dazu bestimmt ist, von einem Kraftfahrzeug mitgeführt zu werden, veranlasst war, mit Ausnahme der Einsätze oder Tätigkeiten, die unmittelbar der Rettung oder Bergung von Menschen und Tieren dienen,"

Abrechnungen von Feuerwehreinsätzen nach Verkehrsunfällen spielen in der täglichen Praxis die größte Rolle. Es lohnt daher, sich mit Details der gesetzlichen Regelung vertraut zu machen.

- Der Gesetzgeber erleichtert die Abrechnung von Feuerwehreinsätzen bei Verkehrsunfällen schon einmal dadurch, dass er nicht auf ein Verschulden des bzw. der Unfallbeteiligten abstellt, sondern sich das Prinzip der Gefährdungshaftung der Halter von Fahrzeugen zu Nutze macht. Wer ein Kraftfahrzeug im öffentlichen Straßenverkehr bewegt, setzt damit gleichsam automatisch eine Gefahr „in die Welt". Ein Kraftfahrzeug ist also ein potentiell gefährlicher Gegenstand, der zu Schäden bei einzelnen Personen und/oder Sachen oder zu Schäden bei der Allgemeinheit in Gestalt von Einsatzkosten führen kann. Das bedeutet: Die Verwaltung braucht nicht nach dem „Schuldigen" eines Unfalls zu suchen, sondern kann schlicht den Fahrzeughalter zum Kostenersatz heranziehen. Es reicht in der Praxis also, dem Polizeibericht bzw. dem Einsatzbericht des Kommandanten das amtliche Kfz-Zeichen zu entnehmen und beim Kraftfahrbundesamt eine Halterabfrage durchzuführen.
- Es ist auch unerheblich, ob das Fahrzeug in einen Unfall verwickelt wurde und die Feuerwehr deshalb – wie meist – technische Hilfeleistung erbringen musste (beispielsweise ausgelaufene Flüssigkeiten binden, Scherben aufkehren oder das Fahrzeugdach aufschneiden) oder ein brennendes Fahrzeug löschen musste. In beiden Fällen ist Kostenersatz möglich.
- Entscheidender Gesichtspunkt bei der Abrechnung von Gefahren durch Kraftfahrzeuge ist stets, dass sich die „typische Betriebsgefahr eines Kraftfahrzeugs verwirklicht hat" (so die ständige Rechtsprechung). Dies ist immer dann der Fall, wenn ein Kraftfahrzeug am öffentlichen Verkehr teilgenommen hat und es dabei zu einer Gefahrensituation gekommen ist. Am öffentlichen Verkehr teilgenommen hat ein Kraftfahrzeug immer dann, wenn es auf öffentlicher Straße (!) in einen Unfall verwickelt wurde oder beispielsweise in Brand geraten ist. Dann hat sich eine „verkehrsbezogene Gefahr" verwirklicht. Dies ist nicht der Fall, wenn es abseits einer öffentli-

chen Straße, beispielsweise als landwirtschaftliches Fahrzeug auf einem Feld oder Acker, in Brand geraten ist.

TIPP:

Sehr anschaulich ist in diesem Zusammenhang das Urteil des Bayerischen Verwaltungsgerichtshofs vom 7. Mai 2009 (Az.: 4 BV 08.166, BeckRS 2009, 43264), wo es um einen bei der Erntearbeit auf dem Feld in Brand geratenen Mähdrescher ging. Diese Entscheidung gilt als Grundsatzentscheidung zum Begriff der „verkehrsbezogenen Gefahr".

- Aufgrund einer Gesetzesänderung im Jahr 2008 muss differenziert werden: Grundsätzlich können sämtliche Einsatzkosten im Zusammenhang mit Verkehrsunfällen abgerechnet werden. Rettet die Feuerwehr allerdings eine im Fahrzeug eingeschlossene Person – beispielsweise weil sich die Türen nicht mehr öffnen lassen oder die Person hinter dem Lenkrad und dem Airbag eingeklemmt ist – so bleibt dieser Teil der Feuerwehrmaßnahmen kostenmäßig außer Betracht. Die Verwaltung muss daher den Einsatzbericht genau lesen; Tätigkeiten, die unmittelbar der Menschen- oder Tierrettung bzw. -bergung dienten, dürfen nicht in Ansatz gebracht werden.

WICHTIG:

Das heißt: eingesetztes Personal und Gerät, das zur Befreiung eingeklemmter Personen oder Tiere notwendig war, darf im Kostenbescheid (vgl. Art. 28 Abs. 1 Satz 2 BayFwG) nicht (mehr) angesetzt werden.

Der Einsatzleiter muss auf seinem Einsatzbericht (§ 17 AVBayFwG), den er der Verwaltung als Grundlage der Abrechnung zuleitet, ausdrücklich vermerken, welcher Aufwand zur Personen- oder Tierrettung bzw. -bergung erforderlich war.

Und sollte die Feuerwehr **ausschließlich** zur Menschen- oder Tierrettung(-bergung) zu einem Verkehrsunfall gerufen worden sein – was äußerst selten vorkommen dürfte, da zumeist auch andere technische Maßnahmen zu erledigen sind, wie z. B. Verkehrsabsicherung, ausgelaufene Flüssigkeiten beseitigen o. Ä. – so bliebe der komplette Einsatz kostenfrei.

Beispiel:

Einsatzkräfte des Technischen Hilfswerks (THW) leisten umfänglich technische Hilfe; die Feuerwehr wird **ausschließlich** (!) dazu gerufen, um mittels Rettungsspreizers eine eingeklemmte Person aus dem Fahrzeug zu befreien.

Seit einigen Jahren legen vermehrt Kfz-Haftpflichtversicherungen für ihre Versicherten, also die Kostenschuldner, Widersprüche gegen gemeindliche Kostenbescheide ein und zweifeln – oft mit Hilfe privater Sachverständigenbüros – die Rechtmäßigkeit der Verwaltungsakte an.

Leider haben sich die bayerischen Verwaltungsgerichte nicht der Rechtsansicht des Verwaltungsgerichts Stuttgart (Az.: 9 K 4495/15 vom 27. Februar 2017) angeschlossen, das solche Widersprüche wegen Verstoßes gegen das Deutsche Rechtsdienstleistungsgesetz (RDG) für unzulässig erklärt hat. Somit müssen Bayerns Gemeinden, Märkte und Städte wohl oder übel die Zulässigkeit solcher Widersprüche annehmen und im Abhilfeverfahren prüfen, ob der jeweilige Kostenbescheid rechtlich einwandfrei ist oder nicht.

Es ist nicht empfehlenswert, sich auf einen langwierigen Streit mit der Kfz-Haftpflichtversicherung oder deren Sachverständigen einzulassen. Denn in aller Regel wird die Versicherung nicht nachgeben. Ihr geht es in erster Linie darum, weniger zahlen zu müssen als gefordert – und weniger darum, ihren Versicherten zum Recht zu verhelfen. Es ist daher ratsam, nach überschlägiger Prüfung der Rechtmäßigkeit des eigenen Bescheides den Vorgang mit dem eingelegten Versicherungswiderspruch der Widerspruchsbehörde (– zumeist dem zuständigen Landratsamt –) vorzulegen, verbunden mit der Bitte, den Widerspruch als unbegründet zurückzuweisen. Die Erfahrung hat gezeigt, dass Versicherungen nach Erhalt eines für sie ungünstigen Widerspruchsbescheids oftmals die geforderte Summe bezahlen und es nicht auf einen kostspieligen Prozess vor dem Verwaltungsgericht ankommen lassen (– den sie zumeist verlieren –).

14.1.4 Kostenersatz für „sonstige" technische Hilfeleistungen der Feuerwehren

Alle Feuerwehreinsätze zur technischen Hilfeleistung, die nicht im Zusammenhang mit Gefahren oder Schäden von Fahrzeugen – solche fallen bereits unter die **Nr. 1** des Abs. 2 (siehe oben!) – erforderlich sind, können nach Abs. 2 **Nr. 2** abgerechnet werden:

> „2. für sonstige Einsätze im technischen Hilfsdienst, mit Ausnahme der Einsätze oder Tätigkeiten, die unmittelbar der Rettung oder Bergung von Menschen und Tieren dienen,"

Was unter technischem Hilfsdienst zu verstehen ist, wurde bereits unter 7.1.2 erläutert. Als Praxisbeispiele seien das Auspumpen vollgelaufener Keller bei Gefahren für die Allgemeinheit (beispielsweise durch das drohende Auslaufen eines aufschwimmenden Öltanks), die Beseitigung von auf öffentliche Straßen gefallenen Bäumen oder das Belüften von Räumen nach Gasaustritt zu erwähnen.

14.1.4.1 Einsätze zur Menschen- und Tierrettung

Durch Änderungsgesetz vom 25.2.2008 (GVBl. S. 40) hat der Gesetzgeber die Worte *„Einsätze oder"* in den bisherigen Wortlaut eingefügt. Er wollte damit klarstellen, dass Einsätze im technischen Hilfsdienst, die **ausschließlich** der unmittelbaren Rettung oder Bergung von Mensch und Tier dienen, insgesamt, also einschließlich An- und Abfahrt, kostenfrei sind. Werden daneben allerdings weitere technische Hilfeleistungen durchgeführt, die nicht der unmittelbaren Rettung oder Bergung von Mensch und Tier dienen, sind lediglich die einzelnen Tätigkeiten, die der unmittelbaren Rettung oder Bergung von Mensch und Tier dienen, kostenfrei. In diesen Fällen ist insbesondere die An- und Abfahrt kostenpflichtig (LT-Drs. 15/8978, S. 13, Ziffer 2 zu Art. 28). Mit dieser Gesetzesergänzung hat der Gesetzgeber auch auf die Entscheidung des Bayerischen Verwaltungsgerichtshofs vom 7. März 2006 (BayVBl. 2006, 191) reagiert. Das Gericht hatte entschieden, dass Einsätze im technischen Hilfsdienst, die **ausschließlich** (!) der Rettung oder Bergung von Menschen oder Tieren dienen, insgesamt nicht abrechnungsfähig sind.

Beispiel:

In der Praxis bedeutet dies, dass beispielweise Einsätze der Feuerwehren mit der Drehleiter, die ausschließlich dazu benötigt wird, übergewichtige Personen aus oberen Stockwerken von Gebäuden zu bergen, damit der Rettungsdienst sie ärztlich versorgen oder ins nächste Krankenhaus bringen kann, nicht abrechnungsfähig sind.

Davon unberührt bleiben allerdings ähnlich gelagerte Fälle, in denen Feuerwehren lediglich als Tragehilfe für eine Hilfsorganisation tätig werden. Geht es nicht um Menschenrettung, sondern lediglich um einen routinemäßigen, also planbaren Krankentransport, so ist die unterstützende Tätigkeit der Feuerwehr (freiwillige Leistung) weiterhin abrechnungsfähig. Es ist nämlich nicht einzusehen, dass die Feuerwehr bei bloßen Krankentransporten als „billige" Hilfstruppe eingesetzt wird, weil der Krankentransporteur nicht genügend eigenes geeignetes Personal vorhält. Kostenschuldner ist in solchen Fällen nicht der Patient oder dessen Krankenkasse, sondern das Krankentransportunternehmen.

14.1.4.2 Technische Hilfeleistungen nach Naturereignissen

Oft werden Feuerwehren zu Einsätzen gerufen, um Hindernisse von öffentlichen Straßen zu beseitigen. Seien es vom Sturm umgeworfene Bäume, seien es durch starken oder anhaltenden Regen ausgelöste Erdrutsche auf öffentliche Straßen und Ähnliches.

In all diesen Fällen geht es darum, die gefahrlose Benutzung der öffentlichen Straße wieder herzustellen. Die Feuerwehren erledigen durch ihre Tätigkeiten letztlich Pflichten Anderer. So hat – um bei den angeführten Beispielen zu bleiben – der Eigentümer des Baums oder des Grundstücks, von dem die Erdmassen auf die Straße gelaufen sind, als sogenannter „Zustandsverantwortlicher" (vgl. Art. 9 Abs. 2 LStVG) die Pflicht, die Gefahrensituation zu beseitigen. Zum anderen hat der Straßenbaulastträger die Verpflichtung, seine von ihm zu betreuende Straße in einem gefahrlosen Zustand zu halten bzw. wieder in einen solchen zu bringen. Da die Verpflichteten hierzu in der Kürze der Zeit zumeist nicht in der Lage sind, erledigt dies die Feuerwehr an ihrer Stelle.

Die Gemeindeverwaltung hat insoweit ein Auswahlermessen, welchen der potentiellen Kostenschuldner sie zur Begleichung der Einsatzkosten heranzieht.

Die Argumentation des Baum-/Grundstückseigentümers, die Gefahr sei durch Naturgewalten („höhere Gewalt") ausgelöst worden, wofür er nicht einzustehen habe, lässt die Verwaltungsgerichtsbarkeit nicht gelten (vgl. beispielsweise VG Ansbach, Urteil vom 17.2.2005, BayGT 2005, S. 153 ff. und vom 8.3.2007, Az.: AN 5 K 06.02307); sie hat – nachvollziehbar – darauf hingewiesen, dass derjenige, der den wirtschaftlichen Nutzen aus seinem Grundstück zieht, auch die Lasten tragen muss, wenn einmal eine Gefahr davon ausgeht:

> „Wer die Sachherrschaft innehat, kann und muss dafür sorgen, dass andere nicht durch ihren gefährlichen Zustand gestört oder gar geschädigt werden (BVerwG, Urteil vom 4.10.1985, DÖV 1986, 287). Auch die Sozialbindung des Eigentums (Art. 14 Abs. 2 GG) gebietet es grundsätzlich, wenn auch nicht grenzenlos, den Eigentümer für die von seinem Eigentum ausgehenden Gefahren in Anspruch zu nehmen. Diese Auffassung hat auch das Bundesverfassungsgericht in seinem Beschluss vom 16. Februar 2000 (BayVBl. 2001, 269) zum Ausdruck gebracht, wenn es dort ausführt, dass die sicherheitsrechtlichen Vorschriften über die Zustandsverantwortlichkeit des Eigentümers eine zulässige Regelung von Inhalt und Schranken des Eigentums im Sinne von Art. 14 Abs. 1 Satz 2 GG darstellten. Ziel der Vorschriften sei es, unbeschadet der Haftung des Verursachers eine effektive Gefahrenabwehr auch durch den Eigentümer als Herrn der Sache sicherzustellen. Der Eigentümer habe regelmäßig die rechtliche und tatsächliche Möglichkeit, auf die Sache und damit auch auf die Gefahrenquelle einzuwirken. Die Zustandsverantwortlichkeit finde in der durch die Sachherrschaft vermittelten Einwirkungsmöglichkeit auf die Gefahren verursachende Sache ihren legitimierenden Grund. Der Eigentümer könne überdies aus der Sache Nutzen ziehen. Auch dies rechtfertige es, ihn zur Beseitigung von Gefahren, die von der Sache für die Allgemeinheit ausgehen, zu verpflichten. Die Möglichkeit zur wirtschaftlichen Nutzung und Verwertung des Sacheigentums korrespondiere mit der öffentlich-rechtlichen Pflicht, die sich aus der Sache ergebenden Lasten und die mit der Nutzungsmöglichkeit verbundenen Risiken zu tragen. Daran gemessen begegne es keinen verfassungsrechtlichen Bedenken, die sicherheitsrechtlichen Vorschriften über die Zustandsverantwortlichkeit dahinge-

hend auszulegen, dass der Eigentümer eines Grundstücks allein wegen dieser Rechtsstellung verpflichtet werden könne, von dem Grundstück ausgehende Gefahren zu beseitigen, auch wenn er die Gefahrenlage weder verursacht noch verschuldet habe. Soweit dagegen die Auffassung vertreten wird, dass ein Eigentümer, dessen Grundstück ausschließlich durch Naturereignisse zu einer Gefahr für den Nachbarn werde, dafür nicht verantwortlich sei (Köpfer/Kaltenegger, BayVBl. 1992, 260), folgt dem die Kammer nicht. Würde die Verantwortlichkeit des Grundstückseigentümers als Zustandsverantwortlicher bei Gefahren, die ausschließlich auf Naturereignissen beruhen, ausgeschlossen, so würde die Zustandsverantwortlichkeit insgesamt weitgehend gegenstandslos werden (BayVGH, Beschluss vom 6.9.2001, Az.: 24 ZB 00.1797)."

14.1.5 Kostenersatz nach Brandstiftung

Grundsätzlich sind Einsätze der Feuerwehren mit Zielrichtung „abwehrender Brandschutz" kostenfrei. Der „klassische" Gebäudebrand, verursacht beispielsweise durch Blitzschlag oder einen technischen Defekt der Stromleitung, ist nicht abrechnungsfähig.

Eine Ausnahme macht der Gesetzgeber allerdings in Fällen, in denen das Rechtsempfinden eine solche fordert: Bei der vorsätzlichen oder grob fahrlässigen Brandverursachung. Der Brandstifter soll nicht auf Kosten der Allgemeinheit sein Unwesen treiben, sondern – neben der strafrechtlichen Verantwortlichkeit – auch die Einsatzkosten tragen müssen.

Die Rechtsprechung (vgl. z. B. BayVGH, Beschluss vom 25.10.2005, BayGT 2006, S. 11) hierzu ist streng: Wer leichtfertig beispielsweise einen Wald- oder Feldbrand verursacht, hat die kompletten Einsatzkosten zu tragen. Das gilt auch für Minderjährige, die durch „Zündeln" einen Feuerwehreinsatz ausgelöst haben. So führt beispielweise das Verwaltungsgericht Ansbach in einem Urteil vom 25.3.2004 (Az.: AN 5 K 03.00830) hierzu aus:

„Insoweit genügt nach anerkannter Rechtsprechung ein allgemeines Verständnis des Minderjährigen dafür, dass das Verhalten irgendwelche Gefahren herbeiführen kann. Dagegen wird (BGH, U. v. 28.2.1984 [VI ZR 132/82], NJW 1984, 1958) nicht verlangt, dass der Minderjährige bereits die Fähigkeit zur realen Vorstellung von den rechtlichen und wirtschaftlichen Folgen seines Verhaltens hatte. Im Bescheid der Beklagten wird hierzu zutreffend auch ausgeführt, dass die Haftung eines Klägers für entstandene Schäden nicht identisch ist mit der strafrechtlichen Verantwortlichkeit, bei der auch auf die Steuerungsfähigkeit (§ 3 JGG, §§ 20 ff. StGB) abgestellt wird. Wie der zivilrechtliche Schadensausgleich unterliegt auch ein öffentlich-rechtlicher Kostenersatz anderen Kriterien als das Strafrecht. Besitzt ein Minderjähriger nach seiner individuellen Verstandesentwicklung die Einsichtsfähigkeit für das Unerlaubte seines Tuns, dann trifft ihn, sofern er auch schuldhaft im Sinne von § 276 BGB gehandelt hat, die volle Haftung."

14.1.6 Kostenersatz nach Falschalarmierung der Feuerwehr

Besonders frustrierend für ehrenamtlich tätige Feuerwehrdienstleistende sind „nutzlose" Alarmierungen. Fehlalarme, ausgelöst durch private Brandmeldeanlagen oder absichtliche Falsch-Notrufe von Personen, untergraben letztlich die Einsatzbereitschaft Freiwilliger Feuerwehren. Wer mehrfach vom Arbeitsplatz weggerufen oder des nachts aus dem Schlaf gerissen wurde, um kurz darauf feststellen zu müssen, dass keine Gefahrensituation vorliegt und daher die ganze Aufregung „für die Katz" war, stellt sich – verständlicherweise – irgendwann die Frage, weshalb er noch ehrenamtlichen Feuerwehrdienst leistet. Neben der strafrechtlichen Abschreckung (der Missbrauch von Notrufen ist nach § 145 Strafgesetzbuch strafbar!) kann die Kostenpflicht schuldhafter Falschalarmierungen und fehlerhafter Brandmeldeanlagen zu einem Eindämmen von Falschalarmen beitragen.

In diesem Zusammenhang muss jedem Sachbearbeiter, der Kostenbescheide fertigt, die Entscheidung des Bayerischen Verwaltungsgerichtshofs vom 8.7.2004 (NJW 2005, S. 1065 ff.) bekannt sein. Das Gericht hat als Maßstab für die Beurteilung, ob ein Fehlalarm, der durch eine private Brandmeldeanlage ausgelöst wurde, vorliegt, festgelegt:

„Jede Alarmierung der Feuerwehr im Bereich des abwehrenden Brandschutzes, sei es durch einen Menschen oder eine technische Vorrichtung, birgt das Risiko eines Fehlalarms. Der Mensch kann mit seinen Sinnen auf einen Brand deutende Anzeichen verschiedenster Art (optische Eindrücke, Hitze- und Rauchentwicklung, Rufe anderer Personen) wahrnehmen, hinterfragen sowie anhand von Erfahrungswissen bewerten. Daraus gewinnt er ein Gesamtlagebild und trifft die Alarmierungsentscheidung. Demgegenüber reagiert eine technische Alarmierungseinrichtung starr, unflexibel und unreflektiert auf das Vorliegen einzelner brandtypischer Begleiterscheinungen. In Abhängigkeit von der Art der eingesetzten Meldedetektoren (Rauch-, Hitze-, Flammen- oder Brandgasmelder) und deren eingestellter Sensibilität spricht sie automatisch auf bestimmte, mit einem Brand typischerweise verbundene Sekundärerscheinungen an, ohne in der Lage zu sein, diese im Einzelfall auf die Verursachung durch einen Brand zurückzuführen. Neben diese Fehlalarmierungsrisiken, die aus der Fixierung auf einzelne typische Brandfolgeeffekte resultieren, treten konstruktiv bedingte Auslöserisiken infolge der Sensibilität der Anlage auch für von außen einwirkende brandunabhängige Ereignisse (z. B. Blitzschlag, Erschütterungen) und das allgemeine Risiko technischer Störungen (z. B. Auslösung nach Kurzschluss).

Jedenfalls diese Risikofelder für einen Falschalarm, die tatsächlich nicht auf einem Brand beruhende Ansprache eines Meldedetektors (z. B. infolge von Schweißarbeiten), die Sensibilität der Anlage für externe Effekte und die jedem elektr(on)ischen Gerät immanente Möglichkeit des Auftretens von Störungen sind nach dem Wortlaut des Art. 28 Abs. 2 Nr. 5 2. Var. BayFwG (... durch eine private Brandmeldeanlage ausgelöst ...) dem Anlagenbetreiber als adäquat zu verantwortende Ursachen zugewiesen. Während irrtumsbedingte Alarmierungen infolge menschlicher Fehleinschätzungen kostenrechtlich durch die 1. Variante der Vorschrift privilegiert sind, damit auch in Zukunft nicht auf eine frühzeitige Alarmierung der Feuerwehr aus Angst vor Kostenfolgen verzichtet wird, hat der Betreiber einer Brandmeldeanlage für die diagnostische Schwäche der Einrichtung, Auslösungen infolge von außen kommender brandfremder Ereignisse sowie das Auftreten technisch bedingter Fehlfunktionen einzustehen. Über diese Risikozuweisung hinaus ist seine Inanspruchnahme nicht gerechtfertigt, so dass er – zusammengefasst – nur für die Verwirklichung der anlagenspezifischen Risiken seiner privaten Brandmeldeanlage herangezogen werden kann."

Zugegeben: Ausführungen, die die Anwendung des Gesetzes nicht gerade erleichtern.

14.1.7 Kostenersatz gegenüber Hausnotrufanbietern

Mit Gesetz zur Änderung des Bayerischen Feuerwehrgesetzes vom 27. Juni 2017 (GVBl. S. 278) hat der Bayerische

Gesetzgeber einen neuen Kostenersatztatbestand eingeführt. Er trägt damit einer zunehmenden Unsitte von Anbietern sogenannter Hausnotrufe Rechnung, die zur eigenen Kostenersparnis Feuerwehren über die Integrierte Leitstelle alarmieren lassen, um sich Türen öffnen zu lassen, die von den Bediensteten der Hausnotrufanbieter selbst nicht geöffnet werden können. Sei es, weil der eigene Schlüssel nicht passt oder schlicht vergessen wurde. Um es klar zu sagen: Die Feuerwehren sind kein Schlüsseldienst! Hausnotrufanbieter müssen sich so organisieren, dass sie stets Zugang zu den Wohnungen oder Häusern ihrer Kunden haben, wenn diese den Notrufknopf betätigt haben. Sollte sich herausstellen, dass aufgrund eines Organisationsverschuldens des Hausnotrufanbieters die Feuerwehr als „billiger" Schlüsseldienst missbraucht wurde, kann die Gemeinde die Kosten dafür dem Hausnotrufanbieter in Rechnung stellen.

Es bleibt zu hoffen, dass diese neue Vorschrift die vom Gesetzgeber erwünschte „erzieherische" Wirkung auf die Hausnotrufanbieter entfaltet.

14.1.8 Kostenersatz auch für bloßes Ausrücken der Feuerwehr?

Jahrelang haben Gemeinden auch für das bloße Ausrücken ihrer Feuerwehren, ohne dass es in der Folge zu einer gefahrenabwehrenden Tätigkeit gekommen ist, Kostenersatz verlangt. Sie stützten ihre Geldforderung auf Art. 28 Abs. 1 Satz 1 BayFwG, der das „Ausrücken" explizit neben Einsätzen und Sicherheitswachen aufführt. Das Verwaltungsgericht Würzburg hat in zwei Urteilen von 2010 (Az. W 5 K 10.233 und W 5 K 10.32) die Ansicht vertreten, dass mit dem „Ausrücken" nur die Fälle von Fehlalarmen privater Brandmeldeanlagen und von Falschalarmierungen gemeint und daher abrechnungsfähig sind; alle anderen Fälle des „Ausrückens" von Feuerwehren seien kostenfrei. Dieser Ansicht hat sich der Bayerische Verwaltungsgerichtshof in seiner Entscheidung vom 27. Juni 2012 (Az. 4 BV 11.2549) angeschlossen.

Auf Initiative des Bayerischen Gemeindetags hat der bayerische Gesetzgeber einen neuen Kostenersatztatbestand in das Gesetz aufgenommen, der es Gemeinden ermöglicht, auch dann Kostenersatz zu verlangen, wenn ihre Feuerwehr zwar ausgerückt ist, aber nicht gefahrenabwehrend tätig werden musste. Voraussetzung ist allerdings, dass andere (!) Feuerwehren anderer (!) Gemeinden am Einsatzort tatsächlich tätig wurden. Als Praxisbeispiel kann ein Verkehrsunfall dienen, zu dem Feuerwehren unterschiedlicher Gemeinden ausrückten; während die einen Feuerwehren vor Ort tatsächlich halfen, blieb für eine Feuerwehr nichts zu tun. Neben den Gemeinden der Feuerwehren, die aktiv halfen, kann auch die Gemeinde dieser „nutzlosen" Feuerwehr Kostenersatz verlangen. Denn auch sie hatte einen Aufwand.

Sollte keine Feuerwehr tätig geworden sein, sich also die Alarmierung mehrerer Feuerwehren als unnötig erwiesen haben, kann auch kein Kostenersatz verlangt werden.

14.1.9 Wie viel Personal und welche Fahrzeuge und/ oder Geräte sind abrechnungsfähig?

Tägliche Praxis in den Rathäusern: die Kostenschuldner oder die Sachbearbeiter von Versicherungen, die die Kosten begleichen sollen, akzeptieren die Höhe des zu zahlenden Betrags nicht und versuchen, mit der Rathausverwaltung über eine Kostenreduzierung zu verhandeln.

Die Rechtsprechung (vgl. beispielweise VG Ansbach, Urteil vom 18.5.2000, Az.: AN 5 K 99.01770) hat stets betont, dass stets abrechnungsfähig diejenige Anzahl von Personen und Fahrzeugen/Geräten ist, die nach dem Alarmplan im konkreten Fall eingesetzt werden durfte. Es ist nicht erforderlich, dass sich die Feuerwehr – zur Kostenminimierung – nach Eingang der Gefahrenmeldung zunächst einen Überblick über den tatsächlichen Gefahren-/Schadenshergang verschafft, um mit der tatsächlich (objektiv) notwendigen Stärke auszurücken. Der Grundsatz lautet: Lieber zu viel Einsatzkräfte zum Einsatzort schicken, als zu wenig!

Das angeführte Gericht stellte zusammenfassend fest:

> „Dabei regelt zwar Art. 28 Abs. 1 BayFwG nicht ausdrücklich den Zeitpunkt, auf den für die Beurteilung der Notwendigkeit und Erforderlichkeit der Aufwendungen abzustellen ist. Unter Berücksichtigung von Sinn und Zweck der Regelungen ist aber davon auszugehen, dass erforderlich und notwendig die Auf-

wendungen sind, die von der Feuerwehr den Umständen entsprechend für erforderlich gehalten werde durften, um den Einsatz erfolgreich durchzuführen. Dabei kann trotz des Wortlautes des Gesetzes nicht auf das objektiv Notwendige abgestellt werden. Über die Notwendigkeit kann nicht rückblickend nach dem Einsatz geurteilt werden. Maßgebend ist vielmehr, was auf Grund des durch die Alarmierung oder auf sonstigem Weg vermittelten Lagebildes für notwendig gehalten werden musste (Endres/Forster, BayFwG, Art. 28, Anmerkung 8; Praxis der Kommunalverwaltung, BayFwG, Art. 28, Anmerkung 1.3.1; Schober, BayGTZeitung 1999, 75. Soweit sich aus dieser Betrachtungsweise besondere Härten ergeben, wäre im Übrigen zu prüfen, ob die Inanspruchnahme i. S. d. Art. 28 Abs. 1 S. 3 BayFwG der Billigkeit widerspricht.)."

Abgerechnet werden darf daher grundsätzlich alles an Kräften und Material, das im Einsatz war. Allerdings weist die Rechtsprechung (z. B. VGH Mannheim, Urteil vom 8.6.1998, NJW 1999, S. 232) darauf hin, dass das sogenannte Übermaßverbot des Verhältnismäßigkeitsgrundsatzes zu beachten ist:

„Eine auf die besonderen Umstände des Einzelfalls bezogene und seinen Besonderheiten Rechnung tragende Entscheidung darf hierdurch allerdings nicht ausgeschlossen werden. Besondere Umstände, die es angezeigt erscheinen lassen, den Kostenersatz angemessen zu reduzieren, können etwa dann gegeben sein, wenn der Umfang des Feuerwehreinsatzes nach einer Ausrückordnung bestimmt wurde und sich nach den konkreten Gegebenheiten am Einsatzort als offensichtlich überdimensioniert erweist. Hier gebietet der Grundsatz der Verhältnismäßigkeit, die Interessen des Kostenpflichtigen, zu den Kosten lediglich in einem Umfang herangezogen zu werden, der dem objektiv erforderlichen Aufwand entspricht, und das Interesse der Gemeinde an einem möglichst umfassenden kostendeckenden Ersatz gegeneinander abzuwägen und dies nachvollziehbar darzulegen. Dabei ist es grundsätzlich nicht von vornherein ermessensfehlerhaft, wenn den Interessen der Gemeinde (und damit der Allgemeinheit) der Vorrang vor den wirtschaftlichen Interessen des Kostenpflichtigen eingeräumt wird."

Das bedeutet: Sollte sich im Verlauf der Kostenzusammenstellung herausstellen, dass das eingesetzte Personal und/oder Material ganz offensichtlich überdimensioniert war, so muss eine maßvolle Reduzierung der Kosten vorgenommen werden.

Beispiel:

> Wenn die Mehrzahl der eingesetzten Kräfte am Einsatzort untätig herumstand und/oder einzelne Fahrzeuge nicht zur Gefahrenbeseitigung vonnöten waren, so sollten diese Kräfte bzw. Fahrzeuge kostenmäßig unberücksichtigt bleiben.

Gegebenenfalls hilft eine Rücksprache des abrechnenden Verwaltungssachbearbeiters mit dem Einsatzleiter, um sich über den abrechnungsgerechtfertigten Umfang der eingesetzten Kräfte und des eingesetzten Materials Klarheit zu verschaffen.

14.2 Interkommunaler Kostenausgleich

Feuerwehren sind verpflichtet, sich gegenseitig Hilfe zu leisten, wenn die eigenen Einsatzkräfte mit der Gefahrenbeseitigung überfordert sind. Art. 17 BayFwG regelt das Nähere hierzu. Es gilt der Grundsatz, dass nachbarliche Hilfeleistung innerhalb eines 15-Kilometer-Radius – von der eigenen Gemeindegrenze ab berechnet –, kostenfrei ist. Für Hilfeleistungen außerhalb dieser Zone kann die Gemeinde, deren Feuerwehr einer Nachbarwehr geholfen hat, von deren Gemeinde Kostenausgleich nach Art. 17 Abs. 2 Satz 1, Halbsatz 2 BayFwG verlangen.

Ziffer 17.2 VollzBekBayFwG führt hierzu ergänzend aus:

> „[1]Aufwendungen, die nach Art. 17 Abs. 2 Satz 1 Halbsatz 2 und Satz 2 BayFwG zu erstatten sind, können (anders als im Fall des Art. 28 Abs. 1 Satz 2 BayFwG) nicht durch Leistungsbescheid geltend gemacht werden. [2]Zu ihrer Berechnung können jedoch geltende Pauschalsätze (vergleiche Art. 28 Abs. 4 BayFwG) herangezogen werden. [3]Für die Hilfeleistung in gemeindefreien Gebieten kann Kostenersatz nur in den Fällen verlangt werden, in denen sich die gemeindliche Feuerwehr Dritter oder Einsatzmittel Dritter bedient (vergleiche Art. 17 Abs. 2 Satz 2 BayFwG). [4]Kostenersatz nach Art. 28 BayFwG bleibt unberührt (vergleiche VG Würzburg, Urteil vom 18. November 1999, W 5 K 98.1113).“

Durch Änderungsgesetz vom 25.2.2008 (GVBl. S. 40) hat der Gesetzgeber in Art. 17 Abs. 2 BayFwG folgenden neuen Satz 2 angefügt:

> „[2]Soweit sich die gemeindliche Feuerwehr bei der überörtlichen Hilfeleistung Dritter oder Einsatzmittel Dritter bedient, hat die

> Gemeinde, in deren Gebiet Hilfe geleistet wurde, auf Antrag die sich hieraus ergebenden Aufwendungen nach den Grundsätzen der Geschäftsführung ohne Auftrag zu erstatten; dies gilt auch für Eigentümer gemeindefreier Gebiete."

Die amtliche Begründung (LT-Drs. 15/8978, S. 11) erläutert die Änderung:

> „Die gemeindlichen Feuerwehren sind nach Absatz 1 unter bestimmten Voraussetzungen verpflichtet, auch außerhalb ihres Gemeindegebiets Hilfe zu leisten. Ohne eine Zuweisung zusätzlicher Einsatzbereiche nach Absatz 3 haben die Gemeinden ihre Feuerwehren aber nur für den Einsatz im eigenen Gemeindegebiet auszurüsten. Nur im Rahmen dieser Leistungsfähigkeit haben die gemeindlichen Feuerwehren überörtliche Hilfe zu leisten. In Absatz 2 ist die Kostentragungspflicht für derartige Hilfeleistungen geregelt. Die Rechtsprechung geht allerdings davon aus, dass Absatz 2 eine abschließende Regelung für jede Art der überörtlichen Hilfeleistung darstellt (vgl. VG Würzburg, Urteil vom 17.10.1995, BayVBl. 1996, 90; BayVGH, Urteil vom 11.7.1997 – 4 B 95.3838), das heißt auch Aufwendung umfasst, die durch Maßnahmen einer Hilfe leistenden Feuerwehr entstehen, die über deren eigene Leistungsfähigkeit hinausgehen, beispielsweise durch Anforderung eines Hubschraubers oder die Verpflichtung von Personen. Die Regelung in Absatz 2 Satz 2 ist daher erforderlich, um Gemeinden, die sich über die Leistungsfähigkeit ihrer eigenen Feuerwehr hinaus für den abwehrenden Brandschutz und die technische Hilfeleistung engagieren, nicht auch noch die daraus entstehenden Aufwendungen selbst tragen zu lassen. Dadurch wird sichergestellt, dass notwendige Einsatzmaßnahmen ohne Rücksicht auf etwaige Kostenrisiken ohne zeitliche Verzögerung getroffen werden."

Diese Neuregelung ist zu begrüßen, sorgt sie doch für einen gerechten Kostenausgleich in Fällen, in denen Hilfe leistende Feuerwehren über das übliche Maß hinaus zu Gunsten anderer Feuerwehren tätig werden. Dieses besondere Engagement soll auch kostenmäßig honoriert werden, oder anders gesagt: Der besonders Engagierte „soll nicht der Dumme sein", weil er auf seinen besonders hohen Einsatzkosten „sitzenbleibt".

Dennoch sollte von diesem interkommunalen Kostenausgleich nur dann Gebrauch gemacht werden, wenn über die „klassische" Kostenersatzvorschrift des Art. 28 BayFwG (s. o.)

kein Erfolg zu erwarten ist. Beispielsweise weil der Kostenschuldner nicht ermittelbar oder mittellos ist. Es ist nämlich kommunalpolitisch nicht erwünscht, wenn sich Gemeinden untereinander Kosten abverlangen.

14.3 Kostenerstattung bei Amtshilfe

Wie unter **7.1.6** ausgeführt, muss die Feuerwehr bisweilen Amtshilfe leisten. Nach Art. 8 Abs. 1 Satz 2 BayVwVfG steht der Gemeinde als Trägerin der Feuerwehr hierfür ein Kostenerstattungsanspruch gegen denjenigen zu, der die Feuerwehr zur Amtshilfe aufgefordert hat. Das wird zumeist der Freistaat Bayern sein, da die Feuerwehren oftmals der Polizei und/oder Staatsanwaltschaft bei deren Ermittlungstätigkeiten helfen.

Ziffer 4.4 VollzBekBayFwG führt alles Nähere dazu aus (s. o.).

Der Bayerische Verwaltungsgerichtshof (BayVGH) hat mit Entscheidungen vom 24. und 25. Januar 2007 (BayVBl. 2007, S. 274 ff.; *kritische Anmerkungen des Autors hierzu in BayGT 2007, S. 375, 376*) entschieden, dass die Mithilfe der Feuerwehren bei der Vermisstensuche keine Amtshilfe ist, sondern der Erledigung einer gemeindlichen Pflichtaufgabe nach Art. 6 LStVG (Aufrechterhaltung der öffentlichen Sicherheit und Ordnung) dient. Insoweit scheidet ein Kostenersatz aus.

Dieser spezielle Kostenersatz wird nicht über einen Kostenbescheid geltend gemacht, sondern über eine bloße Rechnungstellung gegenüber der die Feuerwehr anfordernden öffentlichen Stelle, also beispielsweise gegenüber der zuständigen Polizeidienststelle.

TIPP:

Wer sich intensiver mit der Thematik „Kostenersatz nach Feuerwehreinsätzen" befassen will (oder muss), der sei auf das Buch „Kostenersatz nach Feuerwehreinsätzen in Bayern", Verlag C.H. Beck, 3. Auflage 2017, vom Verfasser dieses Buchs hingewiesen.

Anhang 1

Bayerisches Feuerwehrgesetz (BayFwG)

vom 23.12.1981 (GVBl. S. 626, BayRS 215-3-1-I),
zuletzt geändert durch § 2 G vom 24.7.2020 (GVBl. S. 350)

Inhaltsübersicht

I. ABSCHNITT
Aufgaben und Träger

Art. 1
Aufgaben der Gemeinden

(1) Die Gemeinden haben als Pflichtaufgabe im eigenen Wirkungskreis dafür zu sorgen, dass drohende Brand- oder Explosionsgefahren beseitigt und Brände wirksam bekämpft werden (abwehrender Brandschutz) sowie ausreichende technische Hilfe bei sonstigen Unglücksfällen oder Notständen im öffentlichen Interesse geleistet wird (technischer Hilfsdienst).

(2) [1]Zur Erfüllung dieser Aufgaben haben die Gemeinden in den Grenzen ihrer Leistungsfähigkeit gemeindliche Feuerwehren (Art. 4 Abs. 1) aufzustellen, auszurüsten und zu unterhalten. [2]Sie haben in diesen Grenzen außerdem die notwendigen Löschwasserversorgungsanlagen bereitzustellen und zu unterhalten.

(3) Rechtsvorschriften, nach denen die Gemeinden für bauliche oder betriebliche Maßnahmen zur Verhütung oder Eindämmung von Bränden zu sorgen haben (vorbeugender Brandschutz), bleiben unberührt.

(4) [1]Art. 4 Abs. 3 der Verwaltungsgemeinschaftsordnung und das Gesetz über die kommunale Zusammenarbeit finden Anwendung. [2]Soll die Pflichtaufgabe nach Abs. 1 auf einen Zweckverband oder durch Zweckvereinbarung übertragen werden, sind die betroffenen Kreis- und Stadtbrandräte, Leiter von Berufsfeuerwehren und Feuerwehrkommandanten vorab zu hören. [3]Die Vorschriften dieses Gesetzes finden im Falle des Satzes 2 entsprechende Anwendung.

Art. 2
Aufgaben der Landkreise

[1]Die Landkreise haben als Pflichtaufgabe im eigenen Wirkungskreis in den Grenzen ihrer Leistungsfähigkeit die für den Einsatz der gemeindlichen Feuerwehren überörtlich erforderlichen Fahrzeuge, Geräte und Einrichtungen zu beschaffen und zu unterhalten oder hierfür Zuschüsse zu gewähren. [2]Die Landkreise können Aus- und Fortbildungen für Feuerwehrdienstleistende durchführen.

Art. 3
Aufgaben des Staates

[1]Der Staat fördert den Brandschutz und den technischen Hilfsdienst. [2]Insbesondere gewährt er den Gemeinden und Landkreisen für den abwehrenden Brandschutz und den technischen Hilfsdienst Zuwendungen und unterhält Landesfeuerwehrschulen.

II. ABSCHNITT
Die Feuerwehren

Art. 4
Arten und Aufgaben der Feuerwehren

(1) [1]Der abwehrende Brandschutz und der technische Hilfsdienst werden durch gemeindliche Feuerwehren (Freiwillige Feuerwehren, Pflichtfeuerwehren, Berufsfeuerwehren) und nach Maßgabe des Art. 15 durch Werkfeuerwehren besorgt. [2]Die gemeindlichen Feuerwehren sind öffentliche Einrichtungen der Gemeinden.

(2) [1]Die Feuerwehren sind verpflichtet, Sicherheitswachen zu stellen, wenn dies von der Gemeinde angeordnet oder aufgrund besonderer Vorschriften notwendig ist und die Sicherheitswache rechtzeitig angefordert wird. [2]Das Absichern, Abräumen und Säubern von Schadensstellen ist nur insoweit ihre Aufgabe, als es zur Schadensbekämpfung oder Verhinderung weiterer unmittelbar drohender Gefahren notwendig ist.

(3) Andere Aufgaben dürfen die Feuerwehren nur ausführen, wenn ihre Einsatzbereitschaft dadurch nicht beeinträchtigt wird.

Art. 5
Freiwillige Feuerwehr

(1) Die Einsatzkräfte der Freiwilligen Feuerwehren werden in der Regel von Feuerwehrvereinen gestellt.

(2) [1]Organisatorisch selbstständige Freiwillige Feuerwehren für einzelne Ortsteile einer Gemeinde (Ortsfeuerwehren) sind zu erhalten, soweit sie die Aufgaben nach Art. 4 Abs. 1 und 2 erfüllen können. [2]Freiwillige Zusammenschlüsse von Ortsfeuerwehren sind zulässig, wenn die Erfüllung der Aufgaben nach Art. 4 Abs. 1 und 2 weiterhin gewährleistet ist.

Art. 6
Feuerwehrdienst

(1) [1]Der Feuerwehrdienst wird, soweit nichts anderes bestimmt ist, ehrenamtlich geleistet. [2]Feuerwehrdienstleistende haben an Einsätzen, Ausbildungsveranstaltungen, Sicherheitswachen und am Bereitschaftsdienst teilzunehmen und die Weisungen ihrer Vorgesetzten zu befolgen.

(2) [1]Feuerwehrdienst können alle geeigneten Personen vom vollendeten 18. bis zum vollendeten 65. Lebensjahr in der Gemeinde leisten, in der sie einer regelmäßigen Beschäftigung oder Ausbildung nachgehen, in besonderen Fällen auch in den jeweiligen Nachbargemeinden. [2]Feuerwehrdienst kann in bis zu zwei Feuerwehren geleistet werden.

(3) [1]Die Bewerber für den ehrenamtlichen Dienst in der Freiwilligen Feuerwehr werden vom Feuerwehrkommandanten aufgenommen. [2]Bei der Entscheidung über die Aufnahme hat der Feuerwehrkommandant den Personalbedarf der Freiwilligen Feuerwehr und die Eignung des Bewerbers zu berücksichtigen. [3]Der Feuerwehrkommandant kann ein ärztliches Gutachten verlangen. [4]Fehlt einem Bewerber die Eignung für den Einsatzdienst, kann ihn der Kommandant mit der Maßgabe aufnehmen, dass sich sein Dienst auf bestimmte, seiner Eignung entsprechende Aufgaben der Feuerwehr beschränkt.

(4) [1]Der Feuerwehrkommandant muss einen Feuerwehrdienstleistenden, der die Eignung für den Feuerwehrdienst ganz oder teilweise verloren hat, in entsprechendem Umfang vom Feuerwehrdienst entbinden. [2]Er kann einen Feuerwehrdienstleistenden, der seine Dienstpflichten gröblich verletzt, vom Feuerwehrdienst ausschließen; hiervon ist die Gemeinde zu unterrichten.

Art. 7
Kinder- und Jugendfeuerwehr

(1) Bei den Freiwilligen Feuerwehren können für Minderjährige ab dem vollendeten 6. Lebensjahr Kindergruppen gebildet werden.

(2) [1]Minderjährige können vom vollendeten 12. bis zum vollendeten 18. Lebensjahr als Feuerwehranwärter Feuerwehrdienst leisten. [2]Feuerwehranwärter sind den Feuerwehrdienstleistenden gleichgestellt, soweit sich aus diesem Gesetz nichts anderes ergibt. [3]Sie dürfen nur zu Ausbildungsveranstaltungen und erst ab dem vollendeten 16. Lebensjahr bei Einsätzen zu Hilfeleistungen außerhalb der unmittelbaren Gefahrenzone herangezogen werden. [4]Zum Jugendwart kann nur ein geeigneter volljähriger Feuerwehrdienstleistender bestellt werden.

Art. 8
Feuerwehrkommandant

(1) [1]Der Feuerwehrkommandant hat für die Einsatzbereitschaft der Freiwilligen Feuerwehr zu sorgen. [2]Er leitet ihre Einsätze nach Maßgabe des Art. 18 Abs. 2 und die Ausbildung, ernennt Mannschafts- und Führungsdienstgrade und berät die Gemeinde in Fragen des abwehrenden Brandschutzes und des technischen Hilfsdienstes. [3]Ausbildungsveranstaltungen setzt er im Einvernehmen mit der Gemeinde fest, soweit Erstattungs- oder Entschädigungsansprüche entstehen können.

(2) [1]Der Feuerwehrkommandant wird in geheimer Wahl von den Feuerwehrdienst leistenden Mitgliedern der Freiwilligen Feuerwehr einschließlich der hauptberuflichen Kräfte und der Feuerwehranwärter, die das 16. Lebensjahr vollendet haben, aus ihrer Mitte auf sechs Jahre gewählt. [2]Wird innerhalb von drei Monaten nach Ausscheiden des bisherigen Kommandanten kein geeigneter Nachfolger gewählt, hat die Gemeinde ein geeignetes Feuerwehrdienst leistendes Mitglied dieser Freiwilligen Feuerwehr zum Kommandanten zu bestellen. [3]Die Bestellung endet mit der Bestätigung eines gewählten Feuerwehrkommandanten.

(3) [1]Zum Feuerwehrkommandanten kann nur gewählt oder bestellt werden, wer nach Vollendung des 18. Lebensjahres mindestens vier Jahre in einer Feuerwehr Dienst geleistet und die vorgeschriebenen Lehrgänge mit Erfolg besucht hat. [2]Ausnahmsweise genügt es, wenn den Umständen nach anzunehmen ist, dass der Betreffende solche Lehrgänge in angemessener Frist mit Erfolg besuchen wird.

(4) [1]Der Gewählte bedarf der Bestätigung durch die Gemeinde im Benehmen mit dem Kreisbrandrat. [2]Die Bestätigung ist zu versagen, wenn er fachlich, gesundheitlich oder aus sonstigen wichtigen Gründen ungeeignet ist.

(5) [1]Der Kommandant hat einen oder nach Festlegung der Gemeinde im Ausnahmefall zwei Stellvertreter. [2]Die Abs. 2 bis 4 gelten für den oder die Stellvertreter des Feuerwehrkommandanten entsprechend.

Art. 9
Freistellungs-, Entgeltfortzahlungs- und Erstattungsansprüche von Feuerwehrdienstleistenden

(1) [1]Arbeitnehmern dürfen aus dem Feuerwehrdienst keine Nachteile im Arbeitsverhältnis sowie in der Sozial- und Arbeitslosenversicherung erwachsen. [2]Während des Feuerwehrdienstes, insbesondere während der Teilnahme an Einsätzen, Ausbildungsveranstaltungen, Sicherheitswachen und am Bereitschaftsdienst und für einen angemessenen Zeitraum danach sind sie zur Arbeitsleistung nicht verpflichtet. [3]Ihre Abwesenheit haben sie, wenn es die Dienstpflicht zulässt, dem Arbeitgeber rechtzeitig mitzuteilen. [4]Dieser ist verpflichtet, ihnen für Zeiten der Freistellung das Arbeitsentgelt einschließlich aller Nebenleistungen und Zulagen fortzuzahlen, das sie ohne Teilnahme am Feuerwehrdienst erzielt hätten.

(2) Für Beamte und Richter gilt Absatz 1 entsprechend.

(3) Anderen Feuerwehrdienstleistenden haben die Gemeinden den durch Zeiten im Sinn des Absatzes 1 Satz 2 entstandenen Verdienstausfall bis zu einem durch Rechtsverordnung festzulegenden Höchstbetrag zu ersetzen.

(4) Volljährige Schüler und Studenten sind während der Teilnahme an Einsätzen und für einen angemessenen Zeitraum danach von der Teilnahme am Unterricht und an Ausbildungsveranstaltungen befreit.

(5) Die Gemeinden sind verpflichtet, Feuerwehrdienstleistenden

1. notwendige Auslagen zu erstatten und sie bei Dienstleistungen von mehr als vier Stunden kostenlos zu verpflegen,
2. Sachschäden zu ersetzen, die in Ausübung des Dienstes ohne Vorsatz oder grobe Fahrlässigkeit entstanden sind, soweit nicht Dritte Ersatz leisten oder auf andere Weise von Dritten Ersatz erlangt werden kann.

Art. 10
Erstattungsansprüche von Arbeitgebern

[1]Dem privaten Arbeitgeber ist auf Antrag von der Gemeinde zu erstatten

1. das Arbeitsentgelt einschließlich der Beiträge zur Sozialversicherung und zur Bundesagentur für Arbeit, das er gemäß Art. 9 Abs. 1 Satz 4 leistet,
2. das Arbeitsentgelt, das er einem Arbeitnehmer, der Feuerwehrdienst leistet, aufgrund gesetzlicher Vorschriften während einer Arbeitsunfähigkeit infolge Krankheit weitergewährt, wenn die Arbeitsunfähigkeit auf den Feuerwehrdienst zurückzuführen ist.

[2]Kann der Arbeitnehmer aufgrund gesetzlicher Vorschriften von einem Dritten Schadensersatz wegen des Verdienstausfalls beanspruchen, der ihm durch die Arbeitsunfähigkeit entstanden ist, so ist die Gemeinde zur Erstattung nach Satz 1 Nr. 2 nur verpflichtet, wenn ihr der Arbeitgeber diesen Anspruch in demselben Umfang abtritt, in dem er kraft Gesetzes oder Vertrags auf ihn übergegangen ist. [3]Der Forderungsübergang kann nicht zum Nachteil des Arbeitnehmers geltend gemacht werden.

Art. 11
Entschädigung des Feuerwehrkommandanten und anderer Feuerwehrdienstleistender

(1) [1]Der Feuerwehrkommandant und dessen Stellvertreter haben, falls sie nicht hauptberuflich Feuerwehrdienst leisten, Anspruch auf eine angemessene Entschädigung und auf Reisekostenvergütung. [2]Andere Feuerwehrdienstleistende, die regelmäßig über das übliche Maß hinaus Feuerwehrdienst

leisten (z. B. Gerätewarte, Jugendwarte), und Feuerwehrkommandanten und ihre Stellvertreter, die wegen hauptberuflicher Tätigkeit keinen Entschädigungsanspruch haben (Satz 1), können angemessen entschädigt werden. [3]Durch die Entschädigung werden auch die notwendigen Auslagen abgegolten.

(2) [1]Für die Teilnahme an Brandwachen und Sicherheitswachen haben Feuerwehrdienstleistende Anspruch auf eine angemessene Entschädigung, soweit nicht Lohn oder Gehalt weiterzugewähren oder Verdienstausfall zu ersetzen ist. [2]Die Teilnahme am Bereitschaftsdienst kann angemessen entschädigt werden.

(3) [1]Sind Feuerwehrdienstleistende, die eine Entschädigung nach Absatz 1 erhalten, verhindert, ihre Tätigkeit auszuüben, so wird die Entschädigung zwei Monate lang weitergezahlt. [2]Sind sie länger verhindert, so kann die Gemeinde die Entschädigung auch länger weitergewähren.

(4) [1]Die Entschädigung wird von der Gemeinde festgesetzt. [2]Sie ist monatlich im voraus zu zahlen. [3]Die Bemessungsgrundlagen und Mindestsätze für die Entschädigungsansprüche sowie die Möglichkeit der Abgeltung des Anspruchs auf Ersatz des Verdienstausfalls werden durch Rechtsverordnung geregelt, die auch eine Gleitklausel enthalten kann.

Art. 12
Hauptberufliche Kräfte Freiwilliger Feuerwehren; Ständige Wachen

(1) [1]Die Gemeinden können hauptberufliche Kräfte für die Freiwillige Feuerwehr einstellen.

(2) [1]Gemeinden ohne Berufsfeuerwehr haben bei Bedarf eine Ständige Wache der Freiwilligen Feuerwehr mit hauptberuflichen Kräften einzurichten. [2]Sie muss mindestens in Stärke einer Staffel ständig einsatzbereit sein. [3]Ihre Kräfte sollen Beamte des feuerwehrtechnischen Dienstes sein. [4]Diesen können Aufgaben des vorbeugenden Brandschutzes übertragen werden, soweit nicht andere Rechtsvorschriften entgegenstehen.

Art. 13
Heranziehung zum Feuerwehrdienst; Pflichtfeuerwehr

(1) Die Gemeinden können Gemeindeeinwohner, die ihre Hauptwohnung im Gemeindegebiet haben, vom vollendeten 18. bis zum vollendeten 60. Lebensjahr zum Feuerwehrdienst heranziehen, wenn eine Freiwillige Feuerwehr nicht die erforderliche Mindeststärke erreicht und deswegen die Aufgaben gemäß Art. 4 Abs. 1 und 2 in der Gemeinde nicht erfüllt werden können.

(2) [1]Die Heranziehung zur Dienstleistung erfolgt mit schriftlichem Verpflichtungsbescheid auf bestimmte Zeit. [2]Die zum Dienst Herangezogenen haben die gleichen Rechte und Pflichten wie andere Mitglieder der Freiwilligen Feuerwehr. [3]Für Arbeitgeber der zum Feuerwehrdienst Herangezogenen gilt Art. 10 entsprechend.

(3) Zum Feuerwehrdienst kann nicht herangezogen werden,

1. wer wegen nicht nur vorübergehender körperlicher oder geistiger Behinderung für den Feuerwehrdienst untauglich ist,
2. wessen Heranziehung mit seinen beruflichen oder sonstigen Pflichten gegenüber der Allgemeinheit, insbesondere mit den Pflichten im öffentlichen Dienst, unvereinbar ist,
3. wer aus sonstigen wichtigen Gründen ungeeignet erscheint.

(4) [1]Die Gemeinde hat eine Pflichtfeuerwehr aufzustellen, wenn eine Freiwillige Feuerwehr nicht zustandekommt, es sei denn, dass eine Berufsfeuerwehr in ausreichender Stärke vorhanden ist. [2]Die Absätze 1 bis 3 gelten entsprechend.

(5) [1]Der Kommandant der Pflichtfeuerwehr, dessen Stellvertreter und die Führungsdienstgrade werden von der Gemeinde aus den Reihen der Feuerwehr auf Widerruf bestellt. [2]Die Gliederung der Pflichtfeuerwehr und die Ausbildung ihrer Einsatzkräfte richten sich nach den Bestimmungen über die Freiwillige Feuerwehr.

Art. 14
Berufsfeuerwehr

(1) Reicht eine Freiwillige Feuerwehr oder Pflichtfeuerwehr zur Erfüllung der Aufgaben nach Art. 4 Abs. 1 und 2 nicht aus, hat die Gemeinde eine Berufsfeuerwehr aufzustellen.

(2) [1]Der Einsatzdienst der Berufsfeuerwehren besteht aus Beamten des feuerwehrtechnischen Dienstes; das schon vor der Aufstellung einer Berufsfeuerwehr vorhandene Personal kann weiterverwendet werden. [2]Leiter der Berufsfeuerwehr muss ein Beamter sein, der mindestens ein Amt der Besoldungsgruppe A 10 in der Fachlaufbahn Naturwissenschaft und Technik, fachlicher Schwerpunkt feuerwehrtechnischer Dienst, innehat.

(3) [1]Berufsfeuerwehren müssen mindestens in Stärke eines Zugs ständig einsatzbereit sein. [2]Ihre Kräfte dürfen grundsätzlich für andere Aufgaben der Gemeinde nicht eingesetzt werden.

(4) Die Berufsfeuerwehr nimmt die Aufgaben der Gemeinde im vorbeugenden Brandschutz wahr, soweit nicht andere Rechtsvorschriften entgegenstehen.

Art. 15
Werkfeuerwehr

(1) [1]Werkfeuerwehren sind staatlich anerkannte Feuerwehren von Betrieben oder sonstigen Einrichtungen; ihnen obliegen dort der abwehrende Brandschutz, der technische Hilfsdienst und die Stellung von Sicherheitswachen. [2]Sie müssen in Aufbau, Ausrüstung und Ausbildung den Erfordernissen des Betriebs oder der Einrichtung und den an gemeindliche Feuerwehren gestellten Anforderungen entsprechen.

(2) [1]Die Regierung kann die Feuerwehr eines Betriebs oder einer Einrichtung auf Antrag des Inhabers oder Trägers als Werkfeuerwehr anerkennen, wenn die Voraussetzungen des Abs. 1 Satz 2 erfüllt sind; im Fall der Verpflichtung nach Satz 3 erfolgt die Anerkennung von Amts wegen. [2]Abweichend von Satz 1 obliegt in kreisfreien Gemeinden mit

Berufsfeuerwehr die Anerkennung als Werkfeuerwehr der Kreisverwaltungsbehörde. [3]Die Regierung kann Inhaber von Betrieben und Träger von Einrichtungen, die besonders brand- oder explosionsgefährdet sind oder durch die in einem Schadensfall viele Menschen gefährdet werden, verpflichten, eine Werkfeuerwehr aufzustellen, auszurüsten und zu unterhalten. [4]Dabei hat die Regierung auch die Leistungsfähigkeit der gemeindlichen Feuerwehren zu berücksichtigen. [5]Die Anerkennung, deren Rücknahme oder Widerruf oder die Verpflichtung haben im Benehmen mit dem Stadt- oder Kreisbrandrat und bei Betrieben, die der Gewerbeaufsicht unterliegen, mit dem Gewerbeaufsichtsamt zu erfolgen.

(3) [1]Die Regierung kann eine gemeinsame Werkfeuerwehr für mehrere Betriebe oder Einrichtungen anerkennen, wenn der abwehrende Brandschutz, der technische Hilfsdienst und die Stellung von Sicherheitswachen für jeden einzelnen Betrieb und jede einzelne Einrichtung sichergestellt ist. [2]Die Verantwortung für die ordnungsgemäße Aufgabenerfüllung verbleibt bei dem einzelnen Betrieb und der einzelnen Einrichtung.

(4) [1]Die Regierung oder die von ihr Beauftragten können die Leistungsfähigkeit einer Werkfeuerwehr jederzeit überprüfen; ihre Vertreter können den Betrieb oder die Einrichtung unangemeldet betreten. [2]In kreisfreien Gemeinden mit Berufsfeuerwehr obliegt die Aufgabe nach Satz 1 der Kreisverwaltungsbehörde.

(5) [1]In Betrieben, die der Bergaufsicht unterliegen, stehen die Befugnisse nach Abs. 2 und 4 dem Bergamt zu. [2]Abs. 3 ist nicht anwendbar.

(6) [1]Die gemeindlichen Feuerwehren sind bei Bedarf zur Hilfe verpflichtet. [2]Für den Einsatz in solchen Betrieben oder Einrichtungen müssen die gemeindlichen Feuerwehren nur organisatorische und, wenn nötig, besondere Vorkehrungen zum Schutz ihrer Einsatzkräfte treffen.

(7) [1]Werkfeuerwehren müssen bei Bedarf auch außerhalb des Betriebs oder der Einrichtung Hilfe leisten, wenn die Erfüllung der eigenen Aufgaben dadurch nicht wesentlich beeinträchtigt wird. [2]Auf Antrag sind dem Träger der Werk-

feuerwehr die Aufwendungen von der Gemeinde zu erstatten, in deren Gebiet Hilfe geleistet wurde.

(8) Die Amtshandlungen im Vollzug dieses Artikels sind kostenfrei.

Art. 16
Zusammenarbeit mehrerer Feuerwehren einer Gemeinde

(1) Mehrere Feuerwehren einer Gemeinde haben bei der Erfüllung ihrer Aufgaben zusammenzuwirken.

(2) [1]Gemeinsame Angelegenheiten mehrerer Feuerwehren einer Gemeinde werden im Benehmen mit den übrigen Kommandanten von dem Kommandanten der gemeindlichen Feuerwehr wahrgenommen, deren Einsatzmittel die jeder anderen Feuerwehr überwiegen; besteht eine solche nicht, so überträgt die Gemeinde diese Aufgaben einem Feuerwehrkommandanten. [2]Besteht eine Berufsfeuerwehr, so nimmt deren Leiter die gemeinsamen Angelegenheiten aller Feuerwehren wahr.

(3) Zu den gemeinsamen Angelegenheiten mehrerer Feuerwehren gehört es insbesondere, Beschaffungsvorhaben abzustimmen, die Einsatzplanung zu erstellen und gemeinsame Ausbildungsveranstaltungen durchzuführen.

Art. 17
Überörtliche Hilfe der gemeindlichen Feuerwehren

(1) Die gemeindlichen Feuerwehren haben bei Bedarf auch außerhalb des Gemeindegebiets Hilfe zu leisten, soweit der abwehrende Brandschutz und der technische Hilfsdienst in der eigenen Gemeinde dadurch nicht wesentlich gefährdet werden.

(2) [1]Die Hilfeleistung ist bis zu einer Entfernung von 15 km Luftlinie von der Grenze des Gemeindegebiets kostenlos; im übrigen hat die Gemeinde, in deren Gebiet Hilfe geleistet worden ist, auf Antrag die Aufwendungen zu erstatten. [2]Soweit sich die gemeindliche Feuerwehr bei der überörtlichen Hilfeleistung Dritter oder Einsatzmittel Dritter bedient, hat die Gemeinde, in deren Gebiet Hilfe geleistet wurde, auf Antrag die sich hieraus ergebenden Aufwendungen nach

den Grundsätzen der Geschäftsführung ohne Auftrag zu erstatten; dies gilt auch für Eigentümer gemeindefreier Gebiete.

(3) [1]Die Landratsämter können nach Anhörung der Gemeinden den gemeindlichen Feuerwehren zusätzliche Einsatzbereiche, insbesondere gemeindefreie Gebiete und Abschnitte von Autobahnen und Wasserstraßen zuweisen, wenn die Erfüllung der Aufgaben nach Art. 4 Abs. 1 dort nicht oder durch die örtlich zuständige gemeindliche Feuerwehr nicht hinreichend gewährleistet ist. [2]Gehört ein Einsatzbereich zum Gebiet einer anderen Kreisverwaltungsbehörde, ist die Regierung, berührt er mehrere Regierungsbezirke, ist das Staatsministerium des Innern, für Sport und Integration zuständig. [3]In den zugewiesenen Einsatzbereichen haben die Feuerwehren die gleichen Aufgaben wie im eigenen Gemeindegebiet. [4]Die Gemeinde, in deren Gebiet Hilfe geleistet worden ist, oder die Eigentümer des gemeindefreien Gebiets haben auf Antrag die Aufwendungen zu erstatten. [5]Sie haben auf Antrag ferner die durch Dritte nicht gedeckten Kosten von Einrichtungen zu übernehmen, die für die Hilfeleistung der Feuerwehr in dem zugewiesenen Einsatzbereich beschafft werden müssen.

Art. 18
Einsatzleitung

(1) [1]Der Einsatzleiter hat den Einsatz der Feuerwehren und aller Hilfskräfte (Art. 23 Abs. 1) an der Schadensstelle zu leiten und, wenn notwendig, weitere Feuerwehren und Hilfskräfte anzufordern. [2]Er lässt die Einsatz- und Hilfskräfte versorgen und ablösen.

(2) [1]Einsatzleiter ist der Kommandant der Freiwilligen oder der Pflichtfeuerwehr des Schadensorts, mit Eintreffen von Einsatzkräften der Berufsfeuerwehr des Schadensorts der Leiter dieser Einsatzkräfte. [2]Kommen mehrere Freiwillige Feuerwehren oder Pflichtfeuerwehren einer Gemeinde ohne Berufsfeuerwehr zum Einsatz, so kann der Feuerwehrkommandant, dem die Aufgaben gemäß Art. 16 Abs. 2 Satz 1 obliegen, die Einsatzleitung übernehmen.

(3) [1]In Betrieben oder Einrichtungen mit Werkfeuerwehr leitet deren Leiter den Einsatz. [2]Die Befugnisse gemäß Art. 23 Abs. 1 und 3 stehen ihm dabei nicht zu. [3]Der Leiter der Einsatzkräfte einer hilfeleistenden Feuerwehr kann die Einsatzleitung übernehmen, wenn deren technische Einsatzmittel die der Werkfeuerwehr erheblich überwiegen.

(4) [1]Treffen örtlich zuständige besondere Führungsdienstgrade (Art. 19 und 21) ein, so kann der jeweils Ranghöchste die Einsatzleitung übernehmen. [2]Besondere Führungsdienstgrade der Freiwilligen Feuerwehr einer kreisfreien Gemeinde können die Einsatzleitung in einem benachbarten Landkreis, besondere Führungsdienstgrade aus einem Landkreis die Einsatzleitung in einer benachbarten kreisfreien Gemeinde übernehmen. [3]Bei gleichem Rang entscheidet die Zuständigkeit für den Schadensort.

(5) [1]Der Kreisbrandrat kann die Einsatzleitung im Einzelfall auch einer anderen geeigneten Person übertragen. [2]Soll die Einsatzleitung für eine oder mehrere kreisangehörige Gemeinden auf Dauer übertragen werden, ist die Zustimmung des Landratsamts nötig.

(6) [1]Der Leiter von Einsatzkräften einer Berufsfeuerwehr, der mindestens ein Amt der Besoldungsgruppe A 10 innehat, kann stets die Einsatzleitung übernehmen. [2]Satz 1 gilt für gleich qualifizierte Leiter von Einsatzkräften einer Ständigen Wache im eigenen Gemeindegebiet entsprechend.

(7) Das Staatsministerium des Innern, für Sport und Integration kann durch Rechtsverordnung die Einsatzleitung für besondere Fälle, vor allem für Einsätze in besonderen Gebieten, abweichend regeln.

III. ABSCHNITT

Besondere Führungsdienstgrade, Feuerwehrverbände

Art. 19

Kreisbrandrat, Kreisbrandinspektor und Kreisbrandmeister

(1) [1]Der Kreisbrandrat hat das Landratsamt, die Gemeinden und die Feuerwehren in Fragen des Brandschutzes und

des technischen Hilfsdienstes zu beraten und zu unterstützen. [2]Er hat die Feuerwehren zu besichtigen und für die Ausbildungsveranstaltungen Sorge zu tragen.

(2) [1]Der Kreisbrandrat wird auf Vorschlag des Landrats von den Kommandanten der Freiwilligen Feuerwehren und den Leitern der Werkfeuerwehren in geheimer Wahl auf sechs Jahre gewählt. [2]Wird innerhalb von sechs Monaten nach Ausscheiden des bisherigen Kreisbrandrats kein geeigneter Nachfolger gewählt, hat das Landratsamt einen Kreisbrandrat zu bestellen. [3]Die Bestellung endet mit der Bestätigung eines gewählten Kreisbrandrats.

(3) [1]Der Kreisbrandrat teilt das Kreisgebiet im Einvernehmen mit dem Landratsamt in Feuerwehrinspektionsbereiche ein. [2]Für die Leitung der Feuerwehrinspektionsbereiche bestellt er im Benehmen mit den Kommandanten der Freiwilligen Feuerwehren und den Leitern der Werkfeuerwehren des jeweiligen Bereichs Kreisbrandinspektoren als seine Vertreter. [3]Der Kreisbrandrat kann im Einvernehmen mit dem Landratsamt weitere Kreisbrandinspektoren zu seiner Unterstützung bestellen. [4]Der Kreisbrandrat bestimmt einen der Kreisbrandinspektoren zu seinem ständigen Vertreter. [5]Er kann die Kreisbrandinspektoren im Benehmen mit dem Landratsamt jederzeit abberufen. [6]Andernfalls endet die Amtszeit der bestellten Kreisbrandinspektoren mit Beginn der Amtszeit des Kreisbrandrats.

(4) [1]Der Kreisbrandrat bestellt Kreisbrandmeister zu seiner Unterstützung und zur Unterstützung der Kreisbrandinspektoren. [2]Soweit sie Aufgaben für den gesamten Landkreis wahrzunehmen haben, unterstehen sie dem Kreisbrandrat unmittelbar; sonst unterstehen sie auch den Kreisbrandinspektoren, zu deren Unterstützung sie bestellt sind. [3]Der Kreisbrandrat kann einen Kreisbrandmeister im Benehmen mit dem Landratsamt jederzeit abberufen. [4]Andernfalls endet die Amtszeit der bestellten Kreisbrandmeister mit Beginn der Amtszeit des Kreisbrandrats.

(5) [1]Zum Kreisbrandrat oder Kreisbrandinspektor kann nur gewählt oder bestellt werden, wer nach Vollendung des 18. Lebensjahres mindestens fünf Jahre in einer Feuerwehr

Dienst geleistet, sich in einer Führungsfunktion bewährt und die vorgeschriebenen Lehrgänge mit Erfolg besucht hat. [2]Kreisbrandrat und Kreisbrandinspektor sollen ihren gewöhnlichen Aufenthalt im Kreisgebiet haben. [3]Zum Kreisbrandmeister kann nur bestellt werden, wer nach Vollendung des 18. Lebensjahres vier Jahre Dienst in einer Feuerwehr geleistet und die vorgeschriebenen Lehrgänge mit Erfolg besucht hat; ausnahmsweise genügt es, wenn den Umständen nach anzunehmen ist, dass der Betreffende solche Lehrgänge in angemessener Frist mit Erfolg besuchen wird. [4]Der Kreisbrandrat darf nicht, die Kreisbrandinspektoren sollen nicht gleichzeitig Kommandant einer Freiwilligen Feuerwehr oder Leiter einer Werkfeuerwehr sein.

(6) [1]Der Kreisbrandrat bedarf der Bestätigung durch die Regierung; die Kreisbrandinspektoren und Kreisbrandmeister bedürfen der Bestätigung durch das Landratsamt. [2]Art. 8 Abs. 4 Satz 2 gilt entsprechend.

(7) – *aufgehoben* –

Art. 20

Rechtsstellung und Entschädigung des Kreisbrandrats, der Kreisbrandinspektoren und Kreisbrandmeister

(1) [1]Der Kreisbrandrat, die Kreisbrandinspektoren und die Kreisbrandmeister sind ehrenamtlich für den Staat tätig und unterstehen dem Landrat. [2]Den Aufwand für ihre Tätigkeit tragen die Landkreise.

(2) [1]Sie erhalten eine angemessene Entschädigung und Reisekostenvergütung. [2]Die Auslagen werden vorbehaltlich abweichender Regelungen nach Absatz 3 durch die Entschädigung abgegolten. [3]Art. 11 Abs. 3 gilt entsprechend.

(3) [1]Die Entschädigung wird vom Landkreis festgesetzt. [2]Sie ist von ihm monatlich im voraus zu zahlen. [3]Die Bemessungsgrundlagen und Rahmensätze für die Entschädigungsansprüche, die Möglichkeit der Abgeltung des Anspruchs auf Ersatz des Verdienstausfalls und die gesondert zu erstattenden Auslagen werden durch Rechtsverordnung festgesetzt, die auch eine Gleitklausel enthalten kann.

(4) [1]Für Freistellungs-, Entgeltfortzahlungs- und Ersatzansprüche gelten Art. 9 Abs. 1 bis 3, Abs. 5 Nr. 2 und Art. 10 entsprechend. [2]Zur Wahrnehmung allgemeiner Aufgaben können im notwendigen zeitlichen Umfang feste Freistellungszeiten im Einvernehmen mit dem Landratsamt vereinbart werden. [3]Beruflich Selbstständige können mit dem Landratsamt eine pauschale Abgeltung des Verdienstausfalls zur Wahrnehmung der Aufgaben nach Satz 2 vereinbaren.

Art. 21
Stadtbrandrat, Stadtbrandinspektor, Stadtbrandmeister

(1) [1]In kreisfreien Gemeinden führt der Kommandant der Freiwilligen Feuerwehr die Bezeichnung Stadtbrandrat; Stellvertreter des Kommandanten führen die Bezeichnung Stadtbrandinspektor. [2]In kreisfreien Gemeinden mit mehreren Freiwilligen Feuerwehren ist Stadtbrandrat der Feuerwehrkommandant, dem die Aufgaben nach Art. 16 Abs. 2 Satz 1 obliegen. [3]In kreisfreien Gemeinden mit einer Berufsfeuerwehr und mehreren Freiwilligen Feuerwehren ist der Standbrandrat entsprechend Art. 16 Abs. 2 Satz 1 zu bestimmen.

(2) Die Aufgaben des Kreisbrandrats obliegen in kreisfreien Gemeinden ohne Berufsfeuerwehr dem Stadtbrandrat, in kreisfreien Gemeinden mit einer Berufsfeuerwehr deren Leiter.

(3) [1]Der Stadtbrandrat kann im Einvernehmen mit der Gemeinde Stadtbrandmeister zu seiner Unterstützung bestellen. [2]Art. 19 Abs. 4 Satz 3 und 4 sowie Abs. 6 Satz 1 Halbsatz 2 und Satz 2 gilt entsprechend.

(4) [1]In Großen Kreisstädten führt der Kommandant der Freiwilligen Feuerwehr die Bezeichnung Stadtbrandinspektor; Stellvertreter des Kommandanten führen die Bezeichnung Stadtbrandmeister. [2]Abs. 1 Satz 2 gilt entsprechend.

(5) Art. 20 Abs. 4 Satz 2 und 3 gilt für Stadtbrandräte, Stadtbrandinspektoren und Stadtbrandmeister entsprechend.

Art. 22
Feuerwehrverbände

Die staatlichen Behörden sollen grundsätzliche Fachfragen des Feuerwehrwesens im Benehmen mit den für ihren Bereich gebildeten Feuerwehrverbänden entscheiden.

IV. ABSCHNITT
Pflichten der Bevölkerung

Art. 23
Heranziehung von Personen und Sachen

(1) [1]Der Einsatzleiter kann Personen zur Hilfeleistung bis zu drei Tagen heranziehen, wenn das zur Abwehr einer gegenwärtigen Gefahr für die Allgemeinheit zwingend geboten ist und dadurch die Heranzuziehenden nicht erheblich gefährdet werden oder andere wichtige Pflichten verletzen müssen. [2]Für herangezogene Personen gelten die Art. 9 und 10 entsprechend.

(2) [1]Feuerwehrleute und andere Hilfskräfte dürfen Sachen entfernen, die den Einsatz behindern; sie dürfen fremde Gebäude, Grundstücke und Schiffe zur Brandbekämpfung oder Hilfeleistung betreten und benutzen. [2]Eigentümer, Besitzer und sonstige Nutzungsberechtigte haben die vom Einsatzleiter hierzu getroffenen Anordnungen zu befolgen und entsprechende sonstige Maßnahmen zu dulden.

(3) Der Einsatzleiter kann Eigentümer, Besitzer und sonstige Nutzungsberechtigte verpflichten, Fahrzeuge, Löschwasser, sonstige Löschmittel und andere zur Brandbekämpfung oder Hilfeleistung geeignete Sachen zur Verfügung zu stellen.

(4) Die Gemeinden können verlangen, dass Eigentümer, Besitzer und sonstige Nutzungsberechtigte geeigneter Gebäude, Grundstücke und Schiffe das Anbringen von Alarmeinrichtungen und Hinweisschildern für den abwehrenden Brandschutz und den technischen Hilfsdienst dulden.

Art. 24
Platzverweisung

[1]Soweit Polizei nicht zur Verfügung steht, können Führungsdienstgrade der Feuerwehr oder von ihnen im Einzelfall beauftragte Mannschaftsdienstgrade das Betreten der Schadensstelle und ihrer Umgebung verbieten oder Personen von dort verweisen und die Schadensstelle und den Einsatzraum der Feuerwehr sperren, wenn sonst der Einsatz behindert würde. [2]Unmittelbarer Zwang durch körperliche Gewalt und deren Hilfsmittel darf entsprechend den Art. 75 Abs. 1 und 3, Art. 77 Abs. 2, Art. 78 Abs. 1, 2 und 3, Art. 79, 80, 81 Abs. 1 Sätze 1 und 2 sowie Abs. 3 Sätze 1 und 3 des Polizeiaufgabengesetzes angewendet werden.

Art. 25
Verhältnismäßigkeit

(1) Von mehreren möglichen und geeigneten Maßnahmen im Sinn der Art. 23 und 24 ist diejenige zu treffen, die den einzelnen und die Allgemeinheit am wenigsten beeinträchtigt.

(2) Maßnahmen dürfen nicht zu Nachteilen führen, die erkennbar außer Verhältnis zu dem erstrebten Erfolg stehen.

(3) Eine Maßnahme ist nur so lange zulässig, bis ihr Zweck erreicht ist oder sich zeigt, dass er nicht erreicht werden kann.

Art. 26
Ordnungswidrigkeiten

Mit Geldbuße bis zu fünftausend Euro kann belegt werden, wer vorsätzlich oder fahrlässig

1. entgegen Art. 23 Abs. 1 Satz 1, Abs. 2 Satz 2, Abs. 3 oder 4 einer vollziehbaren Anordnung nicht, nicht richtig, nicht vollständig oder nicht rechtzeitig nachkommt oder deren Durchführung stört oder
2. einer vollziehbaren Anordnung nach Art. 24 Satz 1 zuwiderhandelt.

Art. 27
Entschädigungsanspruch

(1) Erleidet jemand aufgrund von Maßnahmen einer gemeindlichen Feuerwehr oder einer Werkfeuerwehr, die gemäß Art. 15 Abs. 7 Hilfe leistet, einen nicht zumutbaren Schaden, so ist dem Geschädigten dafür Entschädigung in Geld zu gewähren, soweit der Schaden durch die Maßnahmen der Feuerwehr entstanden ist und der Geschädigte nicht von einem anderen Ersatz zu erlangen vermag.

(2) Wird jemand durch eine Maßnahme der Feuerwehr getötet, so ist dem Unterhaltsberechtigten in entsprechender Anwendung von § 844 Abs. 2 des Bürgerlichen Gesetzbuchs Entschädigung zu leisten.

(3) Ein Entschädigungsanspruch besteht nicht, soweit eine Maßnahme unmittelbar dem Schutz der Person oder des Vermögens des Geschädigten oder seiner Haushalts- oder Betriebsangehörigen gedient hat.

(4) [1]Entschädigung nach den Absätzen 1 und 2 wird nur für Vermögensschaden gewährt. [2]Dabei sind Vermögensvorteile, die dem Berechtigten aus der zur Entschädigung verpflichtenden Maßnahme entstehen, sowie ein mitwirkendes Verschulden des Berechtigten zu berücksichtigen. [3]Entschädigungspflichtig ist die Gemeinde, in deren Gebiet der den Einsatz auslösende Schadensort liegt.

(5) Haben Maßnahmen nach Art. 23 Abs. 4 enteignende Wirkung, ist dem Betroffenen Entschädigung in Geld nach den Vorschriften des Bayerischen Gesetzes über die entschädigungspflichtige Enteignung zu gewähren.

V. ABSCHNITT
Kosten, Schlussvorschriften

Art. 28
Ersatz von Kosten

(1) [1]Die Gemeinden können nach Maßgabe der nachfolgenden Bestimmungen Ersatz der notwendigen Aufwendungen verlangen, die ihnen durch Ausrücken, Einsätze und

Sicherheitswachen gemeindlicher Feuerwehren (Art. 4 Abs. 1 und 2) oder durch Einsätze hilfeleistender Werkfeuerwehren (Art. 15 Abs. 7) entstanden sind. [2]Der Anspruch wird durch Leistungsbescheid geltend gemacht. [3]Auf Aufwendungsersatz soll verzichtet werden, wenn eine Inanspruchnahme der Billigkeit widerspräche.

(2) Kostenersatz nach Abs. 1 kann verlangt werden

1. für Einsätze im abwehrenden Brandschutz und im technischen Hilfsdienst, bei denen die Gefahr oder der Schaden durch den Betrieb von Kraft-, Luft-, Schienen- oder Wasserfahrzeugen oder eines Anhängers, der dazu bestimmt ist, von einem Kraftfahrzeug mitgeführt zu werden, veranlasst war, mit Ausnahme der Einsätze oder Tätigkeiten, die unmittelbar der Rettung oder Bergung von Menschen und Tieren dienen,
2. für sonstige Einsätze im technischen Hilfsdienst, mit Ausnahme der Einsätze oder Tätigkeiten, die unmittelbar der Rettung oder Bergung von Menschen und Tieren dienen,
3. für aufgewendete Sonderlöschmittel bei Bränden in Gewerbe- und Industriebetrieben,
4. für Einsätze, die durch eine vorsätzlich oder grob fahrlässig herbeigeführte Gefahr veranlasst waren,
5. bei vorsätzlicher oder grob fahrlässiger Falschalarmierung der Feuerwehr oder bei Falschalarmen, die durch eine private Brandmeldeanlage ausgelöst wurden,
6. wenn ein Sicherheitsdienst einen Notruf trotz fehlender Anhaltspunkte für die Notwendigkeit eines Feuerwehreinsatzes weitergeleitet hat und keine Tätigkeit zur unmittelbaren Rettung oder Bergung von Menschen erforderlich war,
7. für das Ausrücken einer alarmierten Feuerwehr zu einem Einsatz, für den die Gemeinden der eingesetzten Feuerwehren die Aufwendungen nach den Nrn. 1, 2 oder 4 ersetzt verlangen können, deren eigenes Tätigwerden aber nicht erforderlich geworden ist,
8. für Sicherheitswachen.

(3) [1]Zum Ersatz der Kosten ist verpflichtet,

1. wer in den Fällen des Abs. 2 Nrn. 1, 2, 3 und 4 die Gefahr, die zu dem Einsatz der Feuerwehr geführt hat, verursacht hat oder sonst zur Beseitigung der von der Feuerwehr behobenen Gefahr verpflichtet war,
2. wer in den Fällen des Abs. 2 Nr. 1 Halter eines Fahrzeugs im Sinn von Absatz 2 Nr. 1 ist, durch das ein Feuerwehreinsatz veranlasst war,
3. wer in den Fällen des Abs. 2 Nr. 5 die Feuerwehr vorsätzlich oder grob fahrlässig falsch alarmiert hat oder eine private Brandmeldeanlage, die einen Falschalarm ausgelöst hat, betreibt,
4. wer im Falle des Abs. 2 Nr. 6 den Sicherheitsdienst betreibt,
5. wer im Falle des Abs. 2 Nr. 7 nach Nr. 1 zum Ersatz der Kosten der tatsächlich eingesetzten Feuerwehren verpflichtet ist,
6. wer in den Fällen des Abs. 2 Nr. 8 die Feuerwehr in Anspruch genommen hat.

[2]Mehrere Verpflichtete haften als Gesamtschuldner.

(4) [1]Die Gemeinden können Pauschalsätze für den Ersatz der Kosten bei der Erfüllung von Aufgaben nach Art. 4 durch Satzung festlegen; Art. 2 und 8 des Kommunalabgabengesetzes gelten entsprechend. [2]Bei der Erfüllung von Pflichtaufgaben nach Art. 4 Abs. 1 und 2 ist eine Eigenbeteiligung der Gemeinden an den Vorhaltekosten vorzusehen, die die Vorteile für die Allgemeinheit angemessen berücksichtigt. [3]Ansprüche nach Bürgerlichem Recht bleiben unberührt.

Art. 29
Finanzierung der staatlichen Aufgaben

Das Aufkommen der Feuerschutzsteuer ist für die Aufgaben des Staates gemäß Art. 3 zu verwenden.

Art. 30
Einschränkungen von Grundrechten

Das Recht auf körperliche Unversehrtheit, die Freiheit der Person, die Versammlungsfreiheit, die Freizügigkeit und die Unverletzlichkeit der Wohnung können aufgrund dieses

Gesetzes eingeschränkt werden (Art. 2 Abs. 2 Sätze 1 und 2, Art. 8 Abs. 2, Art. 11 und 13 des Grundgesetzes, Art. 102, 106 Abs. 3, Art. 109 und 113 der Verfassung).

Art. 31
Verordnungsermächtigung

Das Staatsministerium des Innern, für Sport und Integration wird ermächtigt, durch Rechtsverordnung die zur Durchführung dieses Gesetzes notwendigen Bestimmungen zu erlassen, insbesondere

1. in den Fällen der Art. 9 Abs. 3, Art. 11 Abs. 4 Satz 3 und Art. 20 Abs. 3 Satz 3,
2. über Unterbringung und erforderliche Einrichtungen, Gliederung, Führungs- und Mannschaftsdienstgrade, Mindeststärke und -ausrüstung sowie die Ausbildung der Feuerwehren,
3. über Dienstgrad- und Funktionsabzeichen sowie die Schutz- und Dienstkleidung der Feuerwehren,
4. über die Voraussetzungen für die Anerkennung von Werkfeuerwehren, die Verpflichtung zur Aufstellung, Ausrüstung und Unterhaltung von Werkfeuerwehren, ihre Dienstgrad- und Funktionsabzeichen sowie die Anforderungen an ihr Personal,
5. über die Aufgaben der Kreisbrandräte,
6. über die Einsatz- und Alarmierungsplanung der Feuerwehren,
7. über die Einsatzdokumentation,
8. über die Eignung zum Feuerwehrdienst,
9. über die Zusammenarbeit mehrerer Gemeinden nach Art. 1 Abs. 4, wobei auch abweichende Regelungen zu den Bestimmungen der Art. 6 Abs. 2, Art. 13, 16 und 19 bis 21 getroffen werden können.

Art. 32
Inkrafttreten

Dieses Gesetz tritt am 1. Januar 1982 in Kraft[1]).

---

1) Betrifft die ursprüngliche Fassung vom 23. Dezember 1981 (GVBl. S. 526).

Anhang 2

Verordnung zur Ausführung des Bayerischen Feuerwehrgesetzes (Feuerwehrgesetzausführungsverordnung – AVBayFwG)

vom 29.12.1981 (GVBl. 1982 S. 26, BayRS 215-3-1-1-I), zuletzt geändert durch § 1 Abs. 165 V vom 26.3.2019 (GVBl. S. 98)

– Auszug –

Aufgrund von Art. 18 Abs. 7 und Art. 31 des Bayerischen Feuerwehrgesetzes (BayFwG) und § 1 der Verordnung über die Einrichtung der staatlichen Behörden erlässt das Bayerische Staatsministerium des Innern folgende Verordnung:

§ 1
Einzelne Aufgaben der Gemeinden

Im Rahmen von Art. 1 Abs. 2 Satz 1 des Bayerischen Feuerwehrgesetzes (BayFwG) haben die Gemeinden insbesondere

1. Gerätehäuser mit den erforderlichen Einrichtungen bereitzustellen,
2. Fahrzeuge, Geräte, Material, Schutzausrüstung und Dienstkleidung zu beschaffen,
3. Einrichtungen zur Meldung und Alarmierung in der Gemeinde zu beschaffen und zu betreiben,
4. den Verwaltungsaufwand und, soweit dafür nicht Dritte aufkommen, die Kosten der Aus- und Fortbildung zu tragen.

§ 2
Bezeichnung der gemeindlichen Feuerwehren

[1]Die Feuerwehr einer Gemeinde führt die Bezeichnung „Freiwillige Feuerwehr/Pflichtfeuerwehr/Berufsfeuerwehr .... (Gemeinde)". [2]Ortsfeuerwehren können die Bezeichnung „Freiwillige Feuerwehr .... (Gemeindeteil)/ .... (Gemeinde)" führen. [3]Ortsfeuerwehren für mehrere Ortsteile einer oder mehrerer Gemeinden können abweichende Bezeichnungen führen, aus denen der Schutzbereich erkennbar wird.

§ 3
Gliederung

(1) [1]Die gemeindlichen Feuerwehren sind in taktische Einheiten zu gliedern. [2]Taktische Einheiten sind insbesondere der Selbstständige Trupp, die Staffel, die Gruppe, der Zug und der Verband; je Einheit übernimmt eine Person die Führung (Truppführer, Staffelführer, Gruppenführer, Zugführer, Verbandsführer). [3]Die kleinste taktisch selbstständige Einheit ist die Gruppe. [4]Soweit möglich, sind Züge zu bilden.

(2) Die taktischen Einheiten sind wie folgt zu besetzen:

- der Trupp mit dem Truppführer und höchstens zwei Feuerwehrleuten
- die Staffel mit dem Staffelführer und fünf Feuerwehrleuten
- die Gruppe mit dem Gruppenführer und acht Feuerwehrleuten
- der Zug mit dem Zugführer und mindestens 16 Feuerwehrleuten
- der Verband mit dem Verbandsführer und mindestens zwei Zügen.

§ 4
Stärke

(1) [1]Die Stärke einer Freiwilligen Feuerwehr oder einer Pflichtfeuerwehr richtet sich nach der Größe des von ihr zu schützenden Gebiets und nach den dort vorhandenen Gefahren. [2]Die Geräte sollen mindestens dreifach besetzt sein.

(2) [1]Die Mindeststärke einer Freiwilligen Feuerwehr oder einer Pflichtfeuerwehr ist eine Gruppe in dreifacher Besetzung. [2]In Ausnahmefällen kann die Mindeststärke auf die zweifache Besetzung beschränkt werden.

§ 5
Dienstgrade

Die Mitglieder der Freiwilligen Feuerwehren und der Pflichtfeuerwehren können folgende Mannschafts- und Führungsdienstgrade haben:

1. Mannschaftsdienstgrade
   - Feuerwehranwärter, Feuerwehranwärterin
   - Feuerwehrmann, Feuerwehrfrau
   - Oberfeuerwehrmann, Oberfeuerwehrfrau
   - Hauptfeuerwehrmann, Hauptfeuerwehrfrau
2. Führungsdienstgrade
   - Löschmeister, Löschmeisterin
   - Oberlöschmeister, Oberlöschmeisterin
   - Hauptlöschmeister, Hauptlöschmeisterin
   - Brandmeister, Brandmeisterin
   - Oberbrandmeister, Oberbrandmeisterin
   - Hauptbrandmeister, Hauptbrandmeisterin.

§ 6
Zweckverbände und Zweckvereinbarungen

(1) Wird die Pflichtaufgabe nach Art. 1 Abs. 1 BayFwG auf einen Zweckverband oder durch Zweckvereinbarung übertragen, finden die Vorschriften dieser Verordnung entsprechende Anwendung.

(2) Sind Gemeinden aus unterschiedlichen Landkreisen oder eine kreisfreie Gemeinde Mitglied in einem Zweckverband oder an einer Zweckvereinbarung nach Abs. 1 beteiligt, ist die Zuständigkeit besonderer Führungsdienstgrade von der kreisfreien Gemeinde und den beteiligten Kreisverwaltungsbehörden nach Anhörung der beteiligten kreisangehörigen Gemeinden und Verwaltungsgemeinschaften gemeinsam festzulegen.

(3) Die Verbandssatzung oder die Zweckvereinbarung müssen ergänzend zu Art. 19 Abs. 1 und Art. 10 Abs. 1 des Gesetzes über die kommunale Zusammenarbeit Festsetzungen enthalten,

1. zur Befugnis der Gemeinden, Sicherheitswachen anzuordnen (Art. 4 Abs. 2 BayFwG) und Feuerwehren für freiwillige Tätigkeiten heranzuziehen (Art. 4 Abs. 3 BayFwG),
2. bei Kooperationen, die nicht das gesamte Gebiet der beteiligten Gemeinden umfassen, zur Abstimmung der Feuerwehrbedarfsplanung und von Beschaffungskonzepten.

(4) Personen können zum Dienst nur in einer Feuerwehr herangezogen werden (Art. 13 BayFwG), die die Aufgaben gemäß Art. 4 Abs. 1 und 2 BayFwG in dem Gemeindegebiet erfüllt, in dem sie ihre Hauptwohnung haben.

§ 7
Ausbildung von besonderen Feuerwehrführungsdienstgraden und Führungskräften

(1) [1]Für Feuerwehrkommandanten und ihre Stellvertreter wird gemäß Art. 8 Abs. 3 und 5 BayFwG der Lehrgang für die Leiter einer Feuerwehr vorgeschrieben. [2]Je nach Stärke der Feuerwehr sind zusätzlich folgende Lehrgänge erforderlich:

1. bei einer Feuerwehr mit mindestens einem Zug der Lehrgang für Zugführer oder
2. bei einer Feuerwehr mit mindestens zwei Zügen der Lehrgang für Verbandsführer oder
3. in allen übrigen Fällen der Lehrgang für Gruppenführer.

(2) Für besondere Führungsdienstgrade (Kreisbrandräte, -inspektoren und -meister, Stadtbrandräte, -inspektoren und -meister) wird gemäß Art. 19 Abs. 5 Sätze 1 und 3 BayFwG der Lehrgang für Verbandsführer im Feuerwehrdienst vorgeschrieben.

(3) Die in den Abs. 1 und 2 genannten Lehrgänge können durch vergleichbare oder höherwertige Qualifikationen ersetzt werden.

§ 8
Ausbildung von Disponenten Integrierter Leitstellen

(1) [1]Die Disponenten Integrierter Leitstellen müssen über eine qualifizierte rettungsdienstliche und feuerwehrfachliche Ausbildung verfügen. [2]Sie sollen zumindest eine Qualifikation als Rettungssanitäter erworben und den Führungslehrgang nach § 23 Abs. 2 der Verordnung über den fachlichen Schwerpunkt feuerwehrtechnischer Dienst (FachV-Fw) oder eine diesem vergleichbare Ausbildung absolviert haben, mindestens jedoch eines von beiden. [3]Im letzteren Fall ist im jeweils fachfremden Tätigkeitsgebiet eine Ergänzung der

Qualifikation durch modular aufgebaute Fortbildungslehrgänge erforderlich. [4]Mit einer Qualifikation als Rettungssanitäter muss stets das Rettungsdienstmodul II absolviert werden. [5]Als Fortbildungslehrgänge sind zugelassen

1. für den Rettungsdienst:
   a) die Ausbildung zum Rettungssanitäter nach der Bayerischen Rettungssanitäterverordnung (BayRettSanV) oder das Rettungsdienstmodul I (520 Unterrichtseinheiten) und darauf aufbauend
   b) das Rettungsdienstmodul II (280 Unterrichtseinheiten),
2. für die feuerwehrfachliche Fortbildung:
   a) die Ausbildung für den Einstieg in der zweiten Qualifikationsebene des fachlichen Schwerpunkts feuerwehrtechnischer Dienst nach der Verordnung über den fachlichen Schwerpunkt feuerwehrtechnischer Dienst, die Ausbildung zum Truppmann, Truppführer und Gruppenführer einer Freiwilligen Feuerwehr oder das Feuerwehrmodul I (280 Unterrichtseinheiten) und darauf aufbauend
   b) das Feuerwehrmodul II (520 Unterrichtseinheiten).

[6]Die Disponenten Integrierter Leitstellen müssen am Disponentenlehrgang, den die Staatliche Feuerwehrschule Geretsried durchführt (§ 18 Abs. 3), teilgenommen haben. [7]Die Betreiber haben für eine regelmäßige und angemessene Fortbildung der Disponenten zu sorgen.

(2) [1]Der Disponentenlehrgang umfasst eine Mindestdauer von 280 Unterrichtseinheiten. [2]Er vermittelt die Themenfelder Rechtsgrundlagen, Organisation, Dienstbetrieb, Kommunikation, Zusammenarbeit mit anderen Behörden und Organisationen, Technik und Taktik und besteht aus

1. einer theoretischen Ausbildung und schriftlichen Leistungsnachweisen jeweils am Ende einer Lehrgangswoche,
2. einer praktischen Anleitung in der Lehrleitstelle der Staatlichen Feuerwehrschule Geretsried und
3. einer Abschlussprüfung.

[3]Das Staatsministerium des Innern, für Sport und Integration (Staatsministerium) regelt den genauen Stoffverteilungsplan für den Disponentenlehrgang im Wege der Bekanntmachung. [4]Für Personen mit qualifizierter Vorerfahrung kann das Staatsministerium einen verkürzten Lehrgang mit einer Mindestdauer von 200 Unterrichtseinheiten zulassen.

(3) [1]Die Abschlussprüfung ist vor einer Prüfungskommission abzulegen, die aus vier Mitgliedern besteht. [2]Den Vorsitz führt der Leiter der Staatlichen Feuerwehrschule Geretsried oder ein von ihm benannter Mitarbeiter der Staatlichen Feuerwehrschule Geretsried. [3]Weitere Mitglieder sind

1. ein Vertreter des Staatsministeriums oder der Zweckverbände für Rettungsdienst und Feuerwehralarmierung,
2. der Leiter oder ein Schichtführer einer Integrierten Leitstelle in Bayern oder ein fachlich geeigneter sonstiger Vertreter des Betreibers und
3. ein weiterer Mitarbeiter der Staatlichen Feuerwehrschule Geretsried.

[4]Bei Bedarf können mehrere Prüfungskommissionen gebildet werden.

(4) [1]Zur Abschlussprüfung kann nur zugelassen werden, wer den Disponentenlehrgang abgeleistet hat, die in Abs. 1 genannten Voraussetzungen erfüllt und nachweist sowie in den schriftlichen Leistungsnachweisen nach Abs. 2 Satz 2 Nr. 1 im Mittel ein ausreichendes Ergebnis nach dem Bewertungsschema in **Anlage 2** erzielt hat. [2]Die Abschlussprüfung steht am Ende des Disponentenlehrgangs. [3]Sie besteht aus einem schriftlichen, einem mündlichen und einem praktischen Leistungsnachweis. [4]Bewerber haben in allen Prüfungsteilen nachzuweisen, dass sie die fachliche Eignung für die Tätigkeit als Disponent einer Integrierten Leitstelle besitzen.

(5) [1]Über das Bestehen der Abschlussprüfung ist ein Zeugnis auszustellen, das eine Beurteilung der einzelnen Prüfungsteile und eine Gesamtbeurteilung enthält. [2]Das Zeugnis ist vom Schulleiter der Staatlichen Feuerwehrschule Geretsried zu unterzeichnen.

§ 9
Dienst in der Freiwilligen Feuerwehr

[1]Die Eignung für den Feuerwehrdienst setzt insbesondere die körperliche und geistige Befähigung zur Wahrnehmung der Tätigkeiten in der Feuerwehr sowie die für den Feuerwehrdienst erforderliche Zuverlässigkeit voraus. [2]Bei Feuerwehrdienstleistenden mit beschränkter Eignung (Art. 6 Abs. 3 Satz 4, Abs. 4 Satz 1 BayFwG) sind die Aufgaben, für die eine Eignung besteht, schriftlich festzulegen. [3]Feuerwehrdienstleistende sollen nicht bereits aktives Mitglied beim Technischen Hilfswerk oder einer gemäß Art. 7 Abs. 3 Nr. 5 des Bayerischen Katastrophenschutzgesetzes zur Katastrophenhilfe verpflichteten Organisation sein. [4]Als Kommandant einer Freiwilligen Feuerwehr ist im Regelfall nur geeignet, wer im Gemeindegebiet dieser Freiwilligen Feuerwehr wohnt.

§ 10
Erstattung von Verdienstausfall

(1) [1]Feuerwehrleute, die beruflich selbstständig sind, können Ersatz des ihnen entstandenen Verdienstausfalls bis zur Höhe des Stundenentgelts der Stufe 6 der Entgeltgruppe 15 des Tarifvertrags für den öffentlichen Dienst (TVöD) fordern. [2]Für jeden Tag können höchstens zehn Stunden berücksichtigt werden. [3]Angefangene Stunden sind mit dem vollen Stundensatz zu berechnen.

(2) Die Höhe des Verdienstausfalls ist glaubhaft zu machen.

(3) Statt Verdienstausfall können beruflich selbstständige Feuerwehrleute nachgewiesene Vertretungskosten bis zur Höhe des Ersatzanspruchs gemäß Abs. 1 geltend machen.

§ 11
Entschädigung des Feuerwehrkommandanten und anderer Feuerwehrdienstleistender

(1) [1]Die Entschädigung der Feuerwehrkommandanten bemisst sich nach den von der Feuerwehr im Einsatzdienst verwendeten Fahrzeugen entsprechend der Anlage 1. [2]Sie beträgt mindestens für jedes Fahrzeug der Gruppe A monat-

lich 30,00 € und für jedes Fahrzeug der Gruppe B monatlich 51,00 €. [3]Fahrzeuge, die in der Regel von Angehörigen einer Ständigen Wache besetzt werden, bleiben bei der Festsetzung der Entschädigung unberücksichtigt. [4]Die Gemeinden können bestimmen, dass die Entschädigung auch den Verdienstausfall abgilt; in diesem Fall ist sie über die Mindestsätze hinaus angemessen zu erhöhen. [5]Der Verdienstausfall kann jedoch nicht abgegolten werden, wenn er durch die Teilnahme an Ausbildungsveranstaltungen entsteht, die länger als zwei Tage dauern.

(2) In kreisangehörigen Gemeinden erhalten die Kommandanten eine Entschädigung mindestens in Höhe der Mindestsätze nach Abs. 1; bei ihren Stellvertretern treten an die Stelle der Mindestsätze 50 v. H. dieser Beträge.

(3) [1]In kreisfreien Gemeinden ohne Berufsfeuerwehr erhöhen sich für den Stadtbrandrat die Mindestsätze nach Abs. 1 um 35 v. H.; bei seinen Stellvertretern treten an die Stelle der Mindestsätze 60 v. H. dieser Beträge. [2]Für die Feuerwehrkommandanten in kreisfreien Gemeinden ohne Berufsfeuerwehr und ihre Stellvertreter gilt Abs. 2 entsprechend. [3]Nach Art. 21 Abs. 3 Satz 1 BayFwG bestellte Stadtbrandmeister erhalten eine Entschädigung mindestens in Höhe von 50 v. H. der Mindestsätze nach Abs. 1.

(4) [1]In kreisfreien Gemeinden mit Berufsfeuerwehr können für den Stadtbrandrat die Mindestsätze nach Abs. 1 unterschritten oder um bis zu 35 v. H. erhöht werden; bei seinen Stellvertretern treten an die Stelle der Mindestsätze Beträge bis zu 60 v. H. der Mindestsätze. [2]Für die Kommandanten in kreisfreien Gemeinden mit Berufsfeuerwehr und ihre Stellvertreter gilt Abs. 2 entsprechend; die Mindestsätze nach Abs. 1 können unterschritten werden. [3]Nach Art. 21 Abs. 3 Satz 1 BayFwG bestellte Stadtbrandmeister erhalten eine Entschädigung in Höhe von 50 v. H. der Mindestsätze nach Abs. 1.

(5) Für die Teilnahme an Brandwachen und Sicherheitswachen erhalten Feuerwehrleute, wenn nicht der Lohn fortzuzahlen oder Verdienstausfall zu erstatten ist, eine Entschädigung von 15,10 € je Stunde.

(6) [1]Einheitliche Änderungen aller Grundgehälter der Besoldungsordnung A gelten mit dem gleichen Vomhundertsatz unmittelbar für die Mindestsätze des Abs. 1, für die auf dieser Grundlage festgesetzten Entschädigungen und für die Entschädigung nach Abs. 5. [2]Centbeträge sind dabei auf volle zehn Cent aufzurunden.

(7) Feuerwehrkommandanten, ihren Stellvertretern und Stadtbrandmeistern nach Art. 21 Abs. 3 Satz 1 BayFwG wird für Reisen und Gänge, die ausschließlich zur Wahrnehmung der ihnen obliegenden Aufgaben durchgeführt werden, Reisekostenvergütung in entsprechender Anwendung der für Beamte, ausgenommen der Besoldungsgruppen A1 bis A7, geltenden Vorschriften gewährt; Art. 5 Abs. 1 Satz 3 des Bayerischen Reisekostengesetzes (BayRKG) findet keine Anwendung.

§ 12
Kreisbrandräte

(1) [1]Zur Erfüllung ihrer Aufgaben nach Art. 19 Abs. 1 BayFwG haben die Kreisbrandräte insbesondere

1. mindestens einmal im Jahr die Kommandanten der Freiwilligen und der Pflichtfeuerwehren sowie die Leiter der Werkfeuerwehren zu einer Ausbildungsveranstaltung einzuberufen,
2. mindestens alle drei Jahre die Freiwilligen Feuerwehren, die Pflichtfeuerwehren und die Werkfeuerwehren zu besichtigen,
3. an größeren Feuerwehreinsätzen im Landkreis teilzunehmen,
4. an den Dienstversammlungen der Kreisbrandräte teilzunehmen.

[2]In den Fällen der Nummern 2 und 3 können sich die Kreisbrandräte auch durch die Kreisbrandinspektoren oder Kreisbrandmeister vertreten lassen.

(3) Der Kreisbrandrat und die Kreisbrandinspektoren müssen über geeignete Kraftfahrzeuge und ausreichende Fernmeldeeinrichtungen verfügen können.

§ 13
Entschädigung der Kreisbrandräte, der Kreisbrandinspektoren und Kreisbrandmeister

(1) [1]Die Entschädigung der Kreisbrandräte, der Kreisbrandinspektoren und Kreisbrandmeister muss sich in folgendem Rahmen halten:

1. für die Kreisbrandräte monatlich 965,10 bis 2 000,00 €,
2. für die Kreisbrandinspektoren monatlich 531,20 bis 1 150,00 €,
3. für die Kreisbrandmeister monatlich 217,40 bis 400,00 €.

[2]Bei der Festsetzung der Entschädigung ist insbesondere zu berücksichtigen, welchen Umfang die mit dem Amt verbundene Tätigkeit hat und ob und in welcher Höhe Verdienstausfall abgegolten wird. [3]Der Verdienstausfall kann jedoch nicht abgegolten werden, wenn er durch die Teilnahme an Ausbildungsveranstaltungen entsteht, die länger als zwei Tage dauern.

(2) [1]Einheitliche Änderungen aller Grundgehälter der Besoldungsordnung A gelten mit dem gleichen Vomhundertsatz unmittelbar für die Rahmensätze des Abs. 1 und für die danach festgesetzte Entschädigung. [2]Centbeträge sind dabei auf volle zehn Cent aufzurunden.

(3) [1]Neben der Entschädigung sind in dem für die ordnungsgemäße Erledigung der Aufgaben erforderlichen Umfang zu erstatten:

1. den Kreisbrandräten und Kreisbrandinspektoren die Auslagen für die Beschaffung und den Unterhalt der Dienstkleidung, für die Bereitstellung eines Dienstraums, für eine Schreibhilfe und für Geschäftsbedürfnisse,
2. den Kreisbrandmeistern die Auslagen für Beschaffung und Unterhalt der Dienstkleidung.

[2]Die übrigen Auslagen werden durch die Entschädigung abgegolten.

(4) Kreisbrandräten, Kreisbrandinspektoren und Kreisbrandmeistern wird für Reisen und Gänge, die ausschließlich zur Wahrnehmung der ihnen obliegenden Aufgaben durchgeführt werden, Reisekostenvergütung in entsprechender

Anwendung der für Beamte, ausgenommen der Besoldungsgruppen A1 bis A7, geltenden Vorschriften gewährt; Art. 5 Abs. 1 Satz 3 BayRKG findet keine Anwendung.

§ 14
Werkfeuerwehr

(1) Maßgebende Erfordernisse im Sinn von Art. 15 Abs. 1 Satz 2 BayFwG sind die Schutzbedürfnisse des Betriebs oder der Einrichtung gegen Brand- oder Explosionsgefahren oder gegen sonstige Unglücksfälle im Betrieb oder der Einrichtung, durch die Leben oder Gesundheit von Menschen gefährdet werden könnten.

(2) [1]Während der Arbeitszeit des Betriebs oder der Einrichtung muss die Werkfeuerwehr mindestens in Stärke einer Gruppe ständig einsatzbereit sein. [2]Außerhalb der Arbeitszeit richten sich die Stärke und Einsatzbereitschaft der Werkfeuerwehr nach den Erfordernissen gemäß Abs. 1; mindestens jedoch muss eine Gruppe kurzfristig alarmiert und eingesetzt werden können.

(3) Eine Werkfeuerwehr ist ganz oder teilweise mit hauptberuflichen Kräften zu besetzen, wenn nebenberufliche Kräfte den Erfordernissen des Abs. 1 nicht genügen.

(4) [1]Die Anforderungen an die fachlichen Kenntnisse und Fähigkeiten der Angehörigen einer Werkfeuerwehr richten sich nach den Erfordernissen des Abs. 1 und zumindest nach den Ausbildungsgrundsätzen für die Freiwilligen Feuerwehren. [2]Hauptberuflich tätige Leiter von Werkfeuerwehren und ihre Stellvertreter sollen zumindest den Führungslehrgang nach § 23 Abs. 2 FachV-Fw oder eine diesem vergleichbare Ausbildung absolviert haben und den Ausbildungsanforderungen an Zugführer genügen.

(5) Eine Werkfeuerwehr muss mindestens mit einem genormten Löschgruppenfahrzeug und vier umluftunabhängigen Atemschutzgeräten ausgerüstet sein, es sei denn, dass auch eine andere Ausrüstung den Erfordernissen des Abs. 1 genügt.

(6) Die Regierung hat bei ihrer Entscheidung über die Verpflichtung, eine Werkfeuerwehr aufzustellen, auszurüsten

und zu unterhalten (Art. 15 Abs. 2 Sätze 3 und 4 BayFwG), nicht nur die im Zeitpunkt der Entscheidung gegebene, sondern auch die der Gemeinde zumutbare Leistungsfähigkeit der gemeindlichen Feuerwehr zu berücksichtigen.

(7) Vor der Anerkennung einer Werkfeuerwehr, der Rücknahme der Anerkennung oder ihres Widerrufs sind in der Regel auch die Kreisverwaltungsbehörde und die Träger der gesetzlichen Unfallversicherung zu hören.

§ 15
Verpflichtung zur Hilfeleistung; Alarmplanung

(1) [1]Die gemeindlichen Feuerwehren sind zur Hilfeleistung in einer Entfernung von mehr als 15 km Luftlinie von der Gemeindegrenze nur verpflichtet, wenn sie von der Polizei, einer anderen Feuerwehr, einer Gemeinde, einem Landratsamt oder einer Einrichtung des Rettungsdienstes dazu aufgefordert werden. [2]Zur Hilfeleistung in geringerer Entfernung sind sie auch dann verpflichtet, wenn aus anderen Gründen die Annahme gerechtfertigt erscheint, dass ihre Hilfe benötigt wird.

(2) [1]Für die Aufstellung und Abstimmung von Plänen für die Alarmierung der Feuerwehr sind die Kreisverwaltungsbehörden zuständig. [2]Bei der Alarmierungsplanung sind grundsätzlich immer die am schnellsten verfügbaren geeigneten Einsatzmittel, unabhängig von bestehenden Verwaltungsgrenzen, einzuplanen; ausgenommen hiervon ist die gesonderte Alarmierungsplanung im Rahmen von Katastrophenschutzsonderplänen; Einzelheiten regelt das Staatsministerium im Wege der Bekanntmachung.

§ 16
Einsatzleitung in besonderen Fällen

(1) [1]Befinden sich im Fall des Art. 18 Abs. 2 Satz 1 BayFwG weder der Kommandant noch dessen Stellvertreter am Schadensort, übernimmt der Einheitsführer (Gruppenführer/ Zugführer) der zuerst eintreffenden taktischen Einheit einer Feuerwehr aus dem Gemeindegebiet des Schadensorts die Einsatzleitung. [2]Ein später hinzukommender Einheitsführer

gleicher Funktion unterstellt sich dem zuerst eingetroffenen Einheitsführer. [3]Ein höherer taktischer Einheitsführer (Zugführer/Verbandsführer) übernimmt die Einsatzleitung, auch wenn dieser erst zu einem späteren Zeitpunkt an der Einsatzstelle eintrifft.

(2) [1]Erstreckt sich ein besonders brandgefährdetes Objekt über das Gebiet mehrerer Kreisverwaltungsbehörden, kann die Regierung die Einsatzleitung allgemein abweichend von Art. 18 BayFwG regeln. [2]Das gilt auch für Objekte, zu deren Schutz die Mehrzahl der nach der Alarmplanung vorgesehenen technischen Einsatzmittel von einer Feuerwehr einer benachbarten kreisfreien Gemeinde oder aus einem benachbarten Landkreis gestellt wird.

(3) Befindet sich die Schadensstelle auf Liegenschaften bundeseigener Verwaltung, kann die Kreisverwaltungsbehörde die Einsatzleitung einem Bediensteten des Bundes übertragen, soweit nicht der Bund dort ohnehin schon die Zuständigkeit für den abwehrenden Brandschutz ausübt.

(4) [1]In Bergbaubetrieben nimmt die nach dem Bundesberggesetz verantwortliche Person die Einsatzleitung wahr, sofern das Bergamt im Einzelfall nichts anderes anordnet. [2]Das Bergamt kann die Einsatzleitung auch selbst übernehmen.

(5) In den Fällen der Abs. 3 und 4 ist diejenige Person zur Beratung des Einsatzleiters beizuziehen, der außerhalb der dort genannten Liegenschaften oder Betriebe die Leitung der eingesetzten Feuerwehren zustünde.

(6) Bei Einsätzen in Waldgebieten legt der Einsatzleiter die Schwerpunkte der Abwehrmaßnahmen im Benehmen mit der Forstbehörde fest.

(7) [1]Bei mehreren zeitgleich ablaufenden Feuerwehreinsätzen zur Bewältigung eines oder mehrerer Ereignisse im Zuständigkeitsbereich einer Kreisverwaltungsbehörde können besondere Führungsdienstgrade die Koordinierung der Einsätze im Bereich der Kreisverwaltungsbehörde übernehmen. [2]Das persönliche Eintreffen an einer Einsatzstelle ist dazu nicht erforderlich. [3]Die besonderen Führungsdienstgrade haben in diesem Fall gegenüber den Einsatzleitern an

den einzelnen Einsatzstellen und gegenüber einer eingerichteten Kreiseinsatzzentrale im Rahmen dieser Koordinierung Weisungsbefugnis.

§ 17
Einsatzbericht

[1]Der Kommandant der für den Einsatzort zuständigen Feuerwehr oder, wenn dieser beim Einsatz nicht anwesend war, der Einsatzleiter fertigt bei Bränden und technischen Hilfeleistungen einen Bericht über den Einsatz der Feuerwehren. [2]Satz 1 gilt entsprechend für die Leiter von Werkfeuerwehren. [3]Für Einsatzberichte nach Satz 1 muss, für Einsatzberichte nach Satz 2 soll die webbasierte Einsatznachbearbeitung verwendet werden.

§ 18
Landesfeuerwehrschulen

(1) [1]Der Staat unterhält Landesfeuerwehrschulen in Geretsried, in Lappersdorf bei Regensburg und in Würzburg. [2]Sie führen die Bezeichnungen „Staatliche Feuerwehrschule Geretsried", „Staatliche Feuerwehrschule Regensburg" und „Staatliche Feuerwehrschule Würzburg". [3]Die Feuerwehrschulen sind dem Staatsministerium unmittelbar nachgeordnet.

(2) Die Landesfeuerwehrschulen haben insbesondere Feuerwehrdienstleistende der Freiwilligen Feuerwehren, Pflichtfeuerwehren und Werkfeuerwehren sowie besondere Führungsdienstgrade im Brandschutz und im technischen Hilfsdienst auszubilden, soweit eine Ausbildung am Standort nicht möglich ist oder nicht ausreicht.

(3) Die Ausbildung zu Disponenten einer Integrierten Leitstelle in Bayern (Disponentenlehrgang) wird von der Staatlichen Feuerwehrschule Geretsried durchgeführt.

§ 19
Dienstgrad- und Funktionsabzeichen

Das Staatsministerium regelt Einzelheiten über Dienstgrad- und Funktionsabzeichen der Feuerwehren, Feuerwehrvereine und -verbände sowie der feuerwehrtechnischen Bediensteten des Freistaates Bayern im Wege der Bekanntmachung.

§ 20
Inkrafttreten

Diese Verordnung tritt am 1. Januar 1982 in Kraft[1]).

Anlage 1

(zu § 11 Abs. 1 Satz 1)

Von den im Einsatzdienst verwendeten Fahrzeugen werden eingereiht:

1. In die **Gruppe A:**

   Kommandowagen KdoW,

   Einsatzleitwagen ELW1,

   First-Responder-Fahrzeuge,

   Löschfahrzeuge (z. B. Tragkraftspritzenfahrzeuge) mit einer zulässigen Gesamtmasse von bis zu 5 000 kg,

   Gerätewagen mit einer zulässigen Gesamtmasse von bis zu 5 000 kg,

   Mehrzweckfahrzeuge für den Mannschafts- und Gerätetransport,

   Mannschaftstransportwagen,

   Wechselladerfahrzeuge nach DIN 14505,

   Abrollbehälter, sofern sie nicht zur Gruppe B gehören,

   sämtliche Anhänger der Feuerwehr; soweit sie nicht zur Gruppe B gehören.

2. In die **Gruppe B:**

   Einsatzleitwagen ELW2,

   Löschfahrzeuge (z. B. Hilfeleistungslöschgruppen-, Löschgruppen-, Tanklöschfahrzeuge) mit einer zulässigen Gesamtmasse von mehr als 5 000 kg,

   Sonderlöschfahrzeuge,

---

1) Betrifft die ursprüngliche Fassung vom 29. Dezember 1981 (GVBl. 1982 S. 26).

Hubrettungsfahrzeuge (z. B. Drehleiter),

Rüstwagen,

Gerätewagen mit einer zulässigen Gesamtmasse von mehr als 5 000 kg,

Versorgungs-Lastkraftwagen,

Schlauchwagen,

Kranwagen,

Abrollbehälter (AB) nach DIN 14505,

Ölschadenfahrzeuge und -anhänger,

Bootsanhänger mit Katastrophenschutzbooten oder vergleichbaren sonstigen Booten.

Anlage 2

– nicht aufgenommen –

Anhang 3

Vollzug des Bayerischen Feuerwehrgesetzes (VollzBekBayFwG)

Bek. des Bayerischen Staatsministeriums des Innern, für Sport und Integration vom 28.9.2020, (BayMBl. Nr. 597, Az. D1-2211-4-2)

Regierungen

Landratsämter

Gemeinden

Staatliche Feuerwehrschulen

Polizeidienststellen

nachrichtlich

Zweckverbände für Rettungsdienst und Feuerwehralarmierung

Betreiber der Integrierten Leitstellen

[1]Der abwehrende Brandschutz und der technische Hilfsdienst sind Pflichtaufgaben der Gemeinden im eigenen Wirkungskreis (Art. 83 Abs. 1 der Verfassung, Art. 1 Abs. 1 des Bayerischen Feuerwehrgesetzes – BayFwG). [2]Auch die Pflichtaufgaben der Landkreise nach Art. 2 BayFwG gehören zu deren eigenem Wirkungskreis. [3]Die nachstehende Bekanntmachung enthält daher, soweit sie die Gemeinden und Landkreise anspricht, Hinweise auf die Rechtslage und Empfehlungen.

1. Zu Art. 1 Aufgaben der Gemeinden

1.1 Feuerwehrbedarfsplanung

[1]Die Gemeinden haben für die Wahrnehmung des abwehrenden Brandschutzes und des technischen Hilfsdienstes Feuerwehren aufzustellen, auszurüsten und zu unterhalten; um dabei das örtliche Gefahrenpotential ausreichend zu berücksichtigen und eine optimale Aufgabenwahrnehmung durch die gemeindlichen Feuerwehren zu gewährleisten, sollen die Gemeinden grundsätzlich einen Feuerwehrbedarfsplan auf-

stellen. [2]Das Staatsministerium des Innern, für Sport und Integration (Staatsministerium) gibt den Gemeinden Hinweise zur Erstellung eines Feuerwehrbedarfsplanes in Form eines Merkblattes. [3]Es wird empfohlen, den zuständigen Kreisbrandrat oder die zuständige Kreisbrandrätin bei der Erstellung der Feuerwehrbedarfspläne zu beteiligen. [4]Feuerwehrbedarfspläne sind fortzuschreiben und der Entwicklung in den Gemeinden anzupassen.

1.2 Hilfsfrist

[1]Um ihre Aufgaben im abwehrenden Brandschutz und im technischen Hilfsdienst erfüllen zu können, müssen die Gemeinden ihre Feuerwehren so aufstellen und ausrüsten, dass diese möglichst schnell Menschen retten, Schadenfeuer begrenzen und wirksam bekämpfen sowie technische Hilfe leisten können. [2]Hierfür ist es notwendig, dass grundsätzlich jede an einer Straße gelegene Einsatzstelle von einer gemeindlichen Feuerwehr in höchstens zehn Minuten nach Eingang einer Meldung bei der alarmauslösenden Stelle erreicht werden kann (Hilfsfrist). [3]Die Hilfsfrist setzt sich zusammen aus der Gesprächs- und Dispositionszeit der alarmauslösenden Stelle sowie der Ausrücke- und Anfahrtszeit der Feuerwehr. [4]Die Gemeinden legen bei der Feuerwehrbedarfsplanung grundsätzlich eine Ausrücke- und Anfahrtszeit der gemeindlichen Feuerwehr von höchstens achteinhalb Minuten ab dem Abschluss ihrer Alarmierung zugrunde.

1.3 Löschwasserversorgung

1.3.1 [1]Die Bereithaltung und Unterhaltung notwendiger Löschwasserversorgungsanlagen ist Aufgabe der Gemeinden (vergleiche Art. 1 Abs. 2 Satz 2 BayFwG) und damit – zum Beispiel bei Neuausweisung eines Bebauungsgebietes – Teil der Erschließung im Sinne von § 123 Abs. 1 des Baugesetzbuchs (BauGB). [2]Die Sicherstellung der notwendigen Löschwasserversorgung zählt damit zu den bauplanungsrechtlichen Voraussetzungen für die Erteilung einer Baugenehmigung. [3]Welche Löschwasserversorgungsanlagen im Einzelfall notwendig sind, ist anhand der Brandrisiken des konkreten Bauvorhabens zu beurteilen. [4]Den Gemeinden wird empfohlen, bei der Ermittlung der notwendigen Löschwassermenge und den Festlegungen zu Entnahmestellen (Hydranten) die Technische Regel zur Bereitstellung von Löschwasser durch die öffentliche Trinkwasserversorgung – Arbeitsblatt W 405 der Deutschen Vereinigung des Gas- und Wasserfaches e. V. (DVGW) – sowie die gemeinsame Fachempfehlung „Löschwasserversorgung aus Hydranten in öffentlichen Verkehrsflächen" der Arbeitsgemeinschaft der Leiter der Berufsfeuerwehren und des Deutschen Feuerwehrverbandes in Abstimmung mit dem DVGW anzuwenden. [5]Dabei beschränkt sich die Verpflichtung der Gemeinden nicht auf die Bereitstellung des sogenannten Grundschutzes im Sinne dieser Veröffentlichungen. [6]Dies bedeutet jedoch nicht, dass die Gemeinde für jede nur denkbare Brandgefahr, also auch für außergewöhnliche, extrem unwahrscheinliche Brandrisiken Vorkehrungen zu treffen braucht. [7]Sie hat jedoch Löschwasser in einem Umfang bereitzuhalten, wie es die jeweils vorhandene konkrete örtliche Situation, die unter anderem durch die (zulässige) Art und das (zulässige) Maß der baulichen Nutzung, die Siedlungsstruktur und die Bauweise bestimmt wird, verlangt. [8]Ein Objekt, das in dem maßgebenden Gebiet ohne Weiteres zulässig ist, stellt regelmäßig kein außergewöhnliches, extrem unwahrscheinliches Brandrisiko dar, auf das sich die Gemeinde nicht einzustellen bräuchte (vergleiche OVG Berlin-Brandenburg, Beschluss vom 28. Mai 2008, OVG 1 S 191.07; Niedersächsisches OVG, Urteil vom 26. Januar 1990, 1 OVG A 115/88). [9]Die Gemeinden haben zudem auf ein ausreichend dimensioniertes Rohrleitungs- und Hydrantennetz zu achten.

1.3.2 [1]Für privilegierte Vorhaben im Außenbereich gemäß § 35 Abs. 1 BauGB genügt eine ausreichende Erschließung; dies kann dazu führen, dass die Löschwasserversorgung in Ausnahmefällen (zum Beispiel Einödhöfe, Berghütten) hinter den sonst üblichen Anforderungen zurückbleibt. [2]Entsprechend dem Rechtsgedanken des § 124 BauGB kann die Gemeinde hier ein zumutbares Angebot des Bauherrn, sein im Außenbereich gelegenes Grundstück selbst zu erschließen, nicht ohne Weiteres ablehnen, ohne selbst erschließungspflichtig zu werden.

1.3.3 Die Erschließungslast der Gemeinden gemäß § 123 Abs. 1 BauGB begründet in der Regel keinen subjektiven Anspruch auf Erschließung und damit auf Bereitstellung der notwendigen Löschwasserversorgung durch die Gemeinde im Einzelfall (vergleiche § 123 Abs. 3 BauGB).

1.4 Ausbildung der Feuerwehrdienstleistenden

[1]Zu den Pflichtaufgaben der Gemeinden gehört auch, eine ausreichende Aus- und Fortbildung der Feuerwehrdienstleistenden sicherzustellen. [2]Dies kann insbesondere auch in kommunaler Zusammenarbeit erfolgen.

1.5 Fürsorgepflicht der Gemeinde

[1]Zu den Pflichtaufgaben der Gemeinden gehört auch, für die Sicherheit und den Gesundheitsschutz ihrer Feuerwehrdienstleistenden ausreichend Sorge zu tragen. [2]Insbesondere haben die Gemeinden sicherzustellen, dass die einschlägigen Bestimmungen des Arbeitsschutzes, die Feuerwehrdienstvorschriften sowie die Unfallverhütungsvorschriften (vergleiche DGUV Vorschrift 49 „Feuerwehren“) eingehalten werden. [3]Die Gemeinden stellen in diesem Rahmen auch sicher, dass geeignete Maßnahmen zur Prävention psychischer Belastungen getroffen werden. [4]Zur Erfüllung dieser Aufgaben können sie sich durch geeignete psychosoziale Fachkräfte beraten lassen.

1.6 Berichte der Gemeinden

[1]Die kreisangehörigen Gemeinden berichten dem zuständigen Landratsamt bis zum 15. Januar über ihre Stärke und Ausrüstung nach dem Stand vom 31. Dezember des vorherigen Jahres. [2]Hierfür ist die landesweit vorgegebene und einheitliche webbasierte Stärkemeldung zu nutzen. [3]Die kreisangehörigen Gemeinden überprüfen hierbei die im System hinterlegten Daten ihres Zuständigkeitsbereichs auf Plausibilität und Aktualität und ergänzen diese gegebenenfalls. [4]Die Landratsämter und die kreisfreien Gemeinden verfahren ebenso und melden bis spätestens 15. Februar an die zuständige Regierung. [5]Die Regierungen überprüfen die im System hinterlegten Daten ihres Zuständigkeitsbereichs auf Plausibi-

lität und Aktualität, veranlassen gegebenenfalls Korrekturen durch die zuständigen Stellen und melden dies bis spätestens 1. März an das Staatsministerium.

1.7 Kommunale Zusammenarbeit

1.7.1 Gemeinden können Pflichtaufgaben nach Art. 1 Abs. 1 BayFwG teilweise oder vollständig auf Zweckverbände und durch Zweckvereinbarung auf Verwaltungsgemeinschaften oder andere Gemeinden übertragen und auch gemeindeübergreifende Feuerwehren gründen.

1.7.2 Eine Erledigung der Aufgaben im Wege kommunaler Zusammenarbeit ist nur zulässig, wenn der abwehrende Brandschutz und der technische Hilfsdienst auf dem gesamten Gebiet, auf das sich die Kooperation erstreckt, ausreichend gewährleistet sind; insbesondere muss die Hilfsfrist grundsätzlich eingehalten werden können, vergleiche Nr. 1.2.

1.7.3 [1]Die Regelungen des BayFwG und der Feuerwehrgesetzausführungsverordnung (AVBayFwG) sind im Fall der Übertragung der Aufgaben auf einen Zweckverband oder im Wege der Zweckvereinbarung entsprechend anzuwenden. [2]Sofern das Gesetz oder die Verordnung der Gemeinde Aufgaben oder Befugnisse zuweisen, sind diese vom Zweckverband beziehungsweise der Verwaltungsgemeinschaft wahrzunehmen. [3]Soweit das Gesetz oder die Verordnung auf das Gemeindegebiet einer einzelnen Gemeinde Bezug nimmt, ist auf das gesamte Gebiet, auf das sich die Kooperation erstreckt, abzustellen.

1.7.4 Soweit eine gemeindeübergreifende Feuerwehr durch Zusammenschluss vormalig eigenständiger Feuerwehren zustande kommen soll, muss der Zusammenschluss – wie bei Zusammenschlüssen von Ortsfeuerwehren innerhalb einer Gemeinde – freiwillig sein, vergleiche Art. 1 Abs. 4 Satz 3 in Verbindung mit Art. 5 Abs. 2 BayFwG.

1.7.5 [1]Sind Gemeinden aus unterschiedlichen Landkreisen oder eine kreisfreie Gemeinde Mitglied in einem Zweckverband oder an einer Zweckvereinbarung beteiligt, durch die Pflichtaufgaben nach Art. 1 Abs. 1 BayFwG ganz oder teilweise übertragen werden, müssen klare Führungsstrukturen gewährleistet sein. [2]Hierzu müssen die beteiligten Kreisverwaltungsbehörden und/oder kreisfreien Gemeinden unter Berücksichtigung der jeweiligen örtlichen Verhältnisse und nach Anhörung der beteiligten kreisangehörigen Gemeinden und Verwaltungsgemeinschaften die Zuständigkeit besonderer Führungsdienstgrade gemeinsam festlegen. [3]Aufbauend auf dieser Festlegung ist von den beteiligten Kreisverwaltungsbehörden und kreisfreien Gemeinden gemeinsam zu bestimmen, für welche besonderen Führungsdienstgrade der Kommandant einer landkreisübergreifenden Feuerwehr aktiv und passiv wahlberechtigt ist.

2. Zu Art. 2 Aufgaben der Landkreise

2.1 Überörtlich erforderliche Fahrzeuge, Geräte und Einrichtungen

[1]Überörtlich erforderlich können insbesondere folgende Fahrzeuge, Geräte und Einrichtungen sein:

a) Fahrzeuge

Einsatzleitwagen, Rüstwagen, Gerätewagen, insbesondere Einsatzfahrzeuge zur ABC-Gefahrenabwehr (zum Beispiel Gerätewagen Gefahrgut, Einsatzfahrzeuge für Atemschutz, Strahlenschutz, Ölschaden, Messtechnik), Schlauchwagen, überörtlich notwendige größere Lösch- oder Sonderfahrzeuge, Wasserfahrzeuge und Löschboote;

b) Geräte

Ausrüstung für Einsätze zur ABC-Gefahrenabwehr (unter anderem Chemikalien-, Infektions- und Kontaminationsschutzanzüge, Messtechnik, Strahlenschutz- und andere Sonderausrüstung), Zusatzausstattung zur Ölschadenbekämpfung (unter anderem Ölsperren);

c) Einrichtungen

Kreiseinsatzzentralen, Atemschutz-Übungsanlagen, Atemschutz-Werkstätten, zentrale Vorratslager für Sonderlöschmittel und Ölbinder, zentrale Schlauchpflege-Werkstätten, Einrichtungen für überörtlich erforderliche Aufgaben der Taktisch-Technischen Betriebsstelle, soweit diese nicht dem Zweckverband für Rettungsdienst und Feuerwehralarmierung obliegen.

[2]Die Landkreise haben insoweit unter anderem auch Sorge dafür zu tragen, dass für den Einsatz überörtlich erforderlicher Fahrzeuge ausreichend Personal mit der erforderlichen Aus- und Fortbildung zur Verfügung steht. [3]Den Landkreisen wird empfohlen, für die überörtlich erforderlichen Fahrzeuge, Geräte und Einrichtungen eine Bedarfsplanung zu erstellen.

2.2 Aus- und Fortbildungen

[1]Die Landkreise können die Gemeinden bei der Erfüllung ihrer Pflichtaufgabe, Feuerwehrdienstleistende aus- und fortzubilden, unterstützen, indem sie Aus- und Fortbildungsmaßnahmen sowie Leistungsprüfungen durchführen, unterstützen oder koordinieren. [2]Es wird empfohlen, dass Landkreise und beteiligte Gemeinden Regelungen insbesondere zu Zuständigkeit, Finanzierung und Haftung vereinbaren.

3. Zu Art. 3 Aufgaben des Staates

[1]Zur Unterstützung der Gemeinden ohne Berufsfeuerwehr oder ohne Ständige Wachen ist bei den Landesfeuerwehrschulen ein Technischer Prüfdienst eingerichtet. [2]Der Technische Prüfdienst überprüft im Rahmen der zur Verfügung stehenden personellen Kapazitäten möglichst in regelmäßigen Abständen die Feuerwehrfahrzeuge und -geräte der Freiwilligen und der Pflichtfeuerwehren sowie deren Unterbringung, Wartung und Pflege. [3]Die Überprüfung ist für die Gemeinden bis auf Weiteres kostenlos. [4]Die Gemeinden sorgen dafür, dass festgestellte Mängel unverzüglich beseitigt werden. [5]Die Kreisverwaltungsbehörden erhalten Abdruck der Prüfungsberichte; die Landratsämter überwachen die Beseitigung der Mängel, die bei Feuerwehren kreisangehöriger Gemeinden festgestellt wurden.

4. Zu Art. 4 Arten und Aufgaben der Feuerwehren

4.1 Brandwache

[1]Zu den Pflichtaufgaben der Feuerwehren im abwehrenden Brandschutz gehört auch eine notwendige Brandwache. [2]Eine Brandwache ist notwendig, wenn nach Beendigung der Löscharbeiten die Gefahr eines Wiederaufflammens nicht mit

hinreichender Sicherheit ausgeschlossen werden kann. [3]Sie ist Teil des Brandeinsatzes und keine Sicherheitswache im Sinne von Art. 4 Abs. 2 Satz 1 BayFwG.

4.2 Technischer Hilfsdienst

[1]Die Feuerwehren haben technische Hilfe bei Unglücksfällen oder Notständen zu leisten. [2]Unglücksfall ist jedes unvermittelt eintretende Ereignis, das einen nicht nur unbedeutenden Schaden verursacht oder erhebliche Gefahren für Menschen oder Sachen bedeutet. [3]Ein Notstand liegt vor, wenn die Allgemeinheit bedroht ist. [4]Die gemeindlichen Feuerwehren leisten in diesen Fällen aber nur dann technische Hilfe, wenn am Tätigwerden der Feuerwehr ein öffentliches Interesse besteht (Art. 1 Abs. 1 BayFwG). [5]Dies ist nur dann anzunehmen, wenn Selbsthilfe einschließlich gewerblicher Leistungen wegen Gefahr im Verzug oder wegen nur bei der Feuerwehr vorhandener technischer Hilfsmittel oder Fachkenntnisse nicht möglich ist. [6]Ein Handeln der Gemeinden und damit auch der Feuerwehren als deren unselbstständige Einrichtungen setzt im Übrigen auch bei freiwilligen Leistungen einen öffentlichen Zweck voraus. [7]Tätigkeiten, mit denen eine Gemeinde an dem vom Wettbewerb beherrschten Wirtschaftsleben teilnimmt, um Gewinn zu erzielen, entsprechen keinem öffentlichen Zweck (Art. 87 Abs. 1 Satz 2 der Gemeindeordnung – GO). [8]Gemäß Art. 7 des Mittelstandsförderungsgesetzes und gemäß dem Rechtsgedanken des Art. 87 Abs. 1 Satz 1 GO dürfen die Gemeinden außerhalb der kommunalen Daseinsvorsorge grundsätzlich wirtschaftliche Leistungen nur erbringen, wenn ein öffentlicher Zweck dies erfordert und diese Leistungen nicht ebenso gut und wirtschaftlich von privaten Unternehmen erbracht werden können. [9]Sie dürfen insoweit nicht in Konkurrenz zu privaten Wirtschaftsunternehmen treten. [10]Die Verwaltung eigenen Vermögens bleibt unberührt. [11]Deshalb bedarf es einer sorgfältigen Prüfung, insbesondere bevor die gemeindlichen Feuerwehren

- beim Abschleppen und der Bergung verunfallter Fahrzeuge,
- bei der Beseitigung von Ölspuren,
- bei der Insektenbekämpfung,

- beim Abräumen schneebedeckter Dächer oder
- beim Auspumpen von Kellern

tätig werden, ob ein sonstiger Unglücksfall gegeben ist und ob ein öffentliches Interesse an der technischen Hilfeleistung der Feuerwehr besteht.

4.3 Katastrophenhilfe

Zu den Pflichtaufgaben der Feuerwehren gehört auch die Katastrophenhilfe (Art. 7 Abs. 3 Nr. 4 des Bayerischen Katastrophenschutzgesetzes – BayKSG).

4.4 Amtshilfe der gemeindlichen Feuerwehren

4.4.1 [1]Die Gemeinden können mit ihren Feuerwehren als unselbstständigen Einrichtungen nach dem Bayerischen Verwaltungsverfahrensgesetz (BayVwVfG) zur Amtshilfe verpflichtet sein. [2]Der Begriff der Amtshilfe setzt voraus, dass

- die Gemeinde mit ihrer Feuerwehr von einer anderen Behörde um Unterstützung bei einer Amtshandlung ersucht wird und
- die Hilfeleistung nicht schon zum eigenen Aufgabenbereich der Gemeinde nach dem BayFwG, dem BayKSG oder dem Landesstraf- und Verordnungsgesetz (LStVG) gehört (vergleiche Art. 4 Abs. 2 Nr. 2 BayVwVfG).

[3]Die Gemeinde darf mit ihrer Feuerwehr Amtshilfe nur leisten, wenn dadurch die Einsatzbereitschaft der Feuerwehr nicht beeinträchtigt wird (Art. 4 Abs. 3 BayFwG). [4]Sie kann die Hilfeleistung gemäß Art. 5 Abs. 3 BayVwVfG ablehnen, wenn

- eine andere Behörde die Hilfe wesentlich einfacher oder mit wesentlich geringerem Aufwand leisten kann oder
- sie die Hilfe nur mit unverhältnismäßig großem Aufwand leisten könnte.

[5]Die weiteren Voraussetzungen und Folgen der Amtshilfe sind allgemein in den Art. 4 bis 8 BayVwVfG geregelt. [6]Bei Amtshilfe gegenüber der Polizei braucht die Gemeinde nicht zu prüfen, ob die Polizei wegen Unaufschiebbarkeit der Maßnahme tatsächlich zuständig ist (vergleiche Art. 7 Abs. 2 Satz 1 BayVwVfG).

4.4.2 Hilfeleistungen gemeindlicher Feuerwehren im Rahmen der Amtshilfe sind Einsätze im Sinne von Art. 6 Abs. 1 BayFwG und damit Feuerwehrdienst, der vom Kommandanten angeordnet werden kann.

4.4.3 [1]Leistet die Gemeinde mit ihrer Feuerwehr Amtshilfe, so kann die Gemeinde als Trägerin der Feuerwehr nach Art. 8 Abs. 1 Satz 2 BayVwVfG Ersatz ihrer besonderen Aufwendungen verlangen. [2]Das sind insbesondere Wegstreckenentschädigungen für Fahrzeuge, Ersatz verbrauchter Hilfsmittel bei der Entfernung von Schmierschriften oder Ersatz des von der Gemeinde gezahlten Verdienstausfalls für die eingesetzten Feuerwehrleute. [3]Die besonderen Aufwendungen können, sofern keine Einzelberechnung möglich ist, nach **Anlage 6** ermittelt werden.

4.4.4 Amtshilfe der Feuerwehr zur Unterstützung der Polizei ist nur zulässig, soweit die Tätigkeit nicht die Ausübung von Befugnissen erfordert, die allein der Polizei zustehen.

4.5 Freiwillige Tätigkeit

4.5.1 [1]Neben den Pflichtaufgaben nach Art. 4 Abs. 1 Satz 1 BayFwG können die gemeindlichen Feuerwehren auch sogenannte freiwillige Tätigkeiten übernehmen. [2]Hierbei ist zu berücksichtigen, dass die Gemeinden und damit auch die Feuerwehren außerhalb der kommunalen Daseinsvorsorge grundsätzlich wirtschaftliche Leistungen durch die Übernahme freiwilliger Leistungen nur erbringen dürfen, wenn ein öffentlicher Zweck dies erfordert und diese Leistungen nicht ebenso gut und wirtschaftlich von privaten Unternehmen erbracht werden können. [3]Sie dürfen insoweit nicht in Konkurrenz zu privaten Wirtschaftsunternehmen treten. [4]Die Verwaltung eigenen Vermögens bleibt unberührt.

4.5.2 [1]Bei den Freiwilligen Feuerwehren ist zu unterscheiden, ob diese Tätigkeiten allein dem Vereinsleben zuzuordnen sind oder ob die Feuerwehr zumindest auch als gemeindliche Einrichtung tätig wird. [2]Im ersten Fall (zum Beispiel Ausrichten von Feuerwehrfesten) gilt ausschließlich Vereinsrecht. [3]Im zweiten Fall (zum Beispiel Brandschutzerziehung und -aufklärung) muss die (allgemein oder für den Einzelfall erteilte) Einwilligung der Gemeinde vorliegen (vergleiche **Anlage 1** § 2 Abs. 3). [4]Eine freiwillige Tätigkeit der Feuerwehr als gemeindliche Einrichtung ist hierbei schon immer dann gegeben, wenn Geräte der Feuerwehr verwendet werden (zum Beispiel Anbringen von Dekorationen mit Feuerwehrleitern).

4.5.3 [1]Für freiwillige Tätigkeiten gilt Art. 6 Abs. 1 Satz 2 BayFwG nicht. [2]Zu den freiwilligen Leistungen der Feuerwehren als gemeindliche Einrichtungen gehören insbesondere – jeweils auf Antrag des Eigentümers oder Nutzungsberechtigten – das Stellen von Wachen nach dem Ende der Brandgefahr oder das Abräumen von Schadensstellen, soweit es nicht zur Abwehr weiterer Gefahren notwendig ist.

4.6 Gliederung der gemeindlichen Feuerwehren

[1]Die in § 3 Abs. 2 AVBayFwG festgelegte Mindeststärke des Zugs mit dem Zugführer und 16 Feuerwehrleuten entspricht den Verhältnissen bei den Berufsfeuerwehren. [2]Nach der Feuerwehr-Dienstvorschrift 3 (FwDV 3), die den bayerischen Feuerwehren mit Bekanntmachung des Bayerischen Staatsministeriums des Innern vom 6. August 2008 (AllMBl. S. 439) zur Anwendung empfohlen wurde, besteht der Zug aus dem Zugführer, dem Zugtrupp und aus Gruppen, Staffeln und/oder selbstständigen Trupps. [3]Der Zug hat in der Regel eine Mannschaftsstärke von 22. [4]Für besondere Aufgaben kann der Zug um einen Trupp, eine Staffel oder eine Gruppe erweitert werden.

4.7 Leistung von Erster Hilfe

[1]Die Leistung von Erster Hilfe durch die Feuerwehr, auch in Form der organisierten Ersten Hilfe im Sinne von Art. 2 Abs. 17 des Bayerischen Rettungsdienstgesetzes (BayRDG) und Art. 2 Abs. 6 des Integrierte Leitstellen-Gesetzes (ILSG) (First Responder), ohne unmittelbaren Zusammenhang zu einem Einsatz im abwehrenden Brandschutz oder in der technischen Hilfeleistung ist grundsätzlich keine Pflichtaufgabe der Feuerwehr, sondern eine freiwillige Aufgabe gemäß Art. 4 Abs. 3 BayFwG. [2]Feuerwehren, die nicht als First Res-

ponder alarmiert werden, werden zu Einsätzen der Ersten Hilfe als Einsatzmittel im Sinne von § 4 Satz 3 der Verordnung zur Ausführung des Bayerischen Rettungsdienstgesetzes (AVBayRDG) nur alarmiert, wenn sie sich zuvor dazu bereit erklärt haben. [3]Andere Rechtsgrundlagen und Notstandsregeln bleiben ebenso unberührt wie sonstige mögliche Verpflichtungen zur Hilfeleistung (etwa aufgrund von § 323c StGB).

5. Zu Art. 5 Freiwillige Feuerwehr

5.1 Satzung für die Freiwillige Feuerwehr als öffentliche Einrichtung

Die Gemeinden sollen für ihre Feuerwehren eine öffentlich-rechtliche Satzung gemäß Art. 23 Satz 1 und Art. 24 Abs. 1 Nr. 1 GO erlassen (vergleiche Mustersatzung in **Anlage 1**).

5.2 Feuerwehrvereine

5.2.1 [1]Die innere Organisation der Feuerwehrvereine wird durch das BayFwG nicht erfasst und kann auch durch Satzungen gemäß Nr. 5.1 nicht geregelt werden. [2]Einschlägig sind vielmehr die vereinsrechtlichen Vorschriften des Bürgerlichen Gesetzbuchs. [3]In diesem Rahmen können die Mitglieder der Feuerwehrvereine ihr Vereinsleben selbstständig und eigenverantwortlich gestalten (vergleiche das Muster einer Vereinssatzung in Anlage 2). [4]Die Mustersatzung geht von einem gemeinnützigen Verein aus, damit für die satzungsmäßigen Zwecke steuerbegünstigte Zuwendungen entgegengenommen werden können. [5]Solche Zuwendungen, für die der Verein Spendenbescheinigungen ausstellt, müssen in Einnahmen und Ausgaben besonders nachgewiesen und dürfen nur für die in der Satzung des Vereins geregelten und als gemeinnützig anerkannten Zwecke verwendet werden.

5.2.2 [1]Die rechtliche Trennung zwischen der gemeindlichen Einrichtung Freiwillige Feuerwehr und dem privatrechtlichen Feuerwehrverein bedeutet auch, dass zwischen Vereinsmitgliedschaft und Zugehörigkeit zur öffentlichen Einrichtung unterschieden werden muss. [2]Die Aufnahme in den Feuerwehrverein erfolgt auf Antrag durch das satzungsmäßig festgelegte Vereinsorgan und ist streng von der Aufnahme in die Freiwillige Feuerwehr zu unterscheiden, über die der Kommandant zu entscheiden hat. [3]Die Feuerwehrdienstleistenden haben die sich aus den öffentlich-rechtlichen Vorschriften ergebenden Rechte und Pflichten unabhängig von ihren Rechten und Pflichten als Vereinsmitglieder.

5.3 Dienstgrade

[1]Die Anzahl der Mannschafts- und Führungsdienstgrade soll der in **Anlage 3** enthaltenen Übersicht entsprechen. [2]Die Übersicht geht von der dreifachen Besetzung der Fahrzeuge und Geräte aus (§ 4 Abs. 1 Satz 2 AVBayFwG). [3]Die Führungsfunktionen von Feuerwehren mit mehr als zwei Gruppen sind in der Übersicht zweifach besetzt. [4]Die beiden Mannschaftsdienstgrade des Zugtrupps nach der FwDV 3 wurden nicht berücksichtigt.

6. Zu Art. 6 Feuerwehrdienst

6.1 Doppelmitgliedschaft

6.1.1 [1]Für Feuerwehrdienstleistende, die Mitglied verschiedener Feuerwehren sind, ist bei jeder Feuerwehr durch die jeweilige Gemeinde die erforderliche Schutzkleidung vorzuhalten. [2]Bei der Frage, welche Gemeinde für die Ausbildung von Feuerwehrdienstleistenden und deren Finanzierung verantwortlich ist, ist zunächst auf die zeitliche Verfügbarkeit der Feuerwehrdienstleistenden und den damit verbundenen Nutzen für die Feuerwehr abzustellen. [3]Dies wird in der Regel zu dem Ergebnis führen, dass Stammfeuerwehr der Feuerwehrdienstleistenden die Feuerwehr ihrer Wohnsitzgemeinde ist; diese hat grundsätzlich für die Ausbildung der Feuerwehrdienstleistenden zu sorgen. [4]Bei Lehrgängen, die Feuerwehrdienstleistende für die Übernahme einer ganz speziellen Funktion bei nur einer der Feuerwehren vorbereiten sollen, trägt die Kosten in der Regel diejenige Gemeinde, in deren Feuerwehr die spezielle Funktion übernommen werden soll. [5]In jedem Fall bedarf es einer vorherigen Abstimmung beider Gemeinden. [6]Für statistische Zwecke sollen Feuerwehrdienstleistende bei der Feuerwehr der Wohnsitzgemeinde erfasst werden. [7]Feuerwehrdienstleistende, die aktiv in einer weiteren Feuerwehr Feuerwehrdienst leisten, sollen bei dieser Feuerwehr ausschließlich als Doppelmitglied erfasst werden.

6.1.2 [1]Mitglieder der Freiwilligen Feuerwehren sollen nicht bereits Mitglied beim Technischen Hilfswerk oder einer gemäß Art. 7 Abs. 3 Nr. 5 BayKSG zur Katastrophenhilfe verpflichteten Organisation sein (§ 9 Satz 3 AVBayFwG). [2]Dies gilt in besonderem Maße bei Führungsdienstgraden.

6.1.3 [1]Doppelmitgliedschaften sind nicht möglich, soweit sie zu Pflichtenkollisionen führen. [2]Zu erwartende Pflichtenkollisionen können in geeigneten Fällen durch schriftliche Vereinbarung zwischen den beiden Feuerwehren ausgeschlossen werden. [3]Doppelmitglieder können in höchstens einer Feuerwehr das Amt des Kommandanten oder des stellvertretenden Kommandanten übernehmen. [4]In der Regel wird dies die Feuerwehr am Wohnsitz des Doppelmitglieds sein (vergleiche § 9 Satz 4 AVBayFwG).

6.2 Feuerwehrdiensttauglichkeit

[1]Feuerwehrdienstleistende dürfen nur für Tätigkeiten eingesetzt werden, für die sie körperlich und geistig tauglich sind. [2]Der Kommandant hat sich Vorliegen und Umfang der Tauglichkeit in der Regel ärztlich bestätigen zu lassen, wenn hieran aufgrund konkreter Anhaltspunkte Zweifel bestehen. [3]Entsprechendes gilt, wenn jemand weiter Feuerwehrdienst leisten will, obwohl ihn der Kommandant wegen Zweifeln an seiner körperlichen oder geistigen Tauglichkeit vom Feuerwehrdienst ganz oder teilweise entbunden hat.

6.3 Bereitschaftsdienst

Ein Bereitschaftsdienst gemäß Art. 6 Abs. 1 Satz 2 BayFwG kann nicht nur bei besonderen Gefahren, sondern auch dann notwendig sein, wenn sonst die Einsatzbereitschaft der Feuerwehr nicht gewährleistet wäre.

6.4 Fachberater Feuerwehr; Feuerwehrarzt

[1]Den Freiwilligen Feuerwehren wird empfohlen, sich um die Mitarbeit fachlich besonders qualifizierter Personen (zum

Beispiel Ingenieure, Chemiker, Statiker, Ärzte, psychosoziale Fachkräfte, Lehrer) besonders zu bemühen. [2]Solche Feuerwehrdienstleistenden können insbesondere die Funktionsbezeichnung „Technische Fachberaterin Feuerwehr/Technischer Fachberater Feuerwehr", „Fachberaterin ABC/Fachberater ABC", „Feuerwehrärztin/Feuerwehrarzt" oder „Fachberaterin PSNV-E/Fachberater PSNV-E" führen. [3]Sie haben vor allem die Aufgabe, die Führungskräfte der Freiwilligen Feuerwehr im Einsatz fachlich zu beraten und sie bei der Ausbildung zu unterstützen.

6.5 Ausbildung an den Landesfeuerwehrschulen

6.5.1 Zu den Lehrgängen an den Landesfeuerwehrschulen kann nur zugelassen werden, wer mindestens 18 Jahre alt ist.

6.5.2 [1]Die Zulassung zu Lehrgängen für Führungskräfte setzt grundsätzlich folgenden Ausbildungsstand voraus:

Lehrgang für Gruppenführerinnen und Gruppenführer	abgeschlossene modulare Truppausbildung oder eine gleichwertige Ausbildung
Lehrgang für Zugführerinnen und Zugführer	abgeschlossene Gruppenführerausbildung
Lehrgang für Verbandsführerinnen und Verbandsführer	abgeschlossene Zugführerausbildung
Lehrgang für Leiterinnen und Leiter einer Feuerwehr	mindestens abgeschlossene Gruppenführerausbildung (je nach Stärke der Feuerwehr).

[2]Die Zulassungsvoraussetzungen für die übrigen Lehrgänge werden jährlich vom Staatsministerium auf der Internetseite und in dem Lehrgangskatalog der Staatlichen Feuerwehrschule Würzburg mitgeteilt. [3]Lehrgangsteilnehmer, die trotz fehlender Zulassungsvoraussetzungen zu einem Lehrgang anreisen, können von der Ausbildung ausgeschlossen werden.

6.5.3 Die Landesfeuerwehrschulen stellen über den Besuch des Lehrgangs eine Bestätigung oder ein Zeugnis aus.

6.5.4 [1]Die Angehörigen von Freiwilligen Feuerwehren, Berufsfeuerwehren und Pflichtfeuerwehren sowie die besonderen Führungsdienstgrade nach Art. 19 BayFwG erhalten während der Teilnahme an Lehrgängen der Landesfeuerwehrschulen unentgeltlich Verpflegung und Unterkunft. [2]Die Schulen erstatten den Angehörigen von Freiwilligen Feuerwehren und Pflichtfeuerwehren sowie den besonderen Führungsdienstgraden nach Art. 19 BayFwG darüber hinaus für Strecken, die mit regelmäßig verkehrenden Beförderungsmitteln zurückgelegt worden sind, die notwendigen und nachgewiesenen Fahrtkosten bis zu den Kosten der zweiten Klasse einschließlich der Auslagen für Zu- und Abgang mit regelmäßig verkehrenden Beförderungsmitteln. [3]Für Strecken, die mit privaten Fahrzeugen zurückgelegt werden, wird den Lehrgangsteilnehmern im Sinne von Satz 2 eine Wegstreckenentschädigung je Kilometer zurückgelegter Wegstrecke gewährt. [4]Sind andere Lehrgangsteilnehmer in diesem Sinne von einer Lehrgangsteilnehmerin oder einem Lehrgangsteilnehmer mit Anspruch auf Wegstreckenentschädigung mitgenommen worden, so kann für die mitgenommenen Lehrgangsteilnehmer eine Mitnahmeentschädigung je Kilometer geltend gemacht werden. [5]Mitgenommene Lehrgangsteilnehmer selbst haben keinen Anspruch auf Wegstreckenentschädigung. [6]Reisen Lehrgangsteilnehmer im Sinne von Satz 2 mit einem Dienstfahrzeug an, wird auf Antrag dem Träger der jeweiligen Dienststelle die Wegstreckenentschädigung erstattet. [7]Die Höhe der Wegstreckenentschädigung richtet sich nach Art. 6 Abs. 6 des Bayerischen Reisekostengesetzes (BayRKG), die der Mitnahmeentschädigung nach Art. 6 Abs. 2 BayRKG, jeweils in der gegebenenfalls durch Rechtsverordnung nach Art. 25 Nr. 1 BayRKG an geänderte wirtschaftliche oder steuerliche Verhältnisse angepassten Höhe.

6.6 Leistungsprüfung

[1]Die Kreis- und Stadtbrandräte beziehungsweise die Leiter der Berufsfeuerwehren veranstalten Leistungsprüfungen zur Kontrolle des Ausbildungsstandes der Feuerwehrleute in den Grundlagen des Feuerwehreinsatzes. [2]Nähere Einzelheiten regeln die Richtlinien zur Durchführung der Jugendleistungsprüfung, der Leistungsprüfung „Die Gruppe im Löscheinsatz“ und der Leistungsprüfung „Die Gruppe im Hilfeleistungseinsatz“.

6.7 Entbindung und Ausschluss vom Feuerwehrdienst

[1]Wer die Eignung zum Feuerwehrdienst (insbesondere körperliche und geistige Befähigung sowie erforderliche Zuverlässigkeit, vergleiche § 9 Satz 1 AVBayFwG) ganz oder teilweise verloren hat, ist in entsprechendem Umfang vom Feuerwehrdienst zu entbinden (Art. 6 Abs. 4 Satz 1 BayFwG). [2]Die Unzuverlässigkeit kann sich aus verschiedenen dienstlichen oder außerdienstlichen Umständen oder Verfehlungen ergeben. [3]Wer seine Dienstpflichten gröblich verletzt, kann vom Kommandanten vom Feuerwehrdienst ausgeschlossen werden (Art. 6 Abs. 4 Satz 2 BayFwG). [4]Der Ausschluss hat, anders als die Entbindung, Sanktions- und Disziplinierungscharakter. [5]Aus Verhältnismäßigkeitsgründen darf der Ausschluss nur erfolgen, wenn dem Feuerwehrdienstleistenden ein so schwerer Verstoß gegen seine Dienstpflichten vorzuwerfen ist, dass andere Maßnahmen nicht erfolgversprechend sind oder sich bereits als erfolglos erwiesen haben. [6]Der Kommandant muss seine Ermessenserwägungen unter Angabe der Rechtsgrundlage im Entbindungs- beziehungsweise Ausschlussbescheid darlegen und begründen.

7. Zu Art. 7 Kinder- und Jugendfeuerwehr

[1]Die Jugendarbeit, die letztlich der Nachwuchsgewinnung und damit dem Fortbestand der Freiwilligen Feuerwehren dient, ist besonders zu unterstützen. [2]Deshalb sieht Art. 7 BayFwG die Bildung von Kindergruppen und die Möglichkeit des Anwärterdiensts bei den Freiwilligen Feuerwehren vor. [3]In welchem Umfang und ab welchem Alter Kinder und Jugendliche in eine Feuerwehr aufgenommen werden, wird nach den örtlichen Gegebenheiten (Zahl der Feuerwehrdienstleistenden, vorhandene Betreuer, geeignete Räumlichkeiten) unter Berücksichtigung der gesetzlichen Altersgrenze entschieden. [4]Es wird empfohlen, die von Feuerwehranwärtern gebildeten Jugendgruppen nach einer Jugendordnung zu organisieren. [5]Die Jugendfeuerwehr Bayern im Landesfeuerwehrverband Bayern e. V. stellt hierfür auf ihrer Internetseite ein Muster zur Verfügung. [6]Kinder in Kindergruppen der Feuerwehr müssen in geeigneter, ihrem körperlichen und geistigen Entwicklungsstand entsprechen-

der Form betreut und beaufsichtigt werden. [7]Die Betreuer müssen über die hierfür erforderliche persönliche und fachliche Eignung verfügen. [8]Der Übergang von der Kinderabteilung in die Feuerwehranwartschaft in der Jugendgruppe vollzieht sich nicht automatisch bei Vollendung des zwölften Lebensjahres kraft Gesetzes. [9]Es ist ein ausdrücklicher Antrag auf Aufnahme in die Jugendfeuerwehr mit Zustimmung der gesetzlichen Vertreter erforderlich. [10]Daneben können potentielle Nachwuchskräfte für die Feuerwehren auch über Kinder- und Jugendgruppen und Aktivitäten des Feuerwehrvereins gewonnen werden. [11]Anders als Feuerwehranwärter und Mitglieder in Kindergruppen der gemeindlichen Einrichtung Freiwillige Feuerwehr stehen Mitglieder von Kinder- und Jugendgruppen des Feuerwehrvereins nicht unter dem Schutz der gesetzlichen Unfallversicherung. [12]Der Feuerwehrverein kann jedoch für sie eine private Unfall-Zusatzversicherung bei einem Versicherungsunternehmen abschließen.

8. Zu Art. 8 Feuerwehrkommandant

8.1 Aufgaben der Gemeinden

8.1.1 [1]Die Wahl der Kommandanten wird von der Gemeinde möglichst rechtzeitig vor Ablauf der Amtszeit der bisherigen Kommandantin oder des bisherigen Kommandanten anberaumt. [2]Die Bürgermeisterin, der Bürgermeister oder ein Stellvertreter oder Beauftragter (Art. 39 GO) soll die Wahl leiten. [3]Einzelheiten sind in der Satzung für die Freiwilligen Feuerwehren (Anlage 1) zu regeln. [4]Die Kandidaten für das Kommandanten- oder Stellvertreteramt müssen nicht in der Wahlversammlung anwesend sein; sie können die Wahl auch bereits im Voraus schriftlich annehmen. [5]Wurden Wahlbestimmungen (Art. 8 Abs. 2 Satz 1 BayFwG, Vorschriften einer gemeindlichen Satzung) verletzt und konnte dadurch das Wahlergebnis beeinflusst werden, ist die Wahl für ungültig zu erklären und zu wiederholen. [6]Gleiches gilt, wenn die Vorschriften über die Wählbarkeit (Mindestalter, Mindestdienstzeit gemäß Art. 8 Abs. 3 Satz 1 BayFwG) nicht beachtet wurden.

8.1.2 [1]Die Gemeinden haben dafür zu sorgen, dass die Neu- oder Wiederwahl der Kommandantin oder des Kommandanten und deren Bestätigung rechtzeitig vor dem Ende der laufenden Amtszeit erfolgen kann. [2]Damit genügend Nachwuchskräfte vorhanden sind, haben sie darauf hinzuwirken, dass geeignete Feuerwehrdienstleistende die notwendigen Führungslehrgänge besuchen.

8.2 Bestätigung

8.2.1 Für die Bestätigung müssen folgende Voraussetzungen vorliegen:

- Die Wahl muss ordnungsgemäß abgelaufen sein (siehe Nr. 8.1.1).
- Die gewählte Person muss wählbar sein (siehe Nr. 8.1.1).
- Die gewählte Person muss die Wahl angenommen haben.
- Die gewählte Person muss geeignet sein (Art. 8 Abs. 4 Satz 2 BayFwG).

8.2.2 [1]Zur Eignung gehört auch, dass die gewählte Person die durch § 7 Abs. 1 AVBayFwG vorgeschriebenen Lehrgänge mit Erfolg besucht hat oder dass der Ausnahmefall des Art. 8 Abs. 3 Satz 2 BayFwG vorliegt. [2]In diesem Fall ist die Bestätigung unter der auflösenden Bedingung zu erteilen, dass die gewählte Person die vorgeschriebenen Lehrgänge in angemessener Frist mit Erfolg besucht. [3]Die Frist soll ein Jahr nicht überschreiten.

8.2.3 [1]Vergrößert sich die Feuerwehr, kann es sein, dass die Kommandantin oder der Kommandant deswegen einen zusätzlichen Lehrgang besuchen muss (Art. 8 Abs. 3 Satz 1 BayFwG, § 7 Abs. 1 Satz 2 AVBayFwG). [2]Die Gemeinde soll hierfür eine Frist setzen, nach deren fruchtlosem Ablauf die Bestätigung zu widerrufen ist (vergleiche Art. 49 Abs. 2 Nr. 3 BayVwVfG).

8.2.4 Angehörige Freiwilliger Feuerwehren, die gleichzeitig hauptberufliche Mitglieder anderer Feuerwehren sind, sind für das Amt der Kommandanten nur geeignet, wenn mögliche Pflichtenkollisionen durch geeignete Maßnahmen, insbesondere zur Sicherstellung der Stellvertretung, ausgeschlossen werden.

8.2.5 Die Bestimmungen über die Bestätigung gelten auch für die Wiederwahl von Kommandanten.

8.3 Wahlperiode und Amtszeit

Die Amtszeit der Feuerwehrkommandanten dauert sechs Jahre (Art. 8 Abs. 2 Satz 1 BayFwG); sie beginnt mit der Zustellung des Bestätigungsschreibens der Gemeinde an die gewählte Person, jedoch nicht vor dem Ende der laufenden Amtszeit.

8.4 Stellvertreter der Feuerwehrkommandanten

[1]Hat der Kommandant gemäß Art. 8 Abs. 5 Satz 1 BayFwG zwei Stellvertreter, ist die Stellvertretung insbesondere bei der Einsatzleitung zweifelsfrei, zum Beispiel durch Festlegung einer Rangfolge oder bestimmter Zuständigkeitsbereiche, zu regeln und bekannt zu geben. [2]Die Satzung der Feuerwehr ist entsprechend anzupassen. [3]Die Nrn. 8.1 bis 8.3 gelten für die Stellvertreter der Feuerwehrkommandanten entsprechend.

9. Zu Art. 9 Freistellungs-, Entgeltfortzahlungs- und Erstattungsansprüche von Feuerwehrdienstleistenden

9.1 Befreiung von der Pflicht zur Arbeitsleistung

[1]Die Teilnahme an Einsätzen im Sinne von Art. 9 Abs. 1 Satz 2 BayFwG kann – soweit erforderlich – auch die Wiederherstellung der Einsatzbereitschaft von Fahrzeugen und Geräten umfassen. [2]Für die Ermittlung des angemessenen Zeitraums nach Einsätzen, in dem keine Pflicht zur Arbeitsleistung besteht (Art. 9 Abs. 1 Satz 2 BayFwG), ist zwischen Tages- und Nachteinsätzen zu unterscheiden. [3]Ob der Feuerwehrdienstleistende nach Tageseinsätzen eine Ruhezeit benötigt, kann nur im Einzelfall beurteilt werden. [4]Nach Nachteinsätzen (zwischen 22.00 Uhr und 6.00 Uhr) soll die Ruhezeit der Zeit der geopferten Nachtruhe entsprechen (zum Beispiel endet bei einem Einsatz bis 23.00 Uhr die Ruhezeit um 7.00 Uhr). [5]Ausgehend vom Benachteiligungs-

verbot des Art. 9 Abs. 1 Satz 1 BayFwG ist Arbeitnehmern mit Gleitzeitregelung ein während der arbeitsvertraglichen Rahmenarbeitszeit geleisteter Feuerwehrdienst soweit als Arbeitszeit anzurechnen, wie sie in dieser Zeit ohne Teilnahme am Feuerwehrdienst voraussichtlich ihre Arbeitsleistung erbracht hätten. [6]Zur Vereinfachung des Verfahrens wird im Regelfall eine typisierende Betrachtung in Form einer Anrechnung bis zur Höhe der vorgeschriebenen Soll-Arbeitszeit zweckdienlich sein, sofern nicht konkrete Anhaltspunkte für eine andere Dauer der entfallenen Arbeitszeit vorliegen. [7]Eine generelle Beschränkung der Anrechnung auf die deutlich kürzeren Kernzeiten ist mit dem Benachteiligungsverbot nicht in Einklang zu bringen.

9.2 Erstattung des Verdienstausfalls

[1]Verdienstausfall beruflich selbstständiger Feuerwehrleute gemäß Art. 9 Abs. 3 BayFwG, § 10 AVBayFwG wird nur auf Antrag erstattet. [2]Der Antrag ist über die Feuerwehrkommandanten an die Gemeinde zu richten. [3]Die Feuerwehrkommandanten überprüfen die Angaben der Antragsteller über die Teilnahme am Feuerwehrdienst. [4]Dem Antrag sind die zur Glaubhaftmachung erforderlichen Unterlagen beizufügen. [5]Als Grundlage für die Berechnung des Verdienstausfalls genügt in der Regel der neueste Nachweis über die Einkünfte eines Kalenderjahres. [6]Kann der Nachweis nur für einen Teil eines Kalenderjahres erbracht werden, ist für die Berechnung von den daraus folgenden mutmaßlichen Jahreseinkünften auszugehen. [7]Ersatzleistungen für Verdienstausfall gehören steuerrechtlich zu den Einkünften, deren zeitweisen Ausfall sie ersetzen sollen (§ 24 Nr. 1 Buchst. a des Einkommensteuergesetzes – EStG).

9.3 Reisekosten

Es wird empfohlen, bei der Erstattung von Reisekosten (vergleiche Art. 9 Abs. 5 Nr. 1 BayFwG) § 11 Abs. 7 und § 13 Abs. 4 AVBayFwG entsprechend anzuwenden.

9.4 Verpflegung

Für die Verpflegung der Angehörigen von Feuerwehren, die überörtliche Hilfe leisten (Art. 17 Abs. 1 BayFwG), hat unter den Voraussetzungen von Art. 9 Abs. 5 Nr. 1 BayFwG die für die Einsatzstelle zuständige Gemeinde aufzukommen.

9.5 Unfall- und Haftpflichtversicherung

[1]Art. 9 Abs. 5 Nr. 2 BayFwG betrifft nur Sachschäden, die den Feuerwehrdienstleistenden entstehen. [2]Der Unfallversicherungsschutz der Feuerwehrdienstleistenden ist durch die Kommunale Unfallversicherung Bayern gewährleistet. [3]Die Gemeinden können zudem als Ergänzung zu den Leistungen der gesetzlichen Unfallversicherung Unfall-Zusatzversicherungen abschließen. [4]Schädigen Feuerwehrdienstleistende in Ausübung ihres Amtes bei der Feuerwehr Dritte, haftet hierfür die Gemeinde nach den Grundsätzen der Amtshaftung (Art. 34 Abs. 1 GG, § 839 Abs. 1 BGB). [5]Dies gilt nicht für Schädigungen nur bei Gelegenheit der Amtsausübung. [6]Fällt Feuerwehrdienstleistenden hierbei Vorsatz oder grobe Fahrlässigkeit zur Last, kann die Gemeinde sie in Regress nehmen. [7]Die Gemeinden selbst können sich durch eine kommunale Haftpflichtversicherung gegen Schadensersatzansprüche absichern; der Umfang der Absicherung richtet sich nach dem Versicherungsvertrag. [8]Dabei sind in der Regel auch die Haftungsrisiken der Feuerwehrdienstleistenden bei grob fahrlässigen Schädigungen im Rahmen der Erfüllung von Pflichtaufgaben der Feuerwehren abgesichert.

9.6 Hauptamtliche Kräfte

Art. 9 Abs. 5 BayFwG gilt nicht für die hauptamtliche Tätigkeit von Feuerwehrdienstleistenden (vergleiche für Beamte die besonderen dienstrechtlichen Vorschriften, insbesondere zum Beispiel das Reisekostenrecht sowie Art. 45 Abs. 4 Satz 2 des Bayerischen Beamtenversorgungsgesetzes (BayBeamtVG) in Verbindung mit Art. 98 des Bayerischen Beamtengesetzes (BayBG) und Abschnitt 13 der Verwaltungsvorschriften zum Beamtenrecht (VV-BeamtR)).

9.7 Sterbegeldversicherung

Den Gemeinden wird empfohlen, zur weiteren Absicherung der nicht hauptberuflich tätigen Angehörigen von Freiwilligen und Pflichtfeuerwehren Sterbegeldversicherungen abzuschließen.

10. Zu Art. 10 Erstattungsansprüche von Arbeitgebern

10.1 Umfang des Erstattungsanspruchs gemäß Art. 10 Satz 1 Nr. 1 BayFwG

[1]Dem erstattungsfähigen Arbeitsentgelt sind neben den Bruttobezügen und anderen Aufwendungen auch Vorteile zuzurechnen, die den Arbeitnehmern aufgrund Gesetzes, Tarifvertrags, Betriebsvereinbarung oder einzelvertraglicher Bestimmung aus ihrer Tätigkeit zufließen. [2]Wenn nur die Leistung letztlich den Arbeitnehmern zugutekommt, ist im Übrigen unerheblich, ob sie zum Lohn oder zu lohngebundenen Leistungen gehört und ob der Arbeitgeber sie durch Zahlung unmittelbar an die Arbeitnehmer oder an Dritte erbringt. [3]Die Gemeinde kann geeignete Nachweise über die tatsächliche Leistung und die Höhe der beantragten Erstattung verlangen.

10.1.1 Zum erstattungsfähigen Arbeitsentgelt gehören folgende Leistungen:

- Geldlohn,

  zum Beispiel Gehalt, Stunden-, Tages-, Wochen- und Monatslohn, Schicht- und Akkordlohn, Mehrarbeits- und Überstundenvergütung einschließlich der Zuschläge, vermögenswirksame Leistungen des Arbeitgebers (sie sind gemäß § 2 Abs. 7 Satz 1 des Fünften Vermögensbildungsgesetzes Bestandteil des Lohns oder Gehalts),
- Sachlohn (Deputatleistungen),

  soweit es sich um in kurzen Zeiträumen (täglich, wöchentlich, monatlich) wiederholte und fortlaufend zum Lohn gewährte Leistungen handelt; werden die Sachbezüge für einen längeren Zeitraum (zum Beispiel für ein Jahr) oder nur gelegentlich gewährt, so kommt eine Erstattung nur in Betracht, wenn der Arbeitgeber ohne die Vorschrift des Art. 9 Abs. 1 Satz 4 BayFwG berechtigt wäre, den Sachlohn zu versagen oder zu kürzen,

- Lohnzulagen,

  zum Beispiel Gefahren-, Erschwernis-, Schmutz-, Spätdienst-, Fahrdienst- und Frostzulage, soweit sie Lohnbestandteile sind, also nicht Unkosten (Aufwendungen) decken sollen, die Arbeitnehmern wegen der besonderen Umstände entstehen, unter denen sie arbeiten,

- Gratifikationen und Prämien,

  insbesondere Weihnachtsgratifikation, zusätzliches Urlaubsgeld (Urlaubsgratifikation), Treueprämie, Anwesenheitsprämie,

- Provisionen (Grundlage ist der Durchschnittsverdienst der Arbeitnehmerin beziehungsweise des Arbeitnehmers in den letzten drei Monaten vor dem Zeitpunkt der Freistellung),
- Leistungen für die zusätzliche Alters- und Hinterbliebenenversorgung einschließlich der zusätzlichen Altersversorgung im Baugewerbe (Pensions-, Gruppenversicherung), wenn die Leistung des Arbeitgebers an die Person und den Lohn des Arbeitnehmers gebunden ist und diesem aufgrund der Leistung ein unmittelbarer Anspruch gegen den Arbeitgeber oder gegen einen Versicherungsträger erwächst,
- Winterbeschäftigungs-Umlage gemäß §§ 354 ff. des Sozialgesetzbuchs Drittes Buch (SGB III),
- Beiträge für das Urlaubsverfahren und für das Berufsbildungsverfahren im Baugewerbe gemäß den Regelungen zu den Sozialkassenbeiträgen im jeweils geltenden Tarifvertrag über das Sozialkassenverfahren im Baugewerbe (VTV); bei Arbeitnehmern, die keine Auszubildenden sind, ist der Beitrag für das Berufsbildungsverfahren nicht erstattungsfähig,
- Beiträge für den betriebsärztlichen Dienst an Berufsgenossenschaften (vergleiche das Gesetz über Betriebsärzte, Sicherheitsingenieure und andere Fachkräfte für Arbeitssicherheit),
- Umlage für das Insolvenzgeld gemäß §§ 358 ff. SGB III.

10.1.2 [1]Erstattungsfähig sind auch die Beiträge zur Sozialversicherung und zur Bundesagentur für Arbeit. [2]Dazu gehören:
- Beiträge zur gesetzlichen Kranken-, Renten- und Pflegeversicherung,
- Zuschüsse der Arbeitgeber zu einer freiwilligen Krankenversicherung für Angestellte sowie Beitragszuschüsse zur sozialen Pflegeversicherung für freiwillige Mitglieder der gesetzlichen Krankenversicherung und Privatversicherte,
- Beiträge zur Bundesagentur für Arbeit gemäß §§ 340 ff. SGB III.

10.1.3 Folgende Leistungen gehören nicht zum erstattungsfähigen Arbeitsentgelt:
- Urlaubsentgelt nach § 11 des Bundesurlaubsgesetzes (BUrlG),
- Aufwandsentschädigungen (Spesen),
- Aufwand für Lohnzahlungen an Feiertagen aufgrund des Entgeltfortzahlungsgesetzes,
- Beiträge zur gesetzlichen Unfallversicherung,
- Kosten der Beschäftigung Schwerbehinderter (insbesondere die Schwerbehindertenausgleichsabgabe),
- Umlage gemäß § 7 des Gesetzes über den Ausgleich der Arbeitgeberaufwendungen für Entgeltfortzahlung,
- Krankenversicherungsbeiträge für Empfänger von Saison-Kurzarbeitergeld,
- Aufwand für Ausfalltage,
- allgemeine Aufwendungen für die Berufsausbildung,
- sonstige lohngebundene Unkosten, die der betrieblichen Kalkulation dienen.

10.2 Berechnung des Erstattungsbetrags

[1]Der auf die Dauer des Feuerwehrdienstes entfallende Teil des Arbeitsentgelts wird für Arbeitnehmer, die Wochen- oder Stundenlohn erhalten, aufgrund der Angaben des Arbeitgebers ohne Weiteres berechnet werden können. [2]Bei Arbeitnehmern, die Monatslohn oder -gehalt beziehen, kann – sofern Arbeitgeber dazu keine Angaben machen – der zu

erstattende Anteil des Arbeitsentgelts (Entsprechendes gilt für die sonstigen fortgewährten Leistungen) wie folgt berechnet werden:

- Bei Wochenlehrgängen ist das auf eine Woche entfallende Arbeitsentgelt dadurch zu ermitteln, dass der vom Arbeitgeber angegebene Monatslohn durch 4 $^{1}/_{3}$ geteilt wird.
- Bei nur tage- oder stundenweisem Feuerwehrdienst wird zunächst die monatliche Gesamtstundenzahl errechnet. Zu diesem Zweck wird die vereinbarte wöchentliche Arbeitszeit mit 4 $^{1}/_{3}$ multipliziert. Der Monatsverdienst wird dann durch die monatliche Gesamtstundenzahl geteilt. Der so ermittelte Stundenlohn wird mit der Anzahl der ausgefallenen Stunden multipliziert.

10.3 Antragsformular, Merkblatt

Den Gemeinden wird empfohlen, ein Antragsformular (**Anlage 4**) und ein Merkblatt für Arbeitgeber (**Anlage 5**) zur Erleichterung des Antragsverfahrens bereitzuhalten.

11. Zu Art. 11 Entschädigung des Feuerwehrkommandanten und anderer Feuerwehrdienstleistender

Der in § 11 Abs. 5 AVBayFwG für die Entschädigungen gemäß Art. 11 Abs. 2 Satz 1 BayFwG festgelegte Satz gilt nur für ehrenamtliche Feuerwehrdienstleistende.

12. Zu Art. 12 Hauptberufliche Kräfte Freiwilliger Feuerwehren; Ständige Wachen

12.1 Befugnisse der Feuerwehrkommandanten

[1]Die Befugnisse der Feuerwehrkommandanten nach dem BayFwG und den zu seiner Ausführung erlassenen Vorschriften bestehen auch gegenüber hauptberuflichen Kräften und Angehörigen Ständiger Wachen. [2]Die dienstrechtlichen Befugnisse der Gemeinden bleiben unberührt.

12.2 Stärke der Ständigen Wachen

[1]Art. 12 Abs. 2 Satz 2 BayFwG regelt die absolute Mindeststärke der Ständigen Wachen; die Regelung schließt aber

nicht aus, dass in der konkreten Gemeinde eine Ständige Wache mit einer größeren Stärke erforderlich ist. [2]Die tatsächlich erforderliche Stärke einer ständigen Wache richtet sich stets nach dem örtlichen Gefahrenpotential und der gemeindlichen Feuerwehrbedarfsplanung.

12.3 Hauptamtliche Kräfte Freiwilliger Feuerwehren

[1]Gemeinden ohne Berufsfeuerwehr und unterhalb der Schwelle zu Ständigen Wachen können zur besseren Überwachung der feuerwehrtechnischen Einrichtungen und zur Verstärkung des abwehrenden Brandschutzes und der Hilfeleistung hauptberufliche Kräfte beschäftigen. [2]Diese sollen in der Regel nach den Grundsätzen der Verordnung über den fachlichen Schwerpunkt feuerwehrtechnischer Dienst (FachV-Fw) eingestellt und ausgebildet werden. [3]Sie sollen vorzugsweise als Beamte im Bereich der Fachlaufbahn Naturwissenschaft und Technik, fachlicher Schwerpunkt feuerwehrtechnischer Dienst, beschäftigt werden.

13. – *nicht belegt* –

14. – *nicht belegt* –

15. Zu Art. 15 Werkfeuerwehr

15.1 Personal und Stärke der Werkfeuerwehren

[1]Hauptberufliche Einsatzkräfte der Werkfeuerwehren sollen

- eine Qualifikation entsprechend der Anforderung an Ämter ab der Besoldungsgruppe A 7 im Bereich der Fachlaufbahn Naturwissenschaft und Technik, fachlicher Schwerpunkt feuerwehrtechnischer Dienst (auf die Ausbildung zum Rettungssanitäter oder zur Rettungssanitäterin nach der Bayerischen Rettungssanitäterverordnung kann hierbei verzichtet werden),
- eine Ausbildung zur Brandschutzfachkraft IHK oder
- eine Ausbildung zum Werkfeuerwehrmann/zur Werkfeuerwehrfrau nach dem Berufsbildungsgesetz (BBiG)

haben. [2]Nebenberufliche Einsatzkräfte der Werkfeuerwehren sollen mindestens über eine abgeschlossene modulare Truppausbildung oder eine gleichwertige Ausbildung verfügen. [3]Die Ausbildung gilt als abgeschlossen, wenn die Qualifikation „Truppführer" erlangt wurde. [4]Weiter gehende Ausbildungen müssen funktionsbedingt nach den Ausbildungsgrundsätzen der Freiwilligen Feuerwehr erfolgen. [5]Nicht hauptamtliche Leiter von Werkfeuerwehren und deren Stellvertreter müssen mindestens den Ausbildungsanforderungen an Zugführer Freiwilliger Feuerwehren genügen.

15.2 Einsatz der Werkfeuerwehr

15.2.1 [1]Die Hilfsfrist ist risikobedingt im Einzelfall festzulegen. [2]Dabei ist auch festzulegen, welche Funktionsträger innerhalb dieser Hilfsfrist am Schadensort eintreffen müssen. [3]Die Hilfsfrist sollte bei Werkfeuerwehren mit hauptberuflichen Einsatzkräften in Staffelstärke ($^1/_5$) deutlich unter der Hilfsfrist von zehn Minuten der gemeindlichen Feuerwehren liegen. [4]Ein Wert von fünf Minuten kann dabei eine Richtgröße darstellen. [5]Innerhalb von insgesamt zehn Minuten ist diese hauptberufliche Staffel um drei nebenberufliche Einsatzkräfte aufzustocken. [6]Die rein nebenberuflichen Werkfeuerwehren sollten die Gruppenstärke ($^1/_8$) nach zehn Minuten sicherstellen. [7]Daraus ergibt sich eine Mindestfunktionsstärke einer Werkfeuerwehr von mindestens neun Einsatzkräften. [8]Die tatsächliche Stärke der Werkfeuerwehr kann durch ein besonderes Gefährdungspotential und betriebliche Sonderaufgaben deutlich über der Mindeststärke liegen, um die im Einzelfall notwendigen zusätzlichen Funktionen zu erfüllen (Funktionsstärke). [9]Ebenso sind bei der Bemessung der erforderlichen Stärke die Leistungsfähigkeit der zuständigen gemeindlichen Feuerwehr zu beachten sowie die Bevölkerungsdichte und das Vorhandensein besonders schützenswerter Objekte in der Umgebung des Betriebs mit Werkfeuerwehr. [10]In Betrieben, die nach Industriebaurichtlinie oder anderen Rechtsgrundlagen errichtet oder betrieben werden, sind die dort festgelegten strengeren Hilfsfristen zu beachten. [11]Die erforderlichen Einsatzkräfte müssen im Betrieb oder der Einrichtung unmittelbar alarmierbar sein und ihren Arbeitsplatz ohne Weiteres verlassen können.

15.2.2 [1]Das Tätigwerden der Werkfeuerwehren außerhalb des Betriebsgeländes kann nur Unterstützungscharakter haben, insbesondere ist hier die Unterstützung der gemeindlichen Feuerwehren mit Spezialgerät zu nennen. [2]Die personelle Nachbesetzung der Werkfeuerwehr ist für diese Fälle im Voraus zu regeln. [3]Werkfeuerwehren, die über eigene Einsatzzentralen verfügen, die ständig mit zwei Personen besetzt sind, von denen eine mindestens die Qualifikation eines Gruppenführers der Freiwilligen Feuerwehr aufweist, können die Alarmverfolgung beim Auslösen einer notwendigen Brandmeldeanlage im Betriebsbereich eigenständig durchführen. [4]Die zuständige Behörde kann Ausnahmen von der Mindestbesetzung der Einsatzzentralen zulassen. [5]Das in der Einsatzzentrale vorgehaltene Personal kann nicht auf die erforderliche Funktionsstärke der Werkfeuerwehr angerechnet werden.

15.3 Bescheid über die Anerkennung oder Anordnung einer Werkfeuerwehr

[1]Der Bescheid soll – im Hinblick auf seine inhaltliche Bestimmtheit – insbesondere Aussagen zu folgenden Punkten enthalten:

- allgemeine Angaben über den Betrieb wie Firmenname, Anschrift, Betriebsausdehnung, Beschäftigtenzahl, Produktionsart und betriebliche Risiken,
- Rechtsgrundlagen,
- Organisation der Werkfeuerwehr wie zum Beispiel
  - Festlegung der Funktionsstärke der Werkfeuerwehr sowie der Einsatzleitung rund um die Uhr für jeden Tag im Jahr,
  - Festlegung der Hilfsfrist,
  - Nachalarmierungszeiten unter Angabe der Anzahl von dienstfreien Kräften,
  - Besetzung mit haupt- und/oder nebenberuflichen Kräften,
  - Ausbildungsanforderungen an den Leiter, seinen Stellvertreter und die anderen Angehörigen der Werkfeuerwehr,
- Ausstattung der Werkfeuerwehr.

[2]Vor der Aufhebung eines Anerkennungs- oder Anordnungsbescheides einer Werkfeuerwehr soll auch die Behörde informiert werden, die federführend für die Genehmigung der Errichtung oder des Betriebs der Einrichtung war. [3]Verbesserungen im gemeindlichen Brandschutz, die ursächlich für die Aufhebung waren, sind von der Gemeinde zu dokumentieren.

15.4 Überprüfung der Werkfeuerwehr

[1]Die nach Art. 15 Abs. 2 BayFwG zuständigen Behörden sollen die Werkfeuerwehren spätestens alle fünf Jahre überprüfen. [2]Der Kreisbrandrätin oder dem Kreisbrandrat – in kreisfreien Gemeinden ohne Berufsfeuerwehr der Stadtbrandrätin oder dem Stadtbrandrat – und der für die Genehmigung der Errichtung oder des Betriebs zuständigen Behörde ist Gelegenheit zur Teilnahme zu geben. [3]Die Überprüfung kann auch durch eine unangekündigte Alarmierung erfolgen; die generelle Vorgehensweise ist jedoch im Vorfeld mit den Beteiligten abzustimmen.

16. Zu Art. 16 Zusammenarbeit mehrerer Feuerwehren einer Gemeinde

[1]Im Falle des Art. 16 Abs. 2 BayFwG entscheidet die Gemeinde, ob die Einsatzmittel einer gemeindlichen Feuerwehr die jeder anderen Feuerwehr überwiegen und um welche Feuerwehr es sich dabei handelt. [2]Kreisangehörige Gemeinden sollen vorher die Kreisbrandrätin oder den Kreisbrandrat hören.

17. Zu Art. 17 Überörtliche Hilfe der gemeindlichen Feuerwehren

17.1 Hilfe in anderen Bundesländern

[1]Die gemeindlichen Feuerwehren haben bei Bedarf auch Hilfe in anderen Bundesländern zu leisten (vergleiche Art. 35 Abs. 1 GG). [2]Es ist daher nichts dagegen einzuwenden, wenn bayerische Feuerwehren in Alarmpläne von Gemeinden angrenzender Länder/Staaten aufgenommen werden. [3]Umgekehrt sind bei der Alarmplanung für bayerische Feuerwehren (vergleiche Alarmierungsbekanntmachung) auch

die Hilfemöglichkeiten benachbarter Feuerwehren dieser Bundesländer zu berücksichtigen. [4]Auf der Grundlage der Gegenseitigkeit ist die überörtliche Hilfe gemeindlicher Feuerwehren in angrenzenden Bundesländern unter den gleichen Voraussetzungen kostenlos wie in Bayern.

17.2 Kosten der überörtlichen Hilfe

[1]Aufwendungen, die nach Art. 17 Abs. 2 Satz 1 Halbsatz 2 und Satz 2 BayFwG zu erstatten sind, können (anders als im Fall des Art. 28 Abs. 1 Satz 2 BayFwG) nicht durch Leistungsbescheid geltend gemacht werden. [2]Zu ihrer Berechnung können jedoch geltende Pauschalsätze (vergleiche Art. 28 Abs. 4 BayFwG) herangezogen werden. [3]Für die Hilfeleistung in gemeindefreien Gebieten kann Kostenersatz nur in den Fällen verlangt werden, in denen sich die gemeindliche Feuerwehr Dritter oder Einsatzmittel Dritter bedient (vergleiche Art. 17 Abs. 2 Satz 2 BayFwG). [4]Kostenersatz nach Art. 28 BayFwG bleibt unberührt (vergleiche VG Würzburg, Urteil vom 18. November 1999, W 5 K 98.1113).

17.3 Zuweisung von Einsatzbereichen

[1]Durch die Zuweisung eines Einsatzbereichs (Art. 17 Abs. 3 BayFwG) werden die Pflichten einer bis dahin örtlich allein zuständigen Feuerwehr für dieses Gebiet grundsätzlich nicht aufgehoben, sondern – je nach dem Umfang der Zuweisung – nur modifiziert. [2]Diese Feuerwehr leistet daher in dem der Feuerwehr einer anderen Gemeinde zugewiesenen Gebiet nicht etwa überörtliche Hilfe. [3]Die inhaltliche Bandbreite der Zuweisung kann von einer praktisch lückenlosen Aufgabenübertragung bis zur Regelung einer gleichgewichtigen Zusammenarbeit beider oder auch mehrerer Feuerwehren reichen. [4]Der Bescheid über die Zuweisung muss deren Tragweite genau festlegen. [5]Wird ein Einsatzbereich zugewiesen, der zum Gebiet einer anderen Gemeinde gehört, ist insbesondere das Verhältnis zwischen der ursprünglich allein zuständigen und der neu hinzutretenden Feuerwehr zu regeln (Beschaffung besonderer Ausrüstung, Alarmierung, Einsatzleitung gemäß Art. 18 Abs. 2 BayFwG). [6]Vor der Zuweisung sind sowohl die Gemeinde, deren Feuerwehr Hilfe leisten soll, als auch die Gemeinde, in deren Gebiet der

zuzuweisende Einsatzbereich liegt, zu hören. [7]Bei gemeindefreien Gebieten ist der Eigentümer zu hören.

18. Zu Art. 18 Einsatzleitung

18.1 Rechtsgeschäfte der Einsatzleiterin oder des Einsatzleiters

[1]Die Einsatzleitung ist eine den Aufgaben der Gemeinde gemäß Art. 1 Abs. 1 und 2 BayFwG zuzurechnende Funktion. [2]Aufgrund von Art. 18 Abs. 1 BayFwG ist die Einsatzleiterin oder der Einsatzleiter berechtigt, zu diesem Zweck auch Rechtsgeschäfte (zum Beispiel Beschaffung von Einsatzverpflegung, vergleiche Art. 9 Abs. 5 Nr. 1, Art. 18 Abs. 1 Satz 2 BayFwG) im Namen der für den Schadensort zuständigen Gemeinde abzuschließen.

18.2 Einsatzberichte

[1]Die Freiwilligen Feuerwehren und Pflichtfeuerwehren in den Landkreisen erstatten der Kreisbrandrätin oder dem Kreisbrandrat über jeden Einsatz im abwehrenden Brandschutz und im technischen Hilfsdienst einen „Einsatzbericht – Brand“, „Einsatzbericht – Technische Hilfeleistung“ oder „Einsatzbericht – ABC-Einsatz“. [2]Über Fehlalarme, böswillige Alarme und Sicherheitswachen ist ebenfalls zu berichten. [3]Die Werkfeuerwehren berichten an die Kreisbrandrätin oder den Kreisbrandrat, die Leitung der Berufsfeuerwehr oder die Stadtbrandrätin oder den Stadtbrandrat. [4]Sofern die Kreisbrandräte, Stadtbrandräte oder die Leitungen der Berufsfeuerwehren keinen früheren Termin festlegen, stellen die Gemeinden sicher, dass ihre Feuerwehren die Einsatzberichte spätestens bis zum 15. Januar des Folgejahres fertiggestellt haben. [5]Für die Werkfeuerwehren gilt diese Frist für die Fertigstellung ihrer Berichte entsprechend. [6]Die Kreisbrandräte, Stadtbrandräte und Leitungen der Berufsfeuerwehren stellen für ihren jeweiligen Zuständigkeitsbereich sicher, dass die in der webbasierten Einsatznachbearbeitung über die Integrierten Leitstellen erfassten Einsatzberichte spätestens bis zum 15. Februar des Folgejahres auf Plausibilität, Vollständigkeit und Unterschriften – zumindest in Auszügen – geprüft sind und melden dies an die Regierungen.

[7]Die Regierungen prüfen, ob die Meldungen für Einsatzberichte aus ihrem Zuständigkeitsbereich vorliegen und prüfen die Berichte auf Plausibilität, Vollständigkeit sowie Unterschriften – zumindest in Auszügen – und melden dies bis spätestens 1. März an das Staatsministerium. [8]Um aktuelle Daten auch zwischen den Stichtagen zu erhalten, ist eine kontinuierliche Eingabe und Abschluss der in der webbasierten Einsatznachbearbeitung hinterlegten Einsatzberichte notwendig. [9]Hierfür sollte angestrebt werden, dass ein im System hinterlegter Einsatzbericht in der Regel innerhalb von zwei Wochen abgeschlossen wird.

18.3 Einsatzberichte in besonderen Fällen

[1]Bei Großbränden, Bränden mit bemerkenswerten Vorkommnissen und sonstigen besonderen Einsätzen ist auf Anforderung des Staatsministeriums oder der zuständigen Regierung ein Gesamtbericht mit zusätzlichen Erläuterungen zu erstellen. [2]Bei Einsätzen oder Übungen, bei denen Einsatzkräfte schwer verletzt oder getötet werden, ist der zuständigen Regierung und dem Staatsministerium unverzüglich formlos zu berichten.

19. Zu Art. 19 Kreisbrandrat, Kreisbrandinspektor und Kreisbrandmeister

19.1 Aufgaben der Kreisbrandräte

19.1.1 [1]Die Organisation und Leitung der Ausbildung der Feuerwehrdienstleistenden ist in erster Linie Aufgabe der Kommandanten (vergleiche Art. 8 Abs. 1 Satz 2 BayFwG). [2]Die Kreisbrandräte haben jedoch dafür Sorge zu tragen, dass die auf örtlicher Ebene durchgeführten Lehrgänge einheitlichen Anforderungen auf Grundlage der Ausbilderleitfäden und Feuerwehrdienstvorschriften entsprechen. [3]Dies gilt insbesondere für die modulare Truppausbildung sowie die Ausbildung zur Atemschutzgeräteträgerin/zum Atemschutzgeräteträger und zur Maschinistin/zum Maschinisten. [4]Den Kreisbrandräten sind auf Verlangen die Ausbildungspläne vorzulegen sowie Gelegenheit zur Inspektion des Ausbildungsbetriebs und zur Abnahme der Prüfung zu geben. [5]Die Kreisbrandräte können zur Unterstützung bestimmte

Fachaufgaben im Bereich der Ausbildung an die Kreisbrandinspektoren bzw. Kreisbrandmeister übertragen (vergleiche Nr. 19.5.2).

19.1.2 [1]Die Kreisbrandräte nehmen im Rahmen ihrer beratenden und unterstützenden Funktion nach Art. 19 Abs. 1 Satz 1 BayFwG auch bestimmte Aufgaben der Brandschutzdienststelle wahr (vergleiche zum Beispiel Versammlungsstättenverordnung, Verkaufsstättenverordnung, Garagen- und Stellplatzverordnung). [2]Sie vertreten insoweit die Belange des abwehrenden Brandschutzes insbesondere mit Stellungnahmen zu den Bereichen

- Schadens- und Gefahrenabwehr- sowie Rettungsmaßnahmen,
- Löschwasserversorgung und Einrichtungen zur Löschwasserversorgung,
- Lage und Anordnung von Löschwasser-Rückhalteanlagen,
- Zugänglichkeit der Grundstücke und baulichen Anlagen für die Feuerwehr sowie an Zufahrten, Durchfahrten, Aufstell- und Bewegungsflächen,
- Lage und Anordnung der zum Anleitern bestimmten Stellen,
- Anlagen, Einrichtungen und Geräte für die Brandbekämpfung (wie Wandhydranten, Schlauchanschlussleitungen, Feuerlöschgeräte, Feuerlöschanlagen) und für den Rauch- und Wärmeabzug bei Bränden,
- Anlagen und Einrichtungen für die Brandmeldung (wie Brandmeldeanlagen) und für die Alarmierung im Brandfall (Alarmierungseinrichtungen) und
- betriebliche Maßnahmen zur Brandverhütung und Brandbekämpfung sowie zur Rettung von Menschen und Tieren (Brandschutzordnung, Feuerschutzübungen).

[3]Die Kreisbrandräte müssen die Aufgaben im Bereich der Brandschutzdienststelle nicht zwingend persönlich wahrnehmen. [4]Sie können hierzu, wie bei allen anderen Aufgaben auch, Kreisbrandinspektoren und Kreisbrandmeister zu ihrer Unterstützung heranziehen.

19.2 Wahl der Kreisbrandräte

19.2.1 Wahltermin, Ladungsfrist

[1]Die Wahl findet bei einer Dienstversammlung der Kommandanten der Freiwilligen Feuerwehren und der Leiter der Werkfeuerwehren des Landkreises statt. [2]Sie ist vom Landratsamt möglichst rechtzeitig vor Ablauf der Amtszeit der bisherigen Kreisbrandrätin oder des bisherigen Kreisbrandrats anzuberaumen. [3]Das Landratsamt hat die Wahlberechtigten mindestens zwei Wochen vor dem Wahltag einzuladen.

19.2.2 Leitung der Wahlversammlung, Wahlausschuss

[1]Das Landratsamt leitet die Wahl (Wahlleitung). [2]Der Wahlleitung stehen zwei von der Versammlung durch Zuruf bestimmte Beisitzer zur Seite. [3]Werden mehr als zwei Personen durch Zuruf vorgeschlagen, findet eine Wahl zwischen den vorgeschlagenen Personen statt. [4]Die Wahlleitung und die Beisitzer bilden den Wahlausschuss. [5]Wer selbst zur Wahl steht, kann nicht Mitglied des Wahlausschusses sein. [6]Der Wahlausschuss wird daher erst nach Abgabe des Wahlvorschlags (Nr. 19.2.4) gebildet.

19.2.3 Stimmrecht, Stellvertretung

[1]Jeder Wahlberechtigte hat eine Stimme. [2]Ist ein Wahlberechtigter verhindert, kann er sich durch seine Stellvertreterin oder seinen Stellvertreter bei der Wahl vertreten lassen. [3]Die Vertretung ist an Weisungen des Wahlberechtigten nicht gebunden. [4]Im Übrigen ist Stellvertretung unzulässig.

19.2.4 Wahlverfahren

Die Wahlleitung erläutert die Grundsätze des Wahlverfahrens und legt die Aufgaben der Kreisbrandrätin oder des Kreisbrandrats dar.

19.2.4.1 Wahlvorschläge, Schriftlichkeit der Wahl

[1]Die Landrätin oder der Landrat gibt der Wahlversammlung einen Wahlvorschlag bekannt. [2]Der Wahlvorschlag kann mehrere Bewerber enthalten. [3]Die Wahlleitung nennt die Vor-

geschlagenen und befragt sie, ob sie sich der Wahl stellen wollen. [4]Der Vorschlag kann mündlich begründet werden; über ihn kann auch eine Aussprache stattfinden. [5]Den durch die Landrätin oder den Landrat vorgeschlagenen Bewerbern ist Gelegenheit zu geben, sich der Versammlung in angemessener Zeit vorzustellen. [6]Die Aussprache wird geschlossen, wenn keine Wortmeldungen mehr vorliegen oder wenn die Versammlung mit Mehrheit der Wahlberechtigten den Schluss der Aussprache beschließt. [7]Gewählt werden kann nur, wer durch die Landrätin oder den Landrat für den konkreten Wahlgang zur Wahl vorgeschlagen wurde. [8]Die Wahl wird schriftlich mit Stimmzetteln durchgeführt; diese dürfen kein äußerliches Kennzeichen tragen, das sie von den im gleichen Wahlgang verwendeten Stimmzetteln unterscheidet. [9]Die Wahlleitung lässt auf die Stimmzettel, soweit diese nicht schon vorbereitet sind, die Namen der vorgeschlagenen Bewerberinnen und Bewerber setzen.

19.2.4.2 Wahlgang, Stimmabgabe

[1]Die Wahl ist geheim; die Möglichkeit geheimer Stimmabgabe ist von der Wahlleitung sicherzustellen. [2]Für eine gültige Stimmabgabe ist immer eine positive Willensbekundung erforderlich. [3]Gewählt wird, indem einer der Wahlvorschläge in eindeutig bezeichnender Weise gekennzeichnet wird. [4]Streichungen sind nicht als Stimme für nicht gestrichene Bewerber zu werten. [5]Die Wahlberechtigten haben den ausgefüllten Stimmzettel zusammenzufalten und der Wahlleitung oder dem von dieser bestimmten Beisitzer zu übergeben. [6]Der Wahlausschuss prüft die Stimmberechtigung der Abstimmenden. [7]Bei Bedarf hat das Landratsamt hierzu vor der Wahl eine Wählerliste anzulegen. [8]Wird die Stimmberechtigung anerkannt, so sind die Stimmzettel in einen Behälter zu legen. [9]Der Wahlausschuss prüft vor Beginn des Wahlgangs, ob der Behälter leer ist. [10]Wird der Stimmberechtigung einer anwesenden Person widersprochen, entscheidet der Wahlausschuss.

19.2.4.3 Feststellung des Wahlergebnisses

[1]Nach Abschluss der Wahl prüft der Wahlausschuss den Inhalt der Stimmzettel, zählt sie aus und stellt das Wahler-

gebnis fest. [2]Gewählt ist, wer mehr als die Hälfte der abgegebenen gültigen Stimmen erhält. [3]Neinstimmen und Stimmzettel, die überhaupt nicht gekennzeichnet wurden oder auf denen nur Streichungen vorgenommen wurden, sind ungültig. [4]Ist mindestens die Hälfte der abgegebenen Stimmen ungültig, ist die Wahl zu wiederholen. [5]Ist die Mehrheit der abgegebenen Stimmen gültig und erhält keine Bewerberin oder kein Bewerber die Mehrheit der abgegebenen gültigen Stimmen, so findet eine Stichwahl unter den beiden Bewerberinnen oder Bewerbern mit der höchsten Stimmenzahl statt. [6]Wenn mehr als zwei Personen die höchste Stimmenzahl erhalten haben, ist die Wahl zu wiederholen. [7]Wenn mehr als eine Person die zweithöchste Stimmenzahl erhalten haben, entscheidet das Los, wer in die Stichwahl kommt. [8]Bei der Stichwahl ist die Person gewählt, die von den abgegebenen gültigen Stimmen die höchste Stimmenzahl erhält. [9]Bei gleicher Stimmenzahl entscheidet das Los, das die Wahlleitung sofort nach Feststellung des Ergebnisses der Stichwahl in der Wahlversammlung ziehen lässt.

19.2.4.4 Wahlannahme

[1]Nach der Wahl befragt die Wahlleitung die gewählte Person, ob sie die Wahl annimmt. [2]Lehnt sie ab, ist die Wahl zu wiederholen. [3]Die Wiederholung der Wahl kann unmittelbar im Anschluss an den ersten Wahldurchgang in derselben Dienstversammlung erfolgen.

19.2.5 Niederschrift

Die Wahlleitung lässt über die Wahl, die Feststellung des Wahlergebnisses und die Wahlannahme eine Niederschrift fertigen, die der Wahlausschuss unterzeichnet.

19.3 Eignung

Vertreter der Feuerwehrgeräteindustrie oder Händler, die deren Produkte vertreiben, können wegen der Gefahr von Interessenkollisionen für die Ämter des Kreisbrandrats, des Kreisbrandinspektors und des Kreisbrandmeisters ungeeignet sein.

19.3.1 [1]Vor der Bestätigung der für ein solches Amt gewählten oder bestellten Person ist zu prüfen, ob ihre geschäftlichen Interessen in Widerstreit mit ihrer Aufgabe geraten können, auf eine den jeweiligen örtlichen Verhältnissen angepasste ausreichende Ausrüstung der Feuerwehr hinzuwirken. [2]Ob solche Interessenkollisionen zu befürchten sind, hängt einerseits vom Umfang der beruflichen Tätigkeit, andererseits von der Art der Aufgaben ab, die die Gewählten oder Bestellten als Kreisbrandräte, Kreisbrandinspektoren oder Kreisbrandmeister wahrzunehmen haben. [3]Bei Kreisbrandräten wird die Gefahr von Interessenkollision regelmäßig bestehen, in geringerem Maß bei Kreisbrandinspektoren und bei Kreisbrandmeistern nur, soweit sie (zum Beispiel als Kreisschirrmeister) in größerem Umfang mit Ausrüstungsfragen zu tun haben.

19.3.2 Sind Interessenkollisionen zu befürchten, ist wie folgt zu verfahren:

- Bei Kreisbrandräten hat die Regierung zu prüfen, ob die Befürchtung dadurch ausgeräumt werden kann, dass die Kreisbrandrätin oder der Kreisbrandrat einen Teil der Aufgaben auf die Kreisbrandinspektoren oder Kreisbrandmeister überträgt. Müsste die Kreisbrandrätin oder der Kreisbrandrat für das Amt wesentliche Aufgabenbereiche übertragen (zum Beispiel die gesamte Mitwirkung bei der Beschaffung von Fahrzeugen und Geräten), so fehlt aus diesem Grund die Eignung.
- Bei Kreisbrandinspektoren und Kreisbrandmeistern hat das Landratsamt die Kreisbrandrätin oder den Kreisbrandrat davon zu unterrichten, dass die Bestätigung abgelehnt werden muss, wenn nicht der bestellten Person ein anderer Aufgabenbereich zugewiesen wird, der keine Interessenkollision befürchten lässt.

19.4 Vereinbarkeit mehrerer Führungsfunktionen

Kreisbrandinspektoren dürfen nur dann gleichzeitig Kommandant einer Freiwilligen Feuerwehr oder Leiter einer Werkfeuerwehr sein, wenn sie dieses Amt oder diese Tätigkeit außerhalb ihres Inspektionsbereichs ausüben (Ausnahme von Art. 19 Abs. 5 Satz 4 BayFwG).

19.5 Kreisbrandinspektion

19.5.1 Definition

Die Kreisbrandrätin oder der Kreisbrandrat, die Kreisbrandinspektoren und die Kreisbrandmeister bilden zusammen die Kreisbrandinspektion.

19.5.2 Aufgaben der Kreisbrandinspektoren und Kreisbrandmeister

[1]Die Kreisbrandräte können den Kreisbrandmeistern zur Unterstützung der Kreisbrandinspektoren Teile von Feuerwehrinspektionsbereichen zuweisen. [2]Sie können den Kreisbrandinspektoren und Kreisbrandmeistern auch bestimmte Fachaufgaben, insbesondere auf folgenden Gebieten, übertragen:

- Fahrzeuge und Geräte, Ausbildung der Maschinisten (Schirrmeister),
- Atemschutz, Ausbildung der Atemschutzgeräteträger,
- CBRN, gefährliche Güter,
- Jugendarbeit (Kreisjugendwart),
- IuK-Wesen, Sprechfunk,
- Ausbildung.

19.5.3 Aus- und Weiterbildung der Mitglieder der Kreisbrandinspektion

[1]Zu den Aufgaben der Landkreise gehört es auch, die ausreichende Ausbildung der Mitglieder der Kreisbrandinspektion sicherzustellen. [2]Außer den durch §7 Abs. 2 AVBayFwG vorgeschriebenen Lehrgängen sollten Kreisbrandräte, Kreisbrandinspektoren und Kreisbrandmeister auch weitere Fachlehrgänge besuchen. [3]Empfohlen wird die Teilnahme am Lehrgang „Einführung in die Stabsarbeit“. [4]Kreisbrandmeister und Kreisbrandinspektoren mit Fachaufgaben benötigen außerdem die für ihr besonderes Aufgabengebiet erforderliche Qualifikation.

20. – *nicht belegt* –

21. Zu Art. 21 Stadtbrandrat, Stadtbrandinspektor und Stadtbrandmeister

21.1 Kreisfreie Gemeinden

[1]Stadtbrandräte in kreisfreien Gemeinden können im Einvernehmen mit der Gemeinde Stadtbrandmeister zu ihrer Unterstützung bestellen und ihnen bestimmte Fachaufgaben entsprechend Nr. 19.5.2 übertragen. [2]Der Leiter einer Berufsfeuerwehr einer kreisfreien Gemeinde lässt sich, soweit er Aufgaben des Kreisbrandrats wahrnimmt, nach internen Regelungen vertreten.

21.2 Große Kreisstädte

[1]Den Stadtbrandinspektoren und Stadtbrandmeistern in Großen Kreisstädten kommen aufgrund dieser ihnen gemäß Art. 21 Abs. 4 BayFwG zustehenden Bezeichnung nicht gleichzeitig die Funktionen der Kreisbrandinspektoren und Kreisbrandmeister zu (vergleiche auch Art. 19 Abs. 5 Satz 4 BayFwG und Nr. 19.4). [2]Es kann zweckmäßig sein, dass Kreisbrandräte das Gebiet Großer Kreisstädte als Feuerwehrinspektionsbereich festlegen und sich unmittelbar unterstellen.

21.3 Lehrgänge

Stadtbrandräte, Stadtbrandinspektoren und Stadtbrandmeister sollen die gleichen Lehrgänge besuchen wie Kreisbrandräte, Kreisbrandinspektoren und Kreisbrandmeister (vergleiche §7 Abs. 2 AVBayFwG und Nr. 19.5.3).

22. Zu Art. 22 Feuerwehrverbände

22.1 Verbandsanhörung (Benehmen)

[1]Die Feuerwehrverbände werden von den staatlichen Behörden zu grundsätzlichen Fachfragen des Feuerwehrwesens nach Art. 22 BayFwG beteiligt (Benehmen). [2]Hierzu zählen insbesondere

- Erlass, Neufassung und Änderung von Rechts- und allgemeinen Verwaltungsvorschriften, soweit sie die Feuerwehren betreffen,
- Ausbildung der Feuerwehrdienstleistenden,

- technische Ausrüstung der Feuerwehren,
- staatliche Förderung des Feuerwehrwesens,
- soziale Betreuung und Absicherung der Feuerwehrdienstleistenden, insbesondere im Rahmen der Unfallverhütung und Unfallversicherung,
- Kinder- und Jugendarbeit,
- Gleichstellungsfragen,
- Mitgliedergewinnung und -bindung,
- Mitwirkung der Feuerwehren im friedensmäßigen Katastrophenschutz,
- Brandschutzerziehung, Brandschutzaufklärung und sonstige Mitwirkung im vorbeugenden Brandschutz.

[3]Die Beteiligung der kommunalen Spitzenverbände bleibt unberührt.

22.2 Freistellung durch Arbeitgeber

[1]Auch wenn ein gesetzlicher Anspruch auf Freistellung durch Arbeitgeber unter Fortgewährung des Arbeitsentgelts für die Wahrnehmung von Verbandsaufgaben nicht besteht, so wird doch wegen der besonderen Bedeutung der Verbandstätigkeit auf Landes-, Bezirks- und Kreis-/Stadtebene an alle Arbeitgeber und Dienstherren appelliert, von der Möglichkeit einer Freistellung möglichst großzügig Gebrauch zu machen. [2]Dies gilt besonders für die fachliche Verbandsarbeit.

22.3 Verbindung von Dienstversammlungen auf Regierungsbezirksebene mit Bezirksversammlungen des Landesfeuerwehrverbandes

[1]Die Aufwendungen (Reisekosten) für die Dienstversammlungen der besonderen Führungsdienstgrade auf Regierungsbezirksebene (KBR/SBR und KBI/SBI) tragen die Landkreise beziehungsweise kreisfreien Gemeinden. [2]Wenn diese Dienstversammlungen mit Bezirksversammlungen des Landesfeuerwehrverbandes Bayern e. V. verbunden werden, sollte nur in klar abgrenzbaren Fällen eine Kostenbeteiligung erwogen werden. [3]Auch die Möglichkeit, bei Bedarf die Kreis- und Stadtbrandräte in ihrer Eigenschaft als Vorsit-

zende des Kreis- oder Stadtfeuerwehrverbandes zu einer außerordentlichen Sitzung einzuladen, sollte den Bezirksvorsitzenden des Landesfeuerwehrverbandes Bayern e. V., die an die Stelle der bisherigen Sprecher getreten sind, im bisherigen Rahmen eröffnet bleiben.

23. Zu Art. 23 Heranziehung von Personen und Sachen

Die Einsatzleitung kann anstelle einer nach Art. 23 Abs. 1 und 3 BayFwG möglichen Heranziehung oder Verpflichtung auch Rechtsgeschäfte im Namen der für den Schadensort zuständigen Gemeinde abschließen (vergleiche auch Nr. 18.1), wenn dies wirtschaftlich vertretbar und für die Erfüllung der Aufgaben erforderlich ist.

24. – *nicht belegt* –

25. – *nicht belegt* –

26. – *nicht belegt* –

27. – *nicht belegt* –

28. Zu Art. 28 Ersatz von Kosten

28.1 Allgemeines

28.1.1 [1]Die Erhebung von Kostenersatz liegt im gemeindlichen Ermessen. [2]Das heißt, die Gemeinden können Kostenersatz verlangen, müssen es aber nicht in jedem Fall. [3]Will die Gemeinde Kostenersatz erheben, muss der Kostenbescheid erkennen lassen, dass die Gemeinde das ihr zustehende Ermessen ausgeübt hat. [4]In der Begründung des Bescheides müssen die Erwägungen angegeben werden, die für die Gemeinde maßgeblich dafür waren, in dem konkreten Fall Kostenersatz zu erheben. [5]Die für die Entscheidung maßgeblichen Gründe müssen zwar nicht in allen Einzelheiten, zumindest aber in Grundzügen in der Begründung des Bescheides enthalten sein. [6]Allein ein Verweis auf eine erlassene Kostensatzung genügt für eine ordnungsgemäße Ermessensausübung nicht. [7]Ist in dem Kostenbescheid keine Ermessensbegründung enthalten, so ist der Bescheid fehlerhaft und rechtswidrig. [8]Eine Nachholung der Ermessensbegründung in einem gerichtlichen Verfahren heilt die Fehlerhaftigkeit nicht.

28.1.2 [1]Einsätze oder Tätigkeiten im Bereich des abwehrenden Brandschutzes und des technischen Hilfsdienstes, die der unmittelbaren Menschenrettung dienen, sind jedoch stets kostenfrei. [2]Dabei ist zu differenzieren: Einsätze, die ausschließlich der unmittelbaren Rettung oder Bergung von Mensch und Tier dienen, sind insgesamt, also inklusive An- und Abfahrt, kostenfrei; werden daneben allerdings weitere Maßnahmen des abwehrenden Brandschutzes oder technische Hilfeleistungen durchgeführt, die nicht der unmittelbaren Rettung oder Bergung von Mensch und Tier dienen, sind lediglich die einzelnen Tätigkeiten, die der unmittelbaren Rettung oder Bergung von Mensch und Tier dienen, kostenfrei. [3]In diesen Fällen ist insbesondere die An- und Abfahrt kostenpflichtig.

28.2 Billigkeitserwägungen

[1]Nach Art. 28 Abs. 1 Satz 3 BayFwG soll in Fällen von Unbilligkeit von Kostenersatz abgesehen werden. [2]Unbilligkeit kommt vor allem dann in Betracht, wenn insbesondere im Fall der umfassenden Halterhaftung die durch das Schadensereignis oder durch den Feuerwehreinsatz veranlasste Kostenregulierung sich auf die Betreffenden äußerst belastend oder existenzbedrohend auswirken könnte, weil kein Versicherungsschutz besteht, oder sonstige persönliche Härten (zum Beispiel familiäres Leid) vorliegen.

28.3 Festsetzung von Pauschalsätzen durch Satzung

[1]Art. 28 Abs. 4 BayFwG enthält die Ermächtigungsgrundlage für die Gemeinden, den Kostenersatz für Feuerwehreinsätze durch Satzung zu regeln und Pauschalsätze festzusetzen. [2]Die Gemeinden können in einer Satzung mit einheitlicher Berechnungsgrundlage den Kostenersatz für das gesamte Tätigkeitsfeld ihrer Feuerwehren regeln. [3]Bei der Einbeziehung der Vorhaltekosten im Pflichtaufgabenbereich muss ein angemessener Eigenanteil der Gemeinde berücksichtigt werden. [4]Damit wird gleichzeitig klargestellt, dass die Gemeinden auch im Pflichtaufgabenbereich (Art. 4 Abs. 1 und 2

BayFwG) die allgemeinen Vorhaltekosten (insbesondere Abschreibungen) über die auf die tatsächlichen Einsatzstunden im Pflichtaufgabenbereich anteilig entfallenden Vorhaltekosten hinaus in die Kostenkalkulation einfließen lassen können. [5]Die Gemeinden dürfen den Aufwand für ihre Feuerwehrgerätehäuser jedoch nicht in die Kalkulation der Pauschalsätze einfließen lassen, weil diese Kosten nicht im unmittelbaren Zusammenhang zum Einsatz im Sinne von Art. 28 Abs. 1 BayFwG stehen, sondern zu den allgemeinen Kosten der Einrichtung Feuerwehr zählen. [6]Soweit die Gemeinden den Eigenanteil nicht nur im Pflichtaufgabenbereich, sondern auch im freiwilligen Aufgabenbereich berücksichtigen, können alle Feuerwehrleistungen aufgrund einer einheitlichen Kalkulation abgerechnet werden. [7]Soweit ein angemessener Eigenanteil der Gemeinde nur bei den Pflichtaufgaben berücksichtigt wird, erfolgt die Kostenberechnung von Pflicht- und freiwilligen Leistungen aufgrund getrennter Kalkulationsgrundlagen. [8]Die Gemeinden können sich bei der Kalkulation der Pauschalsätze an Mustern und Handlungsanleitungen orientieren; dies entbindet sie jedoch nicht von ihrer Verpflichtung, eine eigene Kostenkalkulation vorzunehmen.

28.4 Abrechnung freiwilliger Leistungen

[1]Will die Gemeinde Gebühren für die Inanspruchnahme der Feuerwehr für freiwillige Aufgaben (Art. 4 Abs. 3 BayFwG) erheben, so setzt dies voraus, dass die Gemeinde die Benutzung ihrer öffentlichen Einrichtung Feuerwehr durch eine Benutzungssatzung öffentlich-rechtlich geregelt und diese entsprechenden Leistungen einbezogen hat (siehe Nr. 4.5). [2]Die Gebühren werden dann aufgrund einer besonderen, also von der Benutzungssatzung getrennten, Gebührensatzung der Gemeinde erhoben (Art. 28 Abs. 4 Satz 1 Halbsatz 2 BayFwG in Verbindung mit Art. 2 und 8 des Kommunalabgabengesetzes – KAG). [3]Gebühren für freiwillige Leistungen und Pflichtaufgaben der Feuerwehr können in einer gemeinsamen Gebührensatzung geregelt werden, vergleiche Mustersatzung in **Anlage 6**. [4]Die Kosten für die Inanspruchnahme der Feuerwehr werden dann auch für freiwillige Aufgaben (Art. 4 Abs. 3 BayFwG) durch Gebührenbescheid geltend gemacht. [5]Liegt

keine derartige Benutzungssatzung und Gebührensatzung vor, kann die Gemeinde für die Inanspruchnahme der Feuerwehr für freiwillige Aufgaben aufgrund eines privatrechtlichen Vertrages ein Entgelt verlangen, wenn ein solcher geschlossen wurde. [6]Unabhängig von der rechtlichen Ausgestaltung setzt die Abrechnung freiwilliger Aufgaben die willentliche Inanspruchnahme der gemeindlichen Leistung voraus.

29. Inkrafttreten, Außerkrafttreten

[1]Diese Bekanntmachung tritt am 1. November 2020 in Kraft und mit Ablauf des 31. Oktober 2030 außer Kraft. [2]Mit Ablauf des 31. Oktober 2020 tritt die Bekanntmachung des Bayerischen Staatsministeriums des Innern über den Vollzug des Bayerischen Feuerwehrgesetzes (VollzBekBayFwG) vom 28. Mai 2013 (AllMBl. S. 217, 311) außer Kraft.

Anlage 1
(zu Nr. 5.1)

Muster
für die Satzung für die Freiwilligen Feuerwehren

Die Gemeinde (Stadt, Markt, Zweckverband[1])) .... erlässt aufgrund von Art. 23 Satz 1 und Art. 24 Abs. 1 Nr. 1 der Gemeindeordnung (GO) folgende

Satzung

I. Allgemeines

§ 1
Organisation, Rechtsgrundlagen

(1) Die Freiwillige Feuerwehr ....[2]) ist eine öffentliche Einrichtung der Gemeinde. Zur Gewinnung der notwendigen Anzahl von Feuerwehrdienstleistenden bedient sie sich der Unterstützung des Vereins „Freiwillige Feuerwehr .... e. V.“.

1) Zutreffende Bezeichnung im gesamten Satzungstext einsetzen.

2) Bezeichnung gemäß § 2 AVBayFwG.

(2) Rechtsgrundlage für die Freiwillige Feuerwehr, vor allem für die Rechte und Pflichten ihrer Feuerwehrdienstleistenden, sind das Bayerische Feuerwehrgesetz (BayFwG), die zu seiner Ausführung erlassenen Rechtsvorschriften und diese Satzung.

§ 2
Freiwillige Leistungen

(1) Die Freiwillige Feuerwehr kann aufgrund dieser Satzung in den Grenzen von Art. 7 des Mittelstandsförderungsgesetzes und Art. 87 GO insbesondere folgende freiwillige Leistungen erbringen:

1. Hilfeleistungen, die nicht zu den gesetzlichen Aufgaben der Feuerwehren gehören (zum Beispiel – jeweils auf Antrag des Eigentümers oder Nutzungsberechtigten – das Stellen von Wachen nach dem Ende der Brandgefahr oder das Abräumen von Schadensstellen, soweit es nicht zur Abwehr weiterer Gefahren notwendig ist),
2. Überlassung von Gerät oder Material zum Gebrauch oder Verbrauch,
3. Leistungen der Atemschutzgerätewerkstatt/Schlauchwerkstatt[1]),
4. Bereitstellung der Atemschutzübungsstrecke[2]).

(2) Voraussetzung freiwilliger Leistungen ist, dass die Einsatzbereitschaft der Freiwilligen Feuerwehr zur Erfüllung ihrer gesetzlichen Aufgaben dadurch nicht beeinträchtigt wird. Auf die Gewährung freiwilliger Leistungen besteht kein Rechtsanspruch.

(3) Über die Gewährung von Leistungen im Sinne von Abs. 1 Nr. 1 und 2 entscheidet die Kommandantin oder der Kommandant, soweit die Leistungen in unmittelbarem Zusammenhang mit dem Einsatz der Feuerwehr erbracht werden. Im Übrigen entscheidet die Kommandantin oder der Kommandant über Leistungen im Sinne dieser Vorschriften sowie

1) Soweit vorhanden; ggf. auch sonstige besondere Einrichtungen angeben.

2) Soweit vorhanden.

über einzelne, nicht regelmäßig wiederkehrende Leistungen im Sinne von Abs. 1 Nr. 3 und 4 nur, wenn ihr bzw. ihm die Erste Bürgermeisterin oder der Erste Bürgermeister diese Befugnis übertragen hat; sonst entscheidet die Erste Bürgermeisterin oder der Erste Bürgermeister oder der Gemeinderat.

II. Personal

§ 3
Wahl der Kommandantin oder des Kommandanten

(1) Die Wahl findet bei einer Dienstversammlung der Feuerwehrdienst leistenden Mitglieder der Freiwilligen Feuerwehr einschließlich der hauptberuflichen Kräfte und der Feuerwehranwärter, die das 16. Lebensjahr vollendet haben, statt. Die Gemeinde lädt hierzu mindestens zwei Wochen vor dem Wahltag ein.

(2) Die Bürgermeisterin oder der Bürgermeister oder ein Stellvertreter oder Beauftragter (Art. 39 GO) leitet die Wahl (Wahlleitung). Der Wahlleitung stehen zwei von der Versammlung durch Zuruf bestimmte Beisitzer zur Seite. Werden mehr als zwei Personen durch Zuruf vorgeschlagen, findet eine Wahl zwischen den vorgeschlagenen Personen statt. Wahlleitung und Beisitzer bilden den Wahlausschuss. Wer selbst zur Wahl steht, kann nicht Mitglied des Wahlausschusses sein. Der Wahlausschuss wird daher erst nach Abgabe der Wahlvorschläge gebildet.

(3) Jede wahlberechtigte Person hat eine Stimme. Stellvertretung ist nicht zulässig.

(4) Die Wahlleitung erläutert die Grundsätze des Wahlverfahrens und legt die Aufgaben der Kommandantin oder des Kommandanten dar.

1. Wahlvorschläge, Schriftlichkeit der Wahl

   Die Wahlberechtigten schlagen wählbare Personen schriftlich oder durch Zuruf der Wahlversammlung zur Wahl vor. Die Wahlleitung nennt die Vorgeschlagenen und befragt sie, sofern sie anwesend sind, ob sie sich der Wahl stellen wollen. Die Vorschläge können mündlich begründet werden; über sie kann auch eine Aussprache stattfinden. Den anwesenden Bewerberinnen und Bewerbern ist Gelegenheit zu geben, sich der Versammlung in angemessener Zeit vorzustellen. Die Aussprache wird geschlossen, wenn keine Wortmeldungen mehr vorliegen oder wenn die Versammlung mit Mehrheit der Wahlberechtigten den Schluss der Aussprache beschließt.

Die Wahl wird schriftlich mit Stimmzetteln durchgeführt; diese dürfen kein äußerliches Kennzeichen tragen, das sie von den im gleichen Wahlgang verwendeten Stimmzetteln unterscheidet. Die Wahlleitung lässt auf die Stimmzettel die Namen der wählbaren und – sofern sie befragt wurden – zur Kandidatur bereiten Bewerberinnen und Bewerber setzen. Wird nur eine oder keine Person zur Wahl vorgeschlagen, so wird die Wahl ohne Bindung an Bewerber durchgeführt.

2. Wahlgang, Stimmabgabe

Die Wahl ist geheim; die Möglichkeit geheimer Stimmabgabe ist von der Wahlleitung sicherzustellen.

Für eine gültige Stimmabgabe ist immer eine positive Willensbekundung erforderlich. Gewählt wird, indem einer der Wahlvorschläge in eindeutig bezeichnender Weise gekennzeichnet wird. Streichungen sind nicht als Stimme für nicht gestrichene Bewerber zu werten.

Steht nur eine Person zur Wahl, so kann dadurch gewählt werden, dass der Wahlvorschlag in einer jeden Zweifel ausschließenden Weise gekennzeichnet oder eine nicht zur Wahl vorgeschlagene wählbare Person in eindeutig bezeichnender Weise handschriftlich auf dem Stimmzettel eingetragen wird.

Liegt kein Wahlvorschlag vor, so wird durch eindeutig bezeichnende handschriftliche Eintragung einer wählbaren Person auf dem Stimmzettel gewählt.

Die Wahlberechtigten haben den ausgefüllten Stimmzettel zusammenzufalten und der Wahlleitung oder dem bestimmten Beisitzer zu übergeben. Der Wahlausschuss prüft die Stimmberechtigung der Abstimmenden. Bei Bedarf hat die Gemeinde hierzu vor der Wahl eine Wählerliste anzulegen. Wird die Stimmberechtigung anerkannt, so ist der Stimmzettel in einen Behälter zu legen. Der Wahlausschuss prüft vor Beginn des Wahlgangs, ob der Behälter leer ist. Wird der Stimmberechtigung einer anwesenden Person widersprochen, entscheidet der Wahlausschuss.

3. Feststellung des Wahlergebnisses, Losentscheid

Nach Abschluss der Wahl prüft der Wahlausschuss den Inhalt der Stimmzettel, zählt sie aus und stellt das Wahlergebnis fest. Gewählt ist, wer mehr als die Hälfte der abgegebenen gültigen Stimmen erhält. Neinstimmen und Stimmzettel, die überhaupt nicht gekennzeichnet wurden oder auf denen nur Streichungen vorgenommen wurden, sind ungültig. Ist mindestens die Hälfte der abgegebenen Stimmen ungültig, ist die Wahl zu wiederholen. Ist die Mehrheit der abgegebenen Stimmen gültig und erhält keine Bewerberin und kein Bewerber die Mehrheit der abgegebenen gültigen Stimmen, so findet eine Stichwahl unter den beiden Bewerberinnen oder Bewerbern mit der höchsten Stimmenzahl statt. Wenn mehr als zwei Personen die höchste Stimmenzahl erhalten haben, ist die Wahl zu wiederholen. Wenn mehr als eine Person die zweithöchste Stimmenzahl erhalten haben, entscheidet das Los, wer in die Stichwahl kommt.

Bei der Stichwahl ist die Person gewählt, die von den abgegebenen gültigen Stimmen die höchste Stimmenzahl erhält. Bei gleicher Stimmenzahl entscheidet das Los, das die Wahlleitung sofort nach Feststellung des Ergebnisses der Stichwahl in der Wahlversammlung ziehen lässt.

4. Wahlannahme

Nach der Wahl befragt die Wahlleitung die gewählte Person, ob sie die Wahl annimmt. Lehnt sie ab, ist die Wahl zu wiederholen. Abwesende Bewerberinnen und Bewerber können die Annahme der Wahl auch im Vorfeld schriftlich erklären.

Die Wiederholung der Wahl kann unmittelbar im Anschluss an den ersten Wahldurchgang in derselben Dienstversammlung erfolgen.

(5) Die Wahlleitung lässt über die Wahl, die Feststellung des Wahlergebnisses und die Wahlannahme eine Niederschrift fertigen, die der Wahlausschuss unterzeichnet.

(6) Die Abs. 1 bis 5 gelten für die Wahl des Stellvertreters des Feuerwehrkommandanten entsprechend.

§ 4
Verpflichtung

Die Kommandantin oder der Kommandant verpflichtet neu aufgenommene ehrenamtliche Feuerwehrdienstleistende durch Handschlag zur Erfüllung ihrer Pflichten nach den für die Feuerwehren geltenden Rechts- und Verwaltungsvorschriften. Neu aufgenommenen Mitgliedern soll eine Satzung für die Freiwillige Feuerwehr überreicht werden.

§ 5
Übertragung besonderer Aufgaben

Zur Erfüllung besonderer Aufgaben sind geeignete Feuerwehrdienstleistende zu bestellen (zum Beispiel Jugendwart, Gerätewart). Für die Bestellung ehrenamtlicher Feuerwehrdienstleistender ist die Kommandantin oder der Kommandant zuständig.

§ 6
Persönliche Ausstattung

Die Feuerwehrdienstleistenden haben die empfangene persönliche Ausstattung pfleglich zu behandeln und nach dem Ausscheiden aus dem Feuerwehrdienst zurückzugeben. Für verloren gegangene oder durch außerdienstlichen Gebrauch beschädigte oder unbrauchbar gewordene Teile der Ausstattung kann die Gemeinde Ersatz verlangen.

§ 7
Anzeigepflichten bei Schäden

Feuerwehrdienstleistende haben der Kommandantin oder dem Kommandanten unverzüglich zu melden

- im Dienst erlittene (eigene) Körper- und Sachschäden,
- Verluste oder Schäden an der persönlichen Ausstattung und der sonstigen Ausrüstung der Feuerwehr.

Soweit Ansprüche für oder gegen die Gemeinde infrage kommen, hat die Kommandantin oder der Kommandant die Meldung an die Gemeinde weiterzuleiten. Hat die Gemeinde nach § 193 SGB VII und § 22 der Satzung der Kommunalen Unfallversicherung Bayern eine Unfallanzeige zu erstatten, so ist sie unverzüglich (bei Unfällen mit Todesfolge oder mit mehr als drei Verletzten sofort) zu unterrichten.

§ 8
Dienstverhinderung

Von der gesetzlichen Verpflichtung zur Leistung des Feuerwehrdienstes (Art. 6 Abs. 1 Satz 2 BayFwG) sind Feuerwehrdienstleistende nur befreit, soweit sie vorrangigen rechtlichen Pflichten nachkommen müssen oder dringende wirtschaftliche oder persönliche Gründe dies rechtfertigen. Für das Fernbleiben von Ausbildungsveranstaltungen in diesen Fällen haben sich Feuerwehrdienstleistende vor der Veranstaltung bei der Kommandantin oder dem Kommandanten zu entschuldigen; im Übrigen haben Feuerwehrdienstleistende Mitteilung zu machen, wenn sie länger als fünf Wochen vom Wohnort abwesend oder durch andere Umstände an der Ausübung des Feuerwehrdienstes gehindert sein werden. Der Wegzug aus der Gemeinde ist in jedem Fall zu melden.

§ 9
Pflichtverletzungen

Die Kommandantin oder der Kommandant kann Verletzungen von Dienstpflichten durch folgende Maßnahmen ahnden:

- mündlicher oder schriftlicher Verweis,
- Androhung des Ausschlusses,
- Ausschluss (Art. 6 Abs. 4 Satz 2 BayFwG, § 10 Abs. 2 dieser Satzung).

§ 10
Austritt und Ausschluss

(1) Der Austritt aus der Freiwilligen Feuerwehr ist schriftlich gegenüber der Kommandantin oder dem Kommandanten zu erklären.

(2) Die Kommandantin oder der Kommandant hat Feuerwehrdienstleistenden, die sie bzw. er gemäß Art. 6 Abs. 4 Satz 2 BayFwG wegen gröblicher Verletzung der Dienstpflichten vom Feuerwehrdienst ausschließen will, Gelegenheit zu geben, sich zu den für die Entscheidung erheblichen Tatsachen zu äußern.

Eine gröbliche Verletzung von Dienstpflichten ist insbesondere gegeben bei

- unehrenhaftem Verhalten im Dienst,
- grobem Vergehen gegen Kameraden im Dienst,
- fortgesetzter Nachlässigkeit oder Nichtbefolgen dienstlicher Anordnungen,
- Trunkenheit im Dienst,
- Aufhetzen zum Nichtbeachten von Anordnungen,
- dienstwidriger Benutzung oder mutwilliger Beschädigung von Dienstkleidung, Geräten und sonstigen Ausrüstungsgegenständen der Feuerwehr.

Die Kommandantin oder der Kommandant hat den Ausgeschlossenen den Ausschluss schriftlich zu erklären.

III. Besondere Pflichten der Kommandantin oder des Kommandanten

§ 11
Dienst- und Ausbildungsplan

(1) Die Kommandantin oder der Kommandant stellt jährlich (wenn nötig auch für kürzere Zeiträume) einen Dienst- und Ausbildungsplan auf. In dem Plan ist für jeden Monat mindestens eine Übung oder ein Unterricht vorzusehen. Zu den Übungen können auch geeignete Sportveranstaltungen der Feuerwehr gehören.

(2) Der Dienst- und Ausbildungsplan ist der Gemeinde vorzulegen.

§ 12
Dienstreisen

Die Kommandantin oder der Kommandant hat dafür zu sorgen, dass vor Dienstreisen von Feuerwehrdienstleistenden die Genehmigung der Gemeinde eingeholt wird (vergleiche auch Art. 8 Abs. 1 Satz 3 BayFwG). Sie bzw. er hat auch für ihre bzw. seine Dienstreisen die Genehmigung der Gemeinde einzuholen.

§ 13
Jahresbericht

(1) Die Kommandantin oder der Kommandant unterrichtet die Gemeinde zum Ende des Kalenderjahres über den Personalstand der Freiwilligen Feuerwehr. Neu eingetretene oder aus dem Feuerwehrdienst ausgeschiedene Mitglieder sind namentlich mitzuteilen. In dem Bericht ist die Anzahl der Mannschafts- und Führungsdienstgrade und der Feuerwehrdienstleistenden anzugeben, die über das übliche Maß hinaus Feuerwehrdienst leisten (vergleiche Art. 11 Abs. 1 Satz 2 BayFwG). Soweit die Gemeinde nicht über einzelne Einsätze unterrichtet wird, ist im Jahresbericht auch eine Übersicht über die Einsätze des abgelaufenen Jahres zu geben.

(2) Die Unterrichtungspflichten gemäß Art. 6 Abs. 4 Satz 2 BayFwG, § 7 Satz 2 und § 11 Abs. 2 dieser Satzung bleiben unberührt.

IV. Anwendungsbeginn

§ 14
Inkrafttreten

Diese Satzung tritt am .... in Kraft.

Anlage 2

– nicht aufgenommen –

Anlage 3
(zu Nr. 5.3)

Mindeststärke der Freiwilligen Feuerwehren

Anzahl der Gruppen	1	2	3	4	5	6	7	8	9	10	11	12
Züge[1])	-	1	1	2	2	3	3	4	4	5	5	6
Verbände	-	-	-	-	-	1	1	1	1	1	1	2
Verbandsführer/-in Hauptbrandmeister/-in	-	-	-	-	-	1	1	1	1	1	1	2
Stv. Verbandsführer/-in Oberbrandmeister/-in	-	-	-	-	-	1	1	1	1	1	1	2
Zugführer/-in Brandmeis-ter/-in	-	1	1	2	2	3	3	4	4	5	5	6
Stv. Zugführer/-in Hauptlöschmeister/-in	-	1	1	2	2	3	3	4	4	5	5	6
Gruppenführer/-in Oberlöschmeister/-in	1	2	3	4	5	6	7	8	9	10	11	12
Stv. Gruppenführer/-in Löschmeister/-in	2	4	4	4	5	6	7	8	9	10	11	12
Führungsdienstgrade insgesamt	3	8	9	12	14	20	22	26	28	32	34	40
Hauptfeuerwehrmann/-frau Oberfeuerwehrmann/-frau Feuerwehrmann/-frau	21	42	63	84	105	126	147	168	189	210	231	259
Maschinist/-in (ohne Führungsfahrzeuge)	3	6	9	12	15	18	21	24	27	30	33	36
Mannschaftsdienstgrade insgesamt	24	48	72	96	120	144	168	192	216	240	264	288
Gesamtstärke	27	56	81	108	134	164	190	218	244	272	298	328

Anlage 4

– nicht aufgenommen –

1) Züge nach FwDV 3.

Anlage 5

(zu Nr. 10.3)

Merkblatt für Arbeitgeber zum Antrag auf Erstattung der fortgewährten Leistungen im Zusammenhang mit dem Feuerwehrdienst

1. Das Bayerische Feuerwehrgesetz (BayFwG) enthält Vorschriften über die Lohnfortzahlung an Arbeitnehmer, die Feuerwehrdienst leisten. Private Arbeitgeber haben ihrerseits einen Anspruch auf Erstattung der fortgewährten Leistungen. Die fortgewährten Leistungen werden nur auf Antrag erstattet. Der Antrag ist an die Gemeinde zu richten, für deren Feuerwehr die Arbeitnehmer Feuerwehrdienst geleistet haben.

2. Umfang des Anspruchs auf Erstattung der fortgewährten Leistungen

2.1 Zum erstattungsfähigen Arbeitsentgelt gehören folgende Leistungen:

– Geldlohn,

  z. B. Gehalt, Stunden-, Tages-, Wochen- und Monatslohn, Schicht- und Akkordlohn, Mehrarbeits- und Überstundenvergütung einschließlich der Zuschläge, vermögenswirksame Leistungen des Arbeitgebers (sie sind gemäß § 2 Abs. 7 Satz 1 des Fünften Vermögensbildungsgesetzes Bestandteil des Lohns oder Gehalts),

– Sachlohn (Deputatleistungen),

  soweit es sich um in kurzen Zeiträumen (täglich, wöchentlich, monatlich) wiederholte und fortlaufend zum Lohn gewährte Leistungen handelt; werden die Sachbezüge für einen längeren Zeitraum (z. B. für ein Jahr) oder nur gelegentlich gewährt, so kommt eine Erstattung nur in Betracht, wenn der Arbeitgeber ohne die Vorschrift des Art. 9 Abs. 1 Satz 4 BayFwG berechtigt wäre, den Sachlohn zu versagen oder zu kürzen,

– Lohnzulagen,

  z. B. Gefahren-, Erschwernis-, Schmutz-, Spätdienst-, Fahrdienst- und Frostzulage, soweit sie Lohnbestandteile sind, also nicht Unkosten (Aufwendungen) decken sollen, die Arbeitnehmern wegen der besonderen Umstände entstehen, unter denen sie arbeiten,

- Gratifikationen und Prämien,

  insbesondere Weihnachtsgratifikation, zusätzliches Urlaubsgeld (Urlaubsgratifikation), Treueprämie, Anwesenheitsprämie,

- Provisionen

  (Grundlage ist der Durchschnittsverdienst der Arbeitnehmerin bzw. des Arbeitnehmers in den letzten drei Monaten vor dem Zeitpunkt der Freistellung),

- Leistungen für die zusätzliche Alters- und Hinterbliebenenversorgung einschließlich der zusätzlichen Altersversorgung im Baugewerbe (Pensions-, Gruppenversicherung), wenn die Leistung des Arbeitgebers an die Person und den Lohn des Arbeitnehmers gebunden ist und diesem aufgrund der Leistung ein unmittelbarer Anspruch gegen den Arbeitgeber oder gegen einen Versicherungsträger erwächst,
- Winterbeschäftigungs-Umlage gemäß §§ 354 ff. SGB III,
- Beiträge für das Urlaubsverfahren und für das Berufsbildungsverfahren im Baugewerbe gemäß den Regelungen zu den Sozialkassenbeiträgen im jeweils geltenden Tarifvertrag über das Sozialkassenverfahren im Baugewerbe (VTV); bei Arbeitnehmern, die keine Auszubildenden sind, ist der Beitrag für das Berufsbildungsverfahren nicht erstattungsfähig,
- Beiträge für den betriebsärztlichen Dienst an Berufsgenossenschaften (vgl. das Gesetz über Betriebsärzte, Sicherheitsingenieure und andere Fachkräfte für Arbeitssicherheit),
- Umlage für das Insolvenzgeld gemäß §§ 358 ff. SGB III.

2.2 Erstattungsfähig sind auch die Beiträge zur Sozialversicherung und zur Bundesagentur für Arbeit. Dazu gehören:

- Beiträge zur gesetzlichen Kranken-, Renten- und Pflegeversicherung,

- Zuschüsse des Arbeitgebers zu einer freiwilligen Krankenversicherung für Angestellte sowie Beitragszuschüsse zur sozialen Pflegeversicherung für freiwillige Mitglieder der gesetzlichen Krankenversicherung und Privatversicherte,
- Beiträge zur Bundesagentur für Arbeit gemäß §§ 340 ff. SGB III.

2.3 Folgende Leistungen gehören nicht zum erstattungsfähigen Arbeitsentgelt:

- Urlaubsentgelt nach § 11 des Bundesurlaubsgesetzes

(Findet eine mindestens ganztägige Ausbildungsveranstaltung während des Urlaubs statt und hat die Arbeitnehmerin oder der Arbeitnehmer die Teilnahme dem Arbeitgeber rechtzeitig vorher mitgeteilt, so ist die Veranstaltung als ein den Urlaub störendes Ereignis zu behandeln. Die durch die Ausbildungsveranstaltung ausfallenden Urlaubstage sind nachzugewähren. Die Tage, an denen die Ausbildungsveranstaltung stattfindet, gelten als Arbeitstage, für die Arbeitsentgelt gewährt und erstattet wird.),

- Aufwandsentschädigungen (Spesen),
- Aufwand für Lohnzahlungen an Feiertagen aufgrund des Entgeltfortzahlungsgesetzes,
- Beiträge zur gesetzlichen Unfallversicherung,
- Kosten der Beschäftigung Schwerbehinderter (insbesondere die Schwerbehindertenausgleichsabgabe),
- Umlage gemäß § 7 des Gesetzes über den Ausgleich der Arbeitgeberaufwendungen für Entgeltfortzahlung,
- Krankenversicherungsbeiträge für Empfänger von Saison-Kurzarbeitergeld,
- Aufwand für Ausfalltage,
- allgemeine Aufwendungen für die Berufsausbildung,
- sonstige lohngebundene Unkosten, die der betrieblichen Kalkulation dienen.

Diese Leistungen sind nicht erstattungsfähig, weil die Leistungsverpflichtung nicht von der durch die Teilnahme am Feuerwehrdienst ausgefallenen Arbeitsleistung abhängt, weil es sich um Leistungen handelt, die nicht Entgelt für eine

Arbeitsleistung sind, weil sie in ihrem Umfang nicht berechenbar oder rein kalkulatorisch sind oder weil sie lediglich eine allgemeine Belastung des Betriebs (zum Beispiel aus sozialem Grunde) darstellen.

3. Rechtsgrundlagen

Bayerisches Feuerwehrgesetz (BayFwG) in der in der Bayerischen Rechtssammlung (BayRS 215-3-1-I) veröffentlichten bereinigten Fassung, das zuletzt durch § 2 des Gesetzes vom 24. Juli 2020 (GVBl. S. 350) geändert worden ist

– Auszug –

Art. 9
Freistellungs-, Entgeltfortzahlungs- und Erstattungsansprüche von Feuerwehrdienstleistenden

(1) [1]Arbeitnehmern dürfen aus dem Feuerwehrdienst keine Nachteile im Arbeitsverhältnis sowie in der Sozial- und Arbeitslosenversicherung erwachsen. [2]Während des Feuerwehrdienstes, insbesondere während der Teilnahme an Einsätzen, Ausbildungsveranstaltungen, Sicherheitswachen und am Bereitschaftsdienst und für einen angemessenen Zeitraum danach sind sie zur Arbeitsleistung nicht verpflichtet. [3]Ihre Abwesenheit haben sie, wenn es die Dienstpflicht zulässt, dem Arbeitgeber rechtzeitig mitzuteilen. [4]Dieser ist verpflichtet, ihnen für Zeiten der Freistellung das Arbeitsentgelt einschließlich aller Nebenleistungen und Zulagen fortzuzahlen, das sie ohne Teilnahme am Feuerwehrdienst erzielt hätten.

(2) – (5) …

Art. 10
Erstattungsansprüche von Arbeitgebern

[1]Dem privaten Arbeitgeber ist auf Antrag von der Gemeinde zu erstatten

1. das Arbeitsentgelt einschließlich der Beiträge zur Sozialversicherung und zur Bundesagentur für Arbeit, das er gemäß Art. 9 Abs. 1 Satz 4 leistet,

2. das Arbeitsentgelt, das er einem Arbeitnehmer, der Feuerwehrdienst leistet, aufgrund gesetzlicher Vorschriften während einer Arbeitsunfähigkeit infolge Krankheit weitergewährt, wenn die Arbeitsunfähigkeit auf den Feuerwehrdienst zurückzuführen ist.

[2]Kann der Arbeitnehmer aufgrund gesetzlicher Vorschriften von einem Dritten Schadensersatz wegen des Verdienstausfalls beanspruchen, der ihm durch die Arbeitsunfähigkeit entstanden ist, so ist die Gemeinde zur Erstattung nach Satz 1 Nr. 2 nur verpflichtet, wenn ihr der Arbeitgeber diesen Anspruch in demselben Umfang abtritt, in dem er kraft Gesetzes oder Vertrags auf ihn übergegangen ist. [3]Der Forderungsübergang kann nicht zum Nachteil des Arbeitnehmers geltend gemacht werden.

Anlage 6

(zu Nr. 4.4.3)

Muster
für die Satzung über Aufwendungs- und Kostenersatz für Einsätze und andere Leistungen gemeindlicher Feuerwehren

Die Gemeinde (Stadt, Markt, Zweckverband[1]) .... erlässt aufgrund des Art. 28 BayFwG folgende

Satzung

§ 1

Aufwendungs- und Kostenersatz

(1) Die Gemeinde erhebt im Rahmen von Art. 28 Abs. 1 BayFwG Aufwendungsersatz für die in Art. 28 Abs. 2 BayFwG aufgeführten Pflichtleistungen ihrer Feuerwehren.

Einsätze werden in dem für die Hilfeleistung notwendigen Umfang abgerechnet. Für Einsätze und Tätigkeiten, die unmittelbar der Rettung oder Bergung von Menschen und Tieren dienen, wird kein Kostenersatz erhoben.

Der Aufwendungsersatz entsteht mit dem Tätigwerden, in den Fällen des Art. 28 Abs. 2 Nr. 7 BayFwG mit dem Ausrücken, der Feuerwehr.

---

1) Zutreffende Bezeichnung im ganzen Satzungstext einsetzen.

(2) Die Gemeinde erhebt Kostenersatz für die Inanspruchnahme ihrer Feuerwehren zu folgenden freiwilligen Leistungen (Art. 28 Abs. 4 Satz 1 BayFwG):

1. Hilfeleistungen, die nicht zu den gesetzlichen Pflichtaufgaben der Feuerwehren gehören,
2. Überlassung von Gerät und Material zum Gebrauch oder Verbrauch,
3. Leistungen der Atemschutzgerätewerkstatt/Schlauchwerkstatt[1]),
4. Bereitstellung der Atemschutzstrecke zur Benutzung[1]).

Die Kostenschuld entsteht mit der Inanspruchnahme der Feuerwehr.

(3) Die Höhe des Aufwendungs- und Kostenersatzes richtet sich nach den Pauschalsätzen gemäß der **Anlage** zu dieser Satzung. Für den Ersatz von Aufwendungen, die nicht in der Anlage enthalten sind, werden Pauschalsätze in Anlehnung an die für vergleichbare Aufwendungen festgelegten Sätze erhoben. Für Materialverbrauch werden die Selbstkosten berechnet.

(4) Aufwendungen, die durch Hilfeleistungen von Werkfeuerwehren entstehen (Art. 15 Abs. 7 Satz 2 BayFwG), sowie wegen überörtlicher Hilfeleistung nach Art. 17 Abs. 2 BayFwG zu erstattende Aufwendungen werden unabhängig von dieser Satzung geltend gemacht.

§ 2
Schuldner

(1) Bei Pflichtleistungen bestimmt sich der Schuldner des Aufwendungsersatzes nach Art. 28 Abs. 3 BayFwG.

(2) Bei freiwilligen Leistungen ist Schuldner, wer die Feuerwehr willentlich in Anspruch genommen hat.

(3) Mehrere Schuldner haften als Gesamtschuldner.

---

1) Soweit vorhanden.

§ 3
Fälligkeit

Aufwendungs- und Kostenersatz werden einen Monat nach Zustellung des Bescheids zur Zahlung fällig.

§ 4
Inkrafttreten

Diese Satzung tritt am .... in Kraft.

Anlage zu Anlage 6

Anlage zur Satzung über Aufwendungs- und Kostenersatz für Einsätze und andere Leistungen gemeindlicher Feuerwehren

Anmerkung: Die jeweilige Erläuterung der Berechnung ist nicht Teil des Satzungstextes!

Verzeichnis der Pauschalsätze[1])

Aufwendungsersatz und Kostenersatz setzen sich aus den jeweiligen Sachkosten (Nrn. 1 bis 3) und den Personalkosten (Nr. 4) zusammen.

1. Streckenkosten

Die Streckenkosten betragen für jeden angefangenen Kilometer Wegstrecke für

a) Lösch- oder Sonderfahrzeuge, soweit nachstehend nicht besonders aufgeführt .... €

b) ein Hubrettungsfahrzeug (Drehleiter DLAK 23/12, Teleskopgelenkmast TGM 23/12) .... €

c) eine Drehleiter (DLAK 12/9) .... €

d) einen Rüstwagen .... €

e) einen Kranwagen .... €

f) einen Lastkraftwagen (Versorgungs-Lkw, Gerätewagen Logistik, auch als Anhänger, Zugfahrzeug, Absetz- oder Abrollkipper) .... €

---

1) Die Aufzählung von Fahrzeugen und Geräten ist nur beispielhaft.

g) ein Kleinalarmfahrzeug .... €
h) einen Transporter (Kombi) .... €
i) einen Einsatzleitwagen .... €
j) einen Gerätewagen Gefahrgut .... €
k) einen Kommandowagen oder Pkw .... €

Erläuterung der Berechnung

Kaufpreis (einschl. feuerwehrtechnischer Beladung und Funkausrüstung) .... €

./. Staats- und sonstige Zuschüsse .... €

.... €

Nutzungsdauer .... Jahre

Abschreibung jährlich .... €

Eine angemessene Eigenbeteiligung der Gemeinden an den Vorhaltekosten ist vorzusehen. Wegen Art. 28 Abs. 4 Satz 2 BayFwG kann bei der Berechnung des Aufwendungsersatzes für Pflichtaufgaben nicht die gesamte Abschreibung angesetzt werden.

./. Eigenbeteiligung der Gemeinde .... v. H. der jährlichen Abschreibung .... €

zugrunde zu legender Abschreibungsbetrag .... €

Soweit die Gemeinden beim Kostenersatz für freiwillige Aufgaben die Abschreibung uneingeschränkt zum Ansatz bringen wollen, muss insoweit gesondert kalkuliert werden.

Ob die Abschreibungskosten voll entweder in die Streckenkosten oder in die Ausrückestundenkosten einzubeziehen oder auf beide Kostenarten aufzuteilen sind, hängt davon ab, ob die Abnutzung vor allem durch die Fahrt oder durch den Einsatz des Fahrzeugs mit Gerät und Ausrüstung am Schadensort verursacht wird. In diesem Muster wird von einer gleichmäßigen Aufteilung auf beide Kostenarten ausgegangen.

50 v. H. des zugrunde gelegten Abschreibungsbetrages .... €

Treibstoffkosten (durchschnittlicher Verbrauch × durchschnittliche jährliche Fahrleistung)	.... €
Versicherungen	.... €
Reparatur, Wartung und sonstige Betriebskosten	.... €
	.... €
Durchschnittliche jährliche Fahrleistung .... km	
Kosten je Kilometer	.... €

2. Ausrückestundenkosten

Mit den Ausrückestundenkosten ist der Einsatz von Geräten und Ausrüstung abzugelten, die zwar zu Fahrzeugen gehören, deren Kosten aber nicht durch die zurückgelegte Wegstrecke beeinflusst werden. Für angefangene Stunden werden bis zu 30 Minuten die halben, im Übrigen die ganzen Ausrückestundenkosten erhoben.

Die Ausrückestundenkosten betragen – berechnet vom Zeitpunkt des Ausrückens aus dem Feuerwehrgerätehaus/der Feuerwache bis zum Zeitpunkt des Wiedereinrückens – je eine Stunde für

a) Lösch- oder Sonderfahrzeuge, soweit nachstehend nicht besonders aufgeführt	.... €
b) ein Hubrettungsfahrzeug (Drehleiter DLAK 23/12, Teleskopgelenkmast TGM 23/12)	.... €
c) eine Drehleiter (DLAK 12/9)	.... €
d) einen Rüstwagen	.... €
e) einen Kranwagen	.... €
f) einen Lastkraftwagen	.... €
g) ein Kleinalarmfahrzeug	.... €
h) einen Transporter (Kombi)	.... €
i) einen Einsatzleitwagen	.... €
j) einen Gerätewagen Gefahrgut	.... €
k) einen Kommandowagen oder Pkw	.... €

Erläuterung der Berechnung

50 v. H. des zugrunde gelegten Abschreibungsbetrages (s. Erläuterung zu Nr. 1)	.... €
Reparatur, Wartung und sonstige Betriebskosten von Geräten und Ausrüstung des Fahrzeugs	.... €
	.... €
Ausrückestunden jährlich	
Kosten der Ausrückestunde	.... €

3. Arbeitsstundenkosten

Wird ein Gerät eingesetzt, das nicht zur feuerwehrtechnischen Beladung des eingesetzten Fahrzeugs gehört (und können demnach dafür keine Ausrückestundenkosten geltend gemacht werden), werden Arbeitsstundenkosten berechnet.

In die Arbeitsstunden nicht eingerechnet wird der Zeitraum, währenddessen ein Gerät am Einsatzort vorübergehend nicht in Betrieb ist.

Für angefangene Stunden werden bis zu 30 Minuten die halben, im Übrigen die ganzen Stundenkosten erhoben.

Als Arbeitsstundenkosten werden berechnet für

a) einen Beleuchtungsanhänger	.... €
b) ein Brennschneidgerät	.... €
c) einen Kompressor	.... €
d) ein schweres Tauchgerät	.... €
e) ein leichtes Tauchgerät	.... €
f) ein Räumgerät (Schaufellader) – sein Transport wird gesondert berechnet –	.... €
g) eine Tragkraftspritze oder Lenz-Pumpe	.... €
h) eine Tauchpumpe (Schmutzwasserpumpe)	
i) ein Unterwasserschneidgerät	.... €
j) eine Taucherdruckkammer	.... €
k) ein umluftunabhängiges Atemschutzgerät	.... €
l) eine Länge Druckschlauch	.... €
m) einen Stromerzeuger	.... €

Erläuterung der Berechnung

Kaufpreis	.... €
./. Staats- und sonstige Zuschüsse	.... €
	.... €
Nutzungsdauer ... Jahre	
Abschreibung jährlich	.... €
./. Eigenbeteiligung der Gemeinde ... v. H. der jährlichen Abschreibung	.... €
zugrunde zu legender Abschreibungsbetrag	.... €
	.... €
Reparatur, Wartung und sonstige Betriebskosten	.... €
durchschnittliche jährliche Arbeitsstunden	.... €
Kosten je Arbeitsstunde	.... €

4. Personalkosten

Personalkosten werden nach Ausrückestunden berechnet. Dabei ist der Zeitraum vom Ausrücken aus dem Feuerwehrgerätehaus/der Feuerwache bis zum Wiedereinrücken anzusetzen. Für angefangene Stunden werden bis zu 30 Minuten die halben, im Übrigen die ganzen Stundenkosten erhoben.

4.1 Hauptamtliches Personal

Für den Einsatz hauptamtlicher Bediensteter werden folgende Stundensätze berechnet:

a) Für Beamte des fachlichen Schwerpunkts feuerwehrtechnischer Dienst, die ein Amt ab der Besoldungsgruppe A 7 innehaben .... €

b) für Beamte des fachlichen Schwerpunkts feuerwehrtechnischer Dienst, die ein Amt ab der Besoldungsgruppe A 10 innehaben .... €

c) für Beamte des fachlichen Schwerpunkts feuerwehrtechnischer Dienst, die ein Amt ab der Besoldungsgruppe A 13 innehaben .... €

d) für sonstige (Arbeitnehmer) .... €

Erläuterung der Berechnung

Wegen Art. 28 Abs. 4 Satz 2 BayFwG kann bei der Berechnung des Aufwendungsersatzes für Pflichtaufgaben nicht der gesamte Personalaufwand angesetzt werden (s. o. Berechnungserläuterung zur Geräteabschreibung).

4.2 Ehrenamtliche Feuerwehrdienstleistende

Für den Einsatz ehrenamtlicher Feuerwehrdienstleistender wird folgender Stundensatz berechnet: .... €

Erläuterung der Berechnung

Aufwendungsersatz für den Einsatz ehrenamtlicher Feuerwehrdienstleistender wird für die Personalkosten verlangt, weil der Gemeinde durch Erstattung des Verdienstausfalles (Art. 9 Abs. 3 BayFwG), des fortgezahlten Arbeitsentgeltes (Art. 10 BayFwG) oder durch Entschädigungen nach Art. 11 BayFwG Aufwendungen entstehen.

Wegen Art. 28 Abs. 4 Satz 2 BayFwG kann bei der Berechnung der Personalkosten nicht der gesamte Betrag (Schulungskosten, Kommandantenentschädigung o. Ä.) angesetzt werden (s. o.).

4.3 Sicherheitswachen

Für die Abstellung zum Sicherheitswachdienst gem. Art. 4 Abs. 2 Satz 1 BayFwG werden erhoben je Stunde Wachdienst für

a) Beamte des fachlichen Schwerpunkts feuerwehrtechnischer Dienst, die ein Amt ab der Besoldungsgruppe A 7 innehaben, ... €

b) sonstige Bedienstete .... €

c) ehrenamtliche Feuerwehrdienstleistende (s. § 11 Abs. 5 AVBayFwG) .... €

Abweichend von Nr. 4 Satz 2 wird für die Anfahrt und die Rückfahrt insgesamt eine weitere Stunde berechnet.

Erläuterung der Berechnung

Der Sicherheitswachdienst wird von hauptberuflichen Feuerwehrdienstleistenden in der Regel in der Freizeit wahrgenommen; ehrenamtliche Feuerwehrdienstleistende sind nach

Möglichkeit außerhalb der Arbeitszeit dazu einzuteilen. Die den Gemeinden entstehenden Kosten sind daher niedriger als bei anderen Pflichteinsätzen und bei der Festsetzung der pauschalierten Personalkosten entsprechend zu berücksichtigen.

Stichwortverzeichnis

Die fetten Zahlen beziehen sich auf die Seiten.

G

H

K